认识爱，
重建亲密关系

深刻如此 —— 著

献给在爱情亲密关系中迷茫、困惑、
痛苦又不知所措的你，
你值得重新拥有高质量的亲密关系。

目　录

序言　在痛苦中学会成长 - 001

01 重新认识爱

用爱情三角理论谈爱的构成 - 002
从伙伴爱与激情爱谈爱的种类 - 006
从生物学角度谈爱的由来 - 009
爱的本质：是奉献还是需要？ - 012
爱一个人的最好方式是什么？ - 016
男女两性的择偶价值点 - 020
男女两性各自的主要情感需要 - 050

02 重新看待爱的危机

你遭遇过男人的"冷暴力分手"吗？ - 062

女生想分手的表现：突然懂事的假象 - 069

挑剔与指责的真相 - 073

分手的底层原因：神经链条法则 - 076

分手的高峰期，在一起半年左右：可怕的"六月法则" - 080

原生家庭不幸的牺牲者，缺乏爱人和自爱的能力 - 087

女生被分手，源于可怕的"毁灭性人格"特质 - 094

你的过度付出是毁掉亲密关系的元凶 - 098

当心预期判断偏差毁了你的爱情 - 106

异地恋分手是因为异地吗：异地恋分手的真相 - 113

心理学解析：出轨发生背后的心理机制 - 118

03 挽回的心态建设

失恋后，要学会感激失恋 - 134

为什么我不劝你放弃挽回 - 141

分手后，如何有效地放下对前任的执念 - 144

真性分手是蓄意已久 - 150

不想挽回，但还放不下该怎么办——你需要的是逆袭！- 152

想挽回，做好面对"真相"的准备了吗？- 154

为什么挽回要控制需求感 - 157

事情没你想的那么坏，不要绝望太早 - 160

前任彻底死心了还能挽回吗？- 164

挽回中至关重要的一点 - 167

挽回中的渔者心态 - 169

04 挽回的误区与禁忌

分手后想挽回，切忌过度自责 - 174

警惕爱的补偿心理：被分手之后是不是觉得亏欠对方？-180

挽回要跳出"情感溺水"状态 - 182

要想挽回，请马上停止过度分析 - 185

挽回要识别：自我合理化思维 - 189

挽回要避免自动化思维，打破思维墙 - 192

依靠感情去挽回行得通吗？- 194

挽回切忌"强行进阶关系"- 198

挽回中"备胎"不得不面对的真相 - 199

分手后保持联系做朋友，可能挽回吗？- 201

反木桶效应：挽回绝不是改掉缺点 - 209

真性／假性复合：你以为复合了？可能是假的！- 212

如何避免假性复合，高质量地挽回爱情？- 214

05 挽回的思维与技巧

SWOT 分析法：如何制定你的挽回策略 - 220

有哪些会阻碍我们挽回的人性弱点？- 223

如何利用人性的弱点去挽回？- 228

分手后男性的心路历程：会想念前女友吗？- 234

详解断联：挽回中的断联及心态建设 - 241

要挽回，必须先拆掉他的"情绪筑墙"- 249

高质量的挽回，要重塑对位关系 - 256

挽回要构建胜利者思维：我才是胜利者 - 258

【原创绝招】挽回中的向死而生：反撒理论 - 262

挽回的关键：不同依恋类型的信任感重建 - 269

利用对方不同的性格特点来挽回 - 279

限制性时间截点 - 284

发现丈夫出轨，想挽回婚姻该怎么做？ - 287

【案例自述】挽回一个人，是先找到丢失的自己 - 298

后记　分手是为了更好地遇见 - 307

参考文献 - 309

序言
在痛苦中学会成长

感谢你的信任,选择读这本书,我是深刻。

相信绝大多数准备读这本书的朋友都在生活中经历过或者正在经历着这样或者那样的情感困惑,我们在享受着爱带给我们的无限美好和期待的同时,也会面临着情感的泥沼——爱人的背叛、挚爱的离开、长期关系中的迷茫和不知所措,以及爱带给我们的各种各样的让我们措手不及的和痛苦不堪的悲伤和绝望。

但是,请相信我,从你读这本书的这一刻开始,你将不再是一个人去面对,你将不再是一个人在战斗。我将和你一起来面对和解决那些你在爱情亲密关系中面临的困惑和挫折,只要你愿意。

我一直觉得,对于重建一段亲密关系来说,最痛苦的其实并不是关系的失败,而是由于自己不懂得如何去做而一步步做错,把一段原本可以失而复得的幸福彻底地搞丢。

因为自己的失误而失去了一个我们真正爱的人和一段本可以继续的缘分，才是最令人惋惜的。而如果自己确实在正确的方向上尽了自己最大的努力，就算最后还是没能如人所愿，那么我们也至少没有遗憾。

是的，幸福没有捷径，它容不得投机取巧。

但是，和游泳、健身，以及其他所有的基于经验主义的知识和技能一样，爱的学问同样值得我们去学习。它也确确实实可以帮助我们，让我们在通往幸福的路上少走一些弯路，少遭受一点痛苦和少一些遗憾。

我们在爱中要学习和掌握的，也绝对不是一些简单的技巧和手段。

我最希望看到的是，大家通过阅读本书，除了掌握一定的亲密关系修复和重建的思路和方法外，还可以更深刻地重新认识爱情，更深入地了解人性，更丰厚地收获一段高质量的亲密关系，同时能以这次让你痛苦的情感危机为契机，获得真正的成长，最后成为一个更好的自己。

本书中的部分内容，之前曾发表在某些网络平台和我的公众号：深刻如此说（ID：skrc_talk）里，受到了广大读者朋友们的认可和喜爱，很多朋友希望我能集册出版。这次应读者和来访者的要求和建议，在华夏出版社领导和相关编辑老师的大力支持下，此书得以出版，我感到非常荣幸。

做心理和婚恋情感类咨询也好，写此书也好，其实我始终都铭记一句话——勿忘初心。特别是在各种知识付费火爆的当下，我花了近一年的时间去用心完成一部纸质书稿，确实对自己也是一个不小的挑战。

如果你耐心地读完本书，你会发现里面的内容，干货其实很多，价值也比较高。我可以自信地说，很多你花了大价钱去找的咨询师和付费的学习课程都未必会给你讲这么多干货，因为书中的一切都是我自己的研究和经验的萃取，而不是简单的人云亦云，是经得起推敲和论证的。

我认为自己作为一名执业心理咨询师，对人性和人心理的研究和学习还算深入，并且通过自己多年的咨询工作，也见证了大量的婚恋情感个案的完整历程，经验是十分丰富的。也正是基于这些，我相信我清楚在经营亲密关系和面对亲密关系中的危机时，我们应该如何去应对和更好地重建关系。

当然，我不敢说我的观点和理论都是完全正确没有疏漏的，但我还是希望可以借助此书把它们分享给大家，可以多少给大家带来一些思考。哪怕有一份感情是因为当事人看了本书而获得一点点启发和成长从而重归于好，或者哪怕有一个人是因为读过本书而减少了失恋的痛苦或者获得一些成长而收获了更好的自己，我都会觉得写这本书是非常值得的。

我承诺，我将在这里和大家一起战斗，并且竭尽我所能，在你迷茫的时候给你指引，在你颓丧的时候给你信心和希望，在你无助时候给你积极的力量，在你深陷痛苦的情感的泥潭的时候，我也将会拉你一把……

有段路，或明或暗，或长或短，可能布满荆棘，可能乌云密布，你可以选择慢一点走，也可以选择快一点走。但是，这终需要你一个人走过。而我，将愿意在这黑暗的一段时光里，和你一起并肩而行。

最后，希望大家可以一边阅读学习一边自己思考，在本书的陪伴下，走出情感危机与失恋带来的阴霾和困扰，最终重新获得高质量的亲密关系和幸福美满的人生。

您在阅读本书的过程中如果有任何问题,随时可以电邮我和我讨论:skrc_psy@163.com,或者关注我的公众号:深刻如此说(ID:skrc_talk)。

感谢,祝好。

深刻如此

第一章
重新认识爱

> 爱情是生命的火花,友谊的升华,心灵的吻合。如果说人类的感情能区分等级,那么爱情该是属于最高的一级。
>
> ——莎士比亚

接下来,我将从"心理学"与"生物学"两个角度,从"爱的构成""爱的种类"和"爱的由来"三个维度,分三节来和大家分享到底什么才是"爱情",以及用之后的四节来分享我们应该如何更好地去爱。

希望对大家有所启发。

❤ 用爱情三角理论谈爱的构成

对爱的追求和崇拜从古至今都是一样的炽烈,我们歌颂爱,我们向往爱,我们被爱所折磨,我们同时也为爱而欣喜若狂。莎士比亚曾经说过:"爱叫懦夫变得大胆,却叫勇士变成懦夫。"可见爱情的魔力和强大。

爱情似乎是我们每一个人都逃不开的话题，但对我们每一个人来说又充满了神秘感。那么，爱情到底是由哪些情感元素构成的呢？哪种爱情才是理想的、完美的爱情呢？这里，我将和大家一起从心理学角度出发，来介绍和讨论爱的构成和完美式爱情。

提到爱的构成，就不能不提到美国心理学家罗伯特·斯坦伯格（Robert J.Sternberg）以及他的"爱情三角理论"。

斯坦伯格的"爱情三角理论"认为爱情是由亲密（彼此喜欢、理解和期待）、激情（心动和性吸引）以及承诺（愿意发展稳定的长期关系）三个因素组成的三角形。

"亲密"是指在一段关系中，和对方在一起感觉到轻松和舒适，两个人有契合感和信赖感。

"激情"是基于性吸引力，看见对方会有高度亢奋的一种心跳的感觉。

"承诺"是指有意愿将关系进行下去，并且考虑未来。

亲密、激情和承诺"三大元素"组成七种不同类型的爱情模式：

第一种是"喜欢式"爱情，又叫作"友情式"爱情。这种爱情中有亲密，却缺少激情和承诺，如一些异性好朋友，你愿意和对方聊天、相处，但却少了一点什么，你们处于友情之上、恋情未满的状态。

很明显，简单的喜欢的感觉，还不能等于爱。不过这种喜欢还是有可能发展成爱情的，生活中，以简单的喜欢为基础慢慢接触，随着互相增进了解或者某一瞬间的触动而产生爱的感觉，最后走到一起的情况也时常发生。

第二种是"迷恋式"爱情，只有激情，没有亲密和承诺。如暗恋一个你不太了解的对象以及一些追星族迷恋明星的行为。这种爱情充满了激情，却少了亲密感和理性的承诺，是一种受到本能牵引和导向的冲动行为，往往都含有或多或少的幻想成分在里面。

第三种是"空洞式"爱情，只有承诺，缺乏亲密和激情。如纯粹为了结婚而结合的爱情。有因父母之命而结合的，也有因为年纪、条件影响而结婚的，但两个人之间往往不够喜欢对方，既谈不上有心动的感觉也谈不上亲密感。此类"爱情"在从前是比较普遍的存在，但随着社会的发展和人们自我意识的觉醒，这种爱情有可能为婚后的不幸生活埋下隐患。

第四种是"浪漫式"爱情，只有激情和亲密，没有承诺。这种"爱情"更像是只享受过程不管结果，比如一些年轻人的爱情，或者是短期爱情关系，或者一些婚外情。现代很多人都处于这种没有承诺的爱情里，很多分手的感情也都来自这种爱情模式。没有承诺的爱情往往是非常脆弱的，要么是一开始就不够喜欢，要么是还不够坚定，随时准备抽身。这种爱情经营起来往往难度很大，如果经营得好，也许后期也会产生承诺感，但经营失败的也很多。

第五种是"伴侣式"爱情，只有亲密和承诺，却缺少激情。大部分老夫老妻和在一起很久的情侣就是这样的爱情模式。这种爱情往往有着比较高的舒适感和默契感，但由于缺乏激情容易产生厌倦感。

第六种是"愚蠢式"爱情，只有激情和承诺，没有亲密。没有亲密的激情更多的是由于生理上的一时冲动，而没有亲密的承诺也只能算作空头支票，因为两个人互相并不亲密，这个时候谈任何承诺其实都为时尚早，你无法区分对方到底是真的接受你这个人而产生了和你共度余生的想法，还是一时头脑发热在激情之下触发的一时冲动。很多渣男欺骗女生上床，或者是刚刚认识就迅速在一起的情侣，多半属于这种爱情模式。

第七种是"完美式"爱情，同时包含激情、承诺和亲密。只有在这一类型的爱情中，我们才能看到爱情最完整的面目。它是爱情最理想的状态，我们对待伴侣既有心动的激情，又有相处的默契，还有想和对方一直走下去的渴望。但很遗憾，这种理想中的爱情很难得到，或者说即使得到，想要一直保持也比较困难。

在爱情中的不同阶段，可能我们都会遇见以上的一种或者多种模式掺杂的爱情，可能有时候并不明显是其中的某一种，但我们依然需要较为清楚地去审视自己的爱情状态，这既是学习本节的意义，也是我们经营爱情亲密关系中的一个非常重要的环节。

在学习和认识到了爱的构成和由此产生的七种爱情模式之后，你可以思考一下：

是不是自己正深陷于愚蠢的爱情模式之中？
是不是自己的爱情之中一直缺乏一些坚定走下去的承诺感？
是不是自己在爱情中忽视了亲密感的培养而释放了太多的负面情绪，并由此导致了过多的矛盾和不愉快呢？

虽然完美的爱情不容易实现和维持，但我们依然需要围绕着爱情中的激情、亲密、承诺三个基本要素去努力，让我们的爱情不断地向着更好的方向发展，警惕陷入危险和糟糕的爱情模式之中。

认识爱，重建亲密关系

❤ 从伴侣爱与激情爱谈爱的种类

有人觉得爱情就应该是小鹿乱撞的心动和源源不断的激情，每天都时时刻刻地想要和对方在一起；有人却觉得爱情应该是平平淡淡的相依相伴，彼此默契且安心。那么，到底什么才是爱情该有的模样呢？

心理学的研究表明，**不管是以性驱动力为主的激情的爱还是以平淡和温暖为主的亲密的爱都是爱情所表现出的不同模样。**

绝大部分的爱情亲密关系其实往往都经历过这两种爱情，在爱情的不同阶段，爱情有它自己不同的模样。

提到爱情的种类，我们就不得不提美国爱情心理学领域的著名专家伊莱恩·哈特菲尔德（Elaine Hatfield），在她1979年获得美国心理学会全国宣传工具奖的《重新看待爱》一书中，她根据社会交换理论将爱情分为"激情之爱（Passionate love）"与"伴侣之爱（Companionate love）"。

激情之爱（Passionate love）

这种爱情，是一种整个心思几乎都被另一个人占据的强烈的情绪状态，高度的兴奋和悸动，一种一见钟情、坠入爱河的感觉。

在这种爱情里，我们的情绪和植物神经系统都被高度唤起，兴奋、激动、充满活力，会常常想念对方，时时刻刻都希望和对方联系，希望可以和对方更多地亲密地在一起，希望和对方产生肢体接触。

这种爱往往伴随着理想化和幻想化，是情人眼里出西施的一个状态。会把自己对爱情和伴侣的美好憧憬投射到对方身上和现实的情感之中，在看待对方的时候往往会带有滤镜，我们会更多地看见对方的优点，忽视对方的一些不足和缺点，热恋状态下的爱情多半就是这种。

伴侣之爱（Companionate love）

这种爱情的行为和发展，主要建立在伴侣之间足够了解、互相理解、对彼此充分信赖的基础上，这种爱情往往并不伴随着极大的情绪起伏和激情的感受，它带给人的是一种温暖、舒适、安心的归属感。

这种爱情的特点是在这种爱情关系中的二人，彼此自我揭露的程度都很高，更加坦诚和彼此接纳。

在这种爱情模式下，我们可以看到对方更加真实的一面，不会将对方过度理想化。可能激情不会很多，甚至两个人在一起时的感觉会有一些平淡，但却知道对方对自己是很重要的，有对方在，自己就会比较安心，双方相处起来也感觉比较舒适和轻松。一般来说，长期的亲密关系比如恩爱的夫妻和恋爱多年、感情很好的情侣，他们的爱情多半都是这种伴侣式爱情。

激情之爱和伴侣之爱，是亲密关系中两个不同阶段的爱情种类

现实生活中，当我们被一个人吸引，经过暧昧期，之后正式在一起，随后进入激情的热恋期，这个阶段，我们往往处于激情之爱中。

随后，两个人在一起越来越久，激情渐渐退去，开始进入感情的稳定期和平淡期。经历过了磨合，彼此更加了解和接纳对方，相处起来有了更多的信任和默契，感觉到舒适且安心。虽然没有了恋爱之初心里小鹿乱撞的感觉，但两个人仍然愿意待在一起，习惯并享受生活

里有对方的陪伴，彼此互相支持、分享和分担，这个阶段的爱情多半就属于伴侣之爱。

开始一段亲密关系，往往是源于激情之爱，我们被丘比特之箭射中，有和对方亲近的冲动，觉得心动和迫切地想要和对方在一起。**但维持长期的爱情亲密关系依靠的却往往是伴侣之爱，大部分稳定幸福的长期关系中的爱情都是以伴侣之爱为主的。**

这也正验证了我们中国的一句俗语："乍见之欢不如久处不厌。"基于五官的"乍见之欢"更像是我们所讨论的"激情之爱"，而基于三观下的"久处不厌"，则更像是"伴侣之爱"了。

咨询中我发现，很多最后走向破裂的长期关系，其实当事人都曾有过真正的彼此心动和喜欢，激情之爱是有过的，但当激情慢慢地退却，热恋期过后，他们却没有建立起稳定的伴侣之爱。

比如激情过后面对平淡的感情生活，两个人暴露出了更多的问题，彼此又不够成熟和有足够的智慧去经营这个阶段的亲密关系，就会出现更多的不愉快、矛盾、争吵，等影响到两个人的关系，让两个人相处的体验感变得越来越差，慢慢地两个人就会觉得和对方在一起既没有最初热恋阶段激情之爱的心动感觉，也没有相濡以沫的那种伴侣之爱该有的默契和舒适，这个时候想要离开这段关系的想法就会产生了。

要知道没有哪一对伴侣能一直处于热恋之中，我建议在热恋阶段的男女双方，要认清所有的感情都将归于平淡。当你的伴侣看起来没有之前热恋时对你那么热情和殷勤的时候，当你发现感情生活有一些平淡甚至乏味的时候，除了抱怨和责备，也要多一些理解和平常心，更重要的是可以多思考一下怎么样才可以更好地构建和经营你们之间的伴侣之爱。

因为很多时候，**当你觉得爱情似乎不在了的时候，爱情并不是真的消失了，而是它成长了，它在慢慢长成它更成熟的、充满着相濡以沫的依赖感和舒适感的伴侣之爱的模样。**

💚 从生物学角度谈爱的由来

之前我们已经从心理学角度了解了爱的构成和爱的种类,接下来我们将从生物学角度进一步剖析爱,了解爱的由来。

到底是人体的哪些物质成就了我们对爱人炽热的、亲密的和不离不弃的爱呢?这些不同物质又在爱情里分别扮演着怎样的角色和发挥着怎样的作用呢?

提到从生物学角度分析爱,我们就不得不想到美国罗格斯大学的人类学家、生物学家海伦·费希尔(Helen Fisher),她一直致力于从生物学等多个角度解释爱情的感受。

经过多年的研究,她发现可以把人类的爱情过程划分为三个阶段,分别为欲望阶段、吸引阶段和依恋阶段,这三个阶段又是由人体释放出不同的化学物质来起到不同的作用的。

欲望阶段

在此阶段,对方对我们会产生比较强烈的性吸引力,我们的情绪会被高度唤起,会变得激动,会对对方产生强烈的需求感和性冲动,渴望和对方亲近,希望产生更多的情感连接。

主要参与激素:

性激素:女性主要是雌激素与孕激素,男性主要是以睾酮素为主的雄性激素。性器官分泌的睾丸激素控制性欲并可刺激多巴胺的分泌。

而睾丸激素水平高的男性则普遍会性欲望更强，对新鲜刺激的关系要求也会更多。所以我们发现睾丸激素水平高的男性往往更不急于走进婚姻，也可能更加花心。

吸引阶段

此阶段，彼此建立关系亲密感，感情迅速升温，双方感觉相处更加愉悦、轻松和开心，热恋期的男女往往就是处于此阶段。

主要参与激素：

多巴胺：又叫作快乐激素，能令人产生愉快的感觉，它也会刺激后叶催产素的分泌。拥抱时产生的那种安全感和满足感都与其有关。

去甲肾上腺素：主要会刺激血管收缩和神经传导，会引起血压、血糖升高，心跳加快。当你体内充满这些物质时，会让你变得兴奋和激动起来。

5-羟色胺：它是一种产生愉悦情绪的信使。而那些5-羟色胺水平较低的人群更容易产生抑郁、焦虑等负面情绪。

苯乙胺：情爱激素，让人产生一见钟情的感觉，那种"来电"的感觉就是此激素起作用的结果。神经系统调节其分泌水平，其效果类似兴奋剂，会让人感到极度兴奋，有精力、有信心、有勇气。躯体表现可能是脸发红，瞳孔放大，就好像我们一见钟情时的反应。

依恋阶段

此阶段，亲密关系中的双方更加依恋对方，彼此有着高度的默契感和依赖感，长期稳定的恋爱关系和婚姻关系多数正是处于这种阶段。

主要参与激素：

催产素：也被称作爱的激素，它会降低压力而让人感到轻松和舒适，伴侣之间感觉到在一起舒适放松就有这种激素的作用。

后叶加压素：也叫作忠诚激素，是控制伴侣忠诚度的关键激素。研究表明，一个人后叶加压素水平的高低影响着他对伴侣的忠诚度和亲密度。

内啡肽：它是婚姻激素，在轰轰烈烈的热恋之后，那种安心的、安逸的、温暖的、亲密的、平静的感觉正是源于这种激素。其作用接近于吗啡带来的感觉，有些人情绪很容易起伏，难以使自己平静下来，就和没有办法得到充足的内啡肽有关系。

在我们被欲望所驱使的第一阶段中，控制和提升性欲望的性激素会占据主要地位。它会诱发一系列植物神经系统的高度唤醒，这个时候，调节情欲和改善情绪的去甲肾上腺素也会参与进来，导致我们血压上升、心跳加快、出汗增多，那种一见倾心而为一个人着迷、爱上一个人的感觉正是源于这个阶段。

之后到了第二阶段，情欲得到上升，变成了更高层次的吸引力。这个时候，苯乙胺和多巴胺就会起到主要作用，研究证明，热恋中的情侣会被激发产生比平时高出 2 至 5 倍的苯乙胺。

最后进入第三阶段，激情开始慢慢退去，维持稳定关系的主要激素是催产素和内啡肽，它们会开始升高。被誉为"爱的激素"的催产素与内啡肽会一起作用，前者会让人产生依恋对方并与对方产生更多情感连接的渴望，后者则会让人体会到和爱人在一起时的那种温暖、舒适、安心的感觉，而这也是维系一段长久亲密关系的关键所在。

现在，你应该清楚在爱情的各个阶段中，我们的身体里到底有着怎样的变化，以及我们在爱中不同的感觉到底从何而来了。是不是对原本抽象的爱情，有了更进一步的具体了解和认识呢？

我们也应该明白，爱情的每一个阶段都有其生物学的依据，有着不同的激素在发挥着作用。所以我们更应该去接受爱情的每一个阶段，而不是觉得只有欲望和吸引阶段才是爱情，其实依恋阶段才是每一份爱情最后的归宿。

❤ 爱的本质：是奉献还是需要？

爱情一直是被人们津津乐道和歌颂的一种高尚、伟大的情感，"问世间情为何物，直叫人生死相许"，那么，爱情的本质到底是什么呢？

是真如传统意识不断推崇、歌颂的无私、高尚的情感，还是另有其他呢？

爱情的本质到底是无私的奉献，不在乎自己的得失呢？还是为了满足自己的需要呢？

通过分析我多年的咨询工作经验，以及对人性做了较深入的了解和研究之后，我发觉也许爱情的本质，并非我们原本所认为的那么纯粹和无私、高尚，甚至，爱情的本质是源于自私自利的自我需要。

精神分析流派心理学家弗洛伊德曾提出"快乐原则"，指的即是人类所有行为发生的前提条件，一定是在某一个层面上对自己有利，即人类是为了自己而行动的。

是的，当我察觉这个"真相"的时候，也伴随着失望和难过，这是对我自己传统观念的一次拷打，相信看到这里的读者朋友们也有很多人准备驳斥我，那么接下来，我们就将一起讨论，为什么我认为爱

第一章 重新认识爱

情的本质是自私自利的自我需要。

> 明显的利他行为实际上是伪装起来的自私行为。
>
> ——《自私的基因》

爱情到底是无私地奉献和给予，还是自私地为了满足自己的需要，这是涉及爱的源动力，也是爱情本质的问题。

我们常常会为了爱情付出很多，也牺牲很多，比如投入时间、精力、情感、物质等等，甚至为了爱情心力交瘁，委曲求全，付出自己能付出的一切。这也会给我们一种错觉，似乎这一切的付出都是为了对方，为了爱情，自己的付出是无比无私、高尚和伟大的。

比如在我的咨询工作中，就常常有来访者向我倾诉和抱怨，自己为了爱情付出了多少多少，然而最后的关系进展并不顺利，和自己的期待不符合，然后心生不满甚至怨恨。觉得明明自己付出了很多，为什么最后的结果并不遂人意；为什么自己那么爱对方，可对方并不爱自己；为什么自己对对方那么好，可对方最后还是离开了自己。

我记得有一位年轻的女士 H，她和男友在一起后，一直在努力地付出，对男友也很好，比如在经济上她比男友条件好，很多开支都是她在负担，可她脾气却比较急，对男友又有很强的掌控欲，男友只要稍微不关注她，她就容易焦虑，要求男友对她必须像她对男友一样。她是希望全天 24 小时和男友黏在一起的，可男生其实并不是很喜欢这样的相处方式，最后男生终于受不了，提出了分手。

她找到我后，一开始情绪激动，在电话里就暴怒地指责男友的忘恩负义和无情无义，比如：

"我给他花了那么多钱，他没良心的吗，这样对我？！"

"我那么爱他，他怎么能这么对我呢？"

> "我对他有要求,是希望他做得更好。希望他更好,这也有错吗?"

我印象很深的还有一位男士 Z,他在咨询中也是细数自己为了追求一个女孩付出了多少,如不断地关心这个女生,给女生点外卖,通过女生的朋友去了解她的喜好,花时间去研究这个女生,为了赢得这个女生的喜欢而改变自己,可最后和这个女生表白了几次,都遭到了拒绝。所以他很气愤,觉得是女生辜负了自己,对这个拒绝自己的女生甚至产生了恨意。

> "她凭什么这样!她'跩'什么'跩',我喜欢她也是看得起她!"
>
> "我对她这么好,她都不喜欢,她还想找个什么样的?"
>
> "我到底要怎么样她才满意啊,我为了她什么都做了,还想我怎么样?"

诸如此类的对亲密关系中的另一半或者对自己追求的人的不满和怨恨,在我的咨询中常常会听到。其实完全可以理解,因为人有了付出,就会想要得到回报,甚至想要的是及时的回报,这一定程度上是源于心理学中提到的"互惠心理"。

同时,这些也源于自己在看待自己对爱情的付出时是站在一个相对高尚和无私的角度,觉得爱对方就是为了对方,对方就应该感激和回馈,所以一旦对方对于自己的付出没有给予我们所期待的回应时,往往就会心生委屈、不甘、不平衡,甚至怨恨。

但是,我们扪心自问:"我们所谓的'爱'真的是无私地为了对方吗?还是其实是为了我们自己呢?"甚至可以去设想:"自己是不是真的能做到只要对方幸福、快乐，哪怕自己默默付出，也不求任何回报呢？"

我想答案对于绝大多数普通的我们来说，都是否定的。

所以，我们要接受一点，**也许我们没有我们自己想象的那么伟大和无私，我们的爱情也是如此，不是无私地为了对方的情感，而是为了满足自己的情感诉求。**

所以，其实在我的咨询中，我往往会让求助者识别出这一点，我们所谓的爱一个人，其本质还是为了我们自己，并没有多么无私和高尚。

所以我常常建议来访者，很多时候可以把"**我爱他**"，说成"**我需要他**"，不过分地无私化爱情这一情感，更能让我们看清一些亲密关系的本质，也会避免一些因付出得不到回报而产生的不甘和怨恨，同时，认识到这一点，也可以避免一些情感上的道德绑架，会更有利于建立良好健康的亲密关系。

同样是上面的女士 H 和男士 Z，我听了他们的抱怨之后，首先表达了对他们不满的理解，然后问了他们同样的两个问题：

"当我们口口声声说爱对方的时候，包括所谓的为了爱对方而做出的付出和努力，到底是真的为了对方呢，还是其实是为了我们自己呢？"

"如果真如自己所理解的，自己的爱那么高尚和无私，我们是不是真的能做到付出而不求回报，只要对方能幸福开心就好？"

听了我的问题后，两个人都沉默了好一会儿，并且都表示"没法做到不计回报，默默付出，只要对方幸福就足够"，并且也承认"其实自己为对方付出，说到底还是为了自己"。

认识到自己付出的本质和目的很重要，对于我们绝大多数人而言，爱情的本质于我们而言还是自私的需要，而不是无私的给予。

接受有一些残酷的爱情的本质，不是消极的思维，更不是对爱的诋毁，因为只有认清了"爱的本质是需要"，我们才能在爱的路上更加客观地看待自己为爱所做的付出和努力，才能避免不甘、怨恨、痛苦等消极情绪，也才能相应地以更加有效的方式去爱对方，去给予对方他们需要的爱，经营好爱情亲密关系。

♥ 爱一个人的最好方式是什么？

咨询中，我听到最多的诉苦和抱怨就是"我对他那么好，我那么爱他，为什么他还要离开我"。

是啊，我们付出了很多，但却没有被同样认真对待和珍惜，甚至被指责、嫌弃、冷暴力、背叛和抛弃。这确实是一件让我们觉得很难以接受、很不公平的事情。

但在抱怨对方无情无义、谩骂对方狼心狗肺和自己觉得委屈不公的时候，我们也确实要进一步想想，思考一下，这到底是为什么呢？为什么我们爱一个人，付出了很多，却没有得到对方更多的爱，甚至对方都没有对我们的付出心存感激呢？

我们需要思考的是：**我们爱对方没错，付出了很多也没错，但爱对方的方式和为了爱而付出的方式到底是不是正确的或者说是不是对**

方真正需要的呢？

这个问题，确实很重要，也解释了为什么我们很爱一个人，也自认为付出了很多，却没有得到自己想要的结果。

他要一个苹果，你却给了他一车馒头

很多时候，一个残忍的真相是，我们爱一个人，为对方所做的付出，可能并不是对方最需要的。比如，对方需要的是一个苹果，但你却给了他一车馒头，虽然你给了他你拥有的一切，但他依然很难真正地满意，这不是因为他贪心，而是你给他的并不是他所需要的。

我们爱对方，我们因为爱而付出的种种，确实值得被珍惜，但必须要思考这些是不是对方需要的。

爱的正确付出方式应该是给对方他需要的，而不是给他我们拥有的。

比如我在咨询中常常遇到的情况是，很多男人需要的是理解和尊重，或者女人可以给自己一定的空间，或者男人更希望看见女人变得自信、积极，更加有魅力。可女人爱的方式却是不断地给男人买东西、送礼物，或者不断地黏着男人，希望什么事情都和男人一起去完成。然后把所有精力都投放在男人身上，慢慢地疏忽对自己的经营而变得无趣、邋遢和神经质。

女人会觉得，我爱你所以我要给你买东西，所以我付出金钱和时间，所以我愿意和你更多地待在一起。自然，女人觉得自己付出了很多，事实上也确实如此。但是，女人所付出的可能并不是男人最需要的，其结果往往就是女人确实付出了很多，也很辛苦，却很难得到自己期待的美好结果。

所以，我们要学会以更好的方式去表达自己的爱意，以对方需要的方式去爱对方，这样，我们才更可能得到我们所期望的结果，对方也才会更爱我们而给出更积极的反馈，我们的感情也才会变得更加和谐和美满。

爱一个人最好的方式是怎样的呢？

我一直觉得，爱一个人最好的方式，不是嘘寒问暖，不是洗衣做饭，也不是车接车送，而是给予对方一个更加理想的爱人。

大多数人在爱情里最需要的，是一个自己更加满意、喜欢的伴侣，而不是一个附加的保姆，一个新的妈妈，一个只会用自认为对的方式对自己好的人。

有一句话说得很好："一个女人作为伴侣的真正价值，是除去男人妈妈可以做的，还有保姆可以做的之外，剩余的价值。"

比如婚姻咨询中常常遇见的问题："为什么我一心为了家和孩子，每天围着孩子和家里转，他还是出轨了，还是要离婚？"

女人在婚姻中确实付出了很多，但可惜，这些并不一定能换来男人更多的爱。因为女人慢慢地在婚姻中开始扮演起保姆和丈夫母亲的角色了，所有精力都放在照顾丈夫和家庭上。这原本无可厚非，但就怕，女人在为家庭和孩子付出的时候，忽略了对自己的经营，慢慢地失去了自己，最后因此失去对男人的吸引力。

所以，想想看，你在和伴侣的相处中，到底是要一味地尽全力去付出你的所有去对他好呢，还是要仔细地想想看他到底更需要什么，要怎样成为更吸引他、让他更喜欢的爱人呢？

对一个人的好只是锦上添花

这里必须明确一点，对对方好，很多时候并不会增加你的吸引力，特别是女对男，因为我们爱不爱一个人更多的是取决于对方是谁，而不是他们对我们好不好。

举个很简单的例子：我的一个男性朋友喜欢了一个女孩很多年，但女孩对他没什么意思，所以女孩对他总是不温不火甚至可以说挺冷淡的，但这并没有妨碍这个男生喜欢这个女生。相信我们现实中也都有过相似的经历，比如我们上学时候的校花，很多男生喜欢，但校花很多都是比较高冷的，对很多男生也并不热情，但一样是万人迷。还有，我们可能也被人喜欢过，对有的人，我们可能认识了很久，也知道对方对自己有兴趣，但你不会只是因为对方喜欢你和对你好就爱上对方。

所以，对一个人好，不是完全没用，但只能是锦上添花。前提得是对方足够喜欢你，这个时候你对对方的好才有意义，也才能起到更好的效果。

当然，如果对方确实是比较缺爱的类型，则是例外的情况。

就好像男生喜欢一个白富美、女神级别的女生，女神也对男生好，那自然没问题。同样，女生喜欢一个高富帅，这个高富帅也对女生好，也没问题。但如果男生不喜欢一个女生，或者女生看不上一个男生，这个时候想依靠对对方好来让对方喜欢自己，就很难达到理想的效果，还很可能适得其反，让对方更加轻视你，甚至反感你。

所以，不论是在关系确定之前的吸引阶段，还是在关系确立之后的长期关系中，抑或分手后的情感修复和挽回的状态下，我们都必须想清楚，爱一个人的最好方式到底是什么。

请记得，如果想要一个人更爱你，你想的应该是怎么样让自己看起来更好,而不是怎么样去讨好他和对他好,因为前者往往才是对方更加需要的。

努力让自己更加优秀,让自己更加自信和独立,让自己的人格更加完整,情绪也更加稳定,越来越懂得沟通和经营亲密关系的技巧和正确的方式……当你不断地努力去收获一个个进步,逐渐地成为越来越好的自己的时候,你爱的他也自然会更加地爱你。

还是印证了那句话:爱人先爱己,你若盛开,清风自来。

❤ 男女两性的择偶价值点

我们每个人都有其价值,只是面对不同的事情,具体价值的体现会有所不同。价值的普遍定义是"泛指客体对于主体表现出来的积极意义和有用性"。简单的理解可以是,一个事物的某些方面对于某一目标的达成起到积极的有效推进作用。

对于工作来说,我们有工作价值。比如你掌握的专业技能,你的相关工作经验,等等,这些都是你的工作价值的组成部分。对于友情关系,作为朋友的你为人仗义、热情,对待朋友慷慨大方,情商高并且富有共情能力,朋友都愿意和你相处,这些都算作你的友情价值。面对客户时,你表现得专业,能提供好的服务,能切实地帮助客户解决问题,或者你拥有个人 IP 和流量,这都是你的商业价值。

所以,我们不难发现两点。

第一,价值有很多种,面对不同目标,你扮演的角色不同,价值的点也不同。

第二，一些原本的价值点对于其他的目标可能就不足以构成价值点。比如，你富有友情价值，但如果专业能力不够，也难以胜任一份对专业技能要求比较高的工作。

所以当我们谈到一个人的价值的时候，这个价值也包含了很多很多种，分别对应不同的目标，对应不同的你要扮演的角色。对于建立爱情亲密关系来说，离不开择偶价值。

所谓择偶价值，我给出的定义是：男女两性（同性爱情里面也有偏向男性和偏向女性的一方）在以择偶和建立爱情亲密关系为目标时，本身所具有和体现的那些价值。

没有平白无故的喜欢，爱是需要理由和条件的。

是的，就像我在前面章节中提到的那样，两性的爱归根结底还是自私的需要。说起来有一些残酷和现实，我们的固有认知可能有个刻板印象，认为爱一个人是无条件的，自己被爱也是不需要任何条件的——只要遇见对的人，他就会无条件地爱上自己。

甚至很多人对于爱情持有一种盲目的乐观主义，比如宿命论，完全相信缘分，认为自己不需要付出什么努力，只要一切顺其自然，就一定会有天赐的良缘出现，让自己遇见那个对的人，然后他会很爱自己，正如自己也一样爱他，然后两个人结婚生子，顺利、幸福地过完一生。

但现实往往会打破这种美好的童话般的幻想，幸运的人确实有，但多数人都曾经历过或者正在经历着爱情亲密关系带来的挫折和困扰，可能是脱单问题，可能是长期关系经营困难，也可能是感情出现危机甚至破裂而分手。

我在平时的咨询工作中，会接触到很多和婚恋情感相关的个案，其中那种童话故事般和理想状态的爱情其实并不多见。

所以,我们需要打破一下"美好"的幻想,接受爱是需要条件的,当然,满足了某些条件,我们也不一定就会幸福,但具备更多的条件和价值无疑可以让我们获得幸福关系的可能性变得更大,同时,也会让我们在爱情关系中遭遇挫折的概率降低。

那么,在爱情中的所谓"条件"和那些能让我们吸引对方、让对方更喜欢我们的"择偶价值点"到底有哪些呢?

谈及亲密关系中的择偶价值点,就没法逃开性别带来的差别,男性看重的点和女性看重的点虽然有共同之处,但也有比较大的差别。而男女两性的择偶偏好,即男人会更喜欢什么样的女性,女性会更容易选择什么样的男性,往往也是受着由进化形成的心理机制影响的。

注意:下面列出的男女择偶价值点,并不是说大家一定要做到全部,人无完人,我只是将其相对全面地总结给大家,方便大家更加了解两性的需求。

男性在择偶中的价值点

社会资源占有率

从进化心理学的性选择角度来说,雌性追求的是"生存价值"。所谓"追求生存价值"可以理解为大自然中的雌性在择偶中会倾向于选择那些能够为自己和自己的子代提供更多生存安全保障的雄性。

在大自然中,哺乳动物的雌性往往会选择那些看起来更加健壮的,或者是在争斗中胜出的,或者是部群首领的雄性进行交配,因为这些雄性往往意味着更加强大，可以给雌性及其子代提供更多的生存安全保障，这就是雌性在择偶的时候追求"生存价值"的体现。进化到今天的人类，依然保留着这种进化的心理倾向，女性会更愿意选择那些"社会资源占有率高"的男性进行结合。

而所谓的"社会资源占有率"，具体包括名誉、人脉、地位、金钱、资产等等，占有更多社会资源的男性，往往意味着更加强大，也会更容易吸引到女性的青睐和选择。因为，女性需要的是生存价值，需要的是安全感，她们需要自己的伴侣为自己和自己的后代提供更加安全和稳定的生存环境。

> ♥ 深刻的爱情提示 ♥
>
> 作为男性别总去抱怨女性现实或者物质，爱情是需要条件的。**在抱怨女性现实的时候，换位思考一下自己是不是真的不介意自己所爱的女性的外表和身材呢？** 所以，其实爱情的本质还是各取所需，与其抱怨和不满，不如想想自己作为男性是不是可以更努力勤奋一些，承担起男人应该承担的责任。
>
> 当然，如果你是男生，你也不是一定要有钱或者事业有成，但你起码要努力让自己看起来是强大的，或者在其他的价值点方面有优势，这可以让女性更加欣赏你和喜欢你，但就怕，你的经济情况和事业很一般，其他方面也不够突出和努力，这个时候又要求女性无条件地爱着你，真的就有点强人所难了，毕竟像我一开始说的那样，爱情和择偶的本质其实还是自利的。

责任心

责任心是重要的男性魅力之一，一个有责任心的男性会让女性觉得更靠谱、更有安全感。同时，**责任心意味着对自己负责、对家庭负责、对妻子和孩子负责的态度和潜力，也意味着更强的抵抗诱惑和自我约束的能力。**女性在择偶时会对更有责任心的男性产生更多好感。

> ❤ **深刻的爱情提示** ❤
>
> 责任心是男性走向成熟和勇于承担责任的重要体现，也是家庭未来生活安定的重要保障之一，所以男性培养自己的责任心，并且在择偶的时候加以体现，往往会成为重要的择偶价值点。

阳光、积极、强大的内心

如上面提到的，从进化心理学的性选择角度看，女性是追求生存价值的，所以女性的择偶偏爱和潜意识中是需要安全感和依靠的，是需要更加强大的男性的。

而一个男性的内心，是体现男性强大的很重要和直观的一个方面。强大的内心，可以理解为遇事从容、冷静，临危不乱，较少的焦虑和负面情绪，以及充满正面积极的能量和生活态度等。

拥有强大的内心的男性，会给女性以及亲密关系带来更多的安全感。大多数女性其实都是比较敏感、容易缺乏安全感的，如果你能在相处中体现自己内心强大的一面，比如更加积极和阳光，一切问题到你这里都不是什么难题，那么，你就会很容易让女性对你产生崇拜感和亲近感，也会让女性想去信赖你和依靠你。

特别是当女性被负面情绪困扰的时候（研究表明，女生更容易情绪化），她们会更想依赖和亲近阳光、积极、内心强大的男性。

> ❤ **深刻的爱情提示** ❤
>
> 也许作为男性的你并不帅气和高大，也不够多金，那其实也没什么，但我建议你可以好好完善自己的思维和内心，让自己的内心更加积极和强大起来。
>
> 对于男性来说，外表其实并不是最重要的，而内在往往才是女性更加看重的，这个内在不是单纯指的好脾气，而是包括很多其他的要素，比如这里提到的阳光、积极，还有强大的内心。

自信

自信对于男性来说尤为重要，是男性择偶价值和吸引力的一个重要组成部分。还是从进化心理学角度来说，大自然中的哺乳动物基本上都是雄性求偶雌性，雄性向雌性进行展示从而征服雌性而赢得交配权，这期间还要战胜其他的雄性竞争对手。

所以，对于择偶来说，雌性是存在慕强心理的，进化到现在的人类也是一样。女性是更容易被强大的男人吸引的，而自信的男人往往更容易让女性产生对方强大的感觉，更能感受到被征服感，从而增进好感度。

> ❤ 深刻的爱情提示 ❤
>
> 作为男性要注意培养自己的自信心，但自信绝对不等于自负和傲慢，这个要注意区分。自信一定是建立在对自己有着充分的客观认识和接纳的基础上的，是一种积极乐观的态度的体现，自信绝不是没有根据的自恋。

上进心和发展潜力

其实，多数女性在择偶时可以接受男性暂时地经济一般和事业一般，因为她们往往也清楚，对于年轻的男性来说，很早就有较多的社会资源占有率是很困难的。但这不代表女性真的永远不在乎男性的社会资源占有率有多少，只是她们更愿意相信困难是暂时的。

女性是需要希望的，需要相信作为男性伴侣的你会有一个还不错的发展前景，她之后和你的生活也会有苦尽甘来的一天。

> ❤ 深刻的爱情提示 ❤
>
> 再次指出，女性是追求生存价值的，所以你可以暂时地经济状况和事业一般，但你一定要让你的女性伴侣看得见希望，你需要让她看见你的努力和你的潜力，你要用你的行动来告诉她——你是值得信任的，你在为了你们的未来而奋斗，并且你有能力给予她和未来的孩子一个安全和安心的生存环境。这很重要。
>
> 很多女性提分手，不是真的只在乎物质，而是因为看不见生活的希望和奔头，男性在情感上不能给予她们关心和支持，物质上也没法给予她们保障和安全感，心灰意冷之下，她们坚持不下去就不足为奇了。

好的身材和运动喜好

就像我一直在强调的,女性往往青睐更加强大的另一半,而健康的体魄和人格则是一个男性强大的基础表现。一个男性如果拥有着匀称的身材与对运动的喜好和习惯,无疑是对自己拥有健康体魄和人格的有力证明。

想想看,一个男人能坚持运动,并且管理好自己的身材,这本身就体现了一种高度自律的积极生活态度,也体现了他对自我的责任感。同时,维系运动的习惯和保持匀称的身材,也是一个男性更加健康、更有活力、精力更旺盛的重要证明。而这些都是男性在择偶时的重要价值点,将赢得女性更多的好感。

❤ 深刻的爱情提示 ❤

也许身为男人的你每天都很忙碌,为了事业、为了生活,甚至已经很难有空喘一口气让自己歇歇了,可能在看了我上面提到的这个价值点后抱怨和吐槽:"这些我也知道,我也想运动,但每天加班,我哪里有时间?"这些我都能理解。不过,就算你再忙碌,我还是相信只要你真的愿意,每周还是可以拿出来一点时间去做运动的,如果你还是说你不能,就说明你不是很想去做。

除去择偶的考虑,作为男人也应该关注自己的身体和心理健康,而常常去运动和保持良好的身材,都会让你的状态更好,这对你的工作和事业一样具有积极作用。

风趣幽默

这一点很重要。我们在现实中总是能发现，一些男性外表不算帅，个头也不高，也谈不上多有型，但是，一样得到很多女性的喜欢。这样的男生都有一些共同的特点，他们很多都是风趣幽默的，是很会聊天的，情商都很高。

需要注意，幽默风趣不是耍小聪明、不是贱兮兮的，也不是低俗和暗含恶意地挖苦对方，而是一种自信和成熟的表现，一种临危不乱，泰山压于顶而面不改色的谈笑风生。

举一个例子，女生今天打扮得很漂亮，你如果说"你今天打扮得好像是某种职业的女性啊"，或者"今天这么漂亮是不是要勾引我啊"，这些都不太合适，听起来让人觉得肤浅、嘴贱和低俗。

反之，比如你生病发烧了，女朋友关心你，要摸摸你的头是不是发热，你可以说"别碰，当心烫坏你啊"，这就是一种很幽默风趣的表达，特别是在你处于困境的时候，体现了你的乐观和强大。

同时，风趣和幽默也是生活的有力的调和剂，特别是在当下年轻人生活压力大、生活节奏快的大环境下，长期的亲密关系很容易被琐碎的生活碾得细碎，这个时候，当两个人的感情慢慢变得平淡和乏味了，男性的幽默风趣往往会为感情重新注入黏合剂，让本来可能暗淡的生活变得有趣起来。

❤ 深刻的爱情提示 ❤

男性如果想提升自己的择偶价值，可以有意识地提升自己的幽默感，改变自己的一些固有思维，让自己真的变得积极乐观和从容起来，平时也可以注意收集一些比较有趣的小段子，不断地为你们的生活注入小乐趣。

领袖魅力

强者的最直接的体现就是成为群体里的领袖。

而基于女性是需要安全感和追求生存价值的,同时也普遍有着慕强心理,所以,男人的领袖魅力往往成为一个重要的择偶价值点。

领袖魅力的体现,并不是你一定要成为所在公司的领导,而是你要体现出决断力、有担当、有主见、有责任感等领袖具备的品质,同时要有较高的情商和人格魅力,为人处世可以得到大家的认可和信服。

领袖魅力,可以说是一个男性很多择偶价值点的综合体现。

> ♥ 深刻的爱情提示 ♥
>
> 　　身为男性的你也许现在各方面都很一般,但你可以努力地建设你的领袖品质,比如在群体里敢于表达自己的看法,勇于承担责任,敢于行动。比如一群朋友聚会,去哪里玩,去哪里吃饭,你完全可以先做出调查,然后大胆地建议和带领大家做决定;比如和女生出去约会,你完全可以提出更多自己的建议,甚至拿主意等。最好不要什么时候都把自己藏起来,在人群里也默默无闻,成为那种低存在感的跟随者,除非你其他方面的价值点足够吸引人。

决断勇敢

男性择偶价值中很重要的一点就是决断力和勇气,这是一个男人看起来有男人味儿的体现。那么什么叫男人味儿呢?简单地理解就是男性区别于女性的、对女性会产生吸引力的性别特征。

比如相比于男性，女性的女人味儿可能是更加凹凸有致的身材，更加细心、温柔。

所以，男性的择偶价值中重要的一点就是男人味儿的体现，比如果断、勇敢、坚强。而反之，如果遇见困难，男性常常表现得怯弱胆小、畏缩、优柔寡断，则不容易给人以具有男人味儿的印象，而会被人以为缺乏勇气，往往容易导致女性的反感和轻视，从而影响其在女性心中的好感度。

> ❤ **深刻的爱情提示** ❤
>
> 身为男性的你可以注意培养自己的决断力和勇气，这一点不但会增加你的择偶价值和吸引力，而且也会帮助你在事业上以及其他人际关系里取得更好的回馈。

社交能力

人是群居动物，判断一个男性是不是强者，一个最直接的标准就是他是不是能适应这个群体。

所以，那些在群体里能得到其他人的欢迎和认可的男性，往往表现出了更好的适应能力，更强大的交际能力，更高的情商，更好的人缘，这些都是可贵的择偶价值。自然，也会让女性觉得这样的男人是强大的，是更值得选择的。

> ❤ 深刻的爱情提示 ❤
>
> 　　有意识地培养自己的社交能力，提升自己的为人处世的能力，让自己变得更加成熟起来。当你和你的女友一起出席活动，或者见她的父母、朋友时，如果你能表现出较为强大的社交能力，她会更满意，自然会更爱你。相反，如果每次和她出去，或者一起见朋友时，你都羞涩、木讷、不会说话，她很可能会觉得你缺少社交能力和不够成熟，也容易对你产生负面印象。
>
> 　　但值得注意的是，好的社交能力不等于给人过于油滑和世故的感觉，而应该让人感觉是真诚、谦虚的，是易于相处、照顾别人感受的，是做事有礼节、有分寸的。

好的朋友圈子

　　有一句俗话，"想知道一个男人怎么样，就看看他的朋友圈子"。这句话确实有一些绝对了，但人人都有刻板印象，难免会受到"近朱者赤，近墨者黑"和"物以类聚，人以群分"思想的影响，所以，一个人的朋友圈子也会影响其他人对他的印象和评价。如果一个男人周围的朋友都是一些不务正业，或者有不良嗜好和脏话连篇的人，那么难免就会让女性觉得这个男人可能也是他们其中之一，从而降低好感度。

　　反之，如果一个男人周围的朋友都是一些很优秀、三观很正、有责任感、成熟上进的人，女性也会对他产生更好的评价和印象，因为她们会推测他周围的朋友都这么有正能量，他能和他们成为朋友，肯定他的人品、性格等也都没问题，从而增加对他的兴趣和好感。

> 💚 **深刻的爱情提示** 💚
>
> 男性应该适当注意自己的朋友圈子，因为一些三观不正和道德感不强的酒肉朋友很可能会影响你的三观，也可能会影响你的爱情和事业。避免一些低质量的无用社交，交一些人品和三观更正的朋友，会给你的生活和爱情带来更多好的回馈。

好父亲的潜质

雌性追求的是生存价值，从性选择角度来说，雌性哺乳动物不仅要追求更强大的雄性，也会倾向于选择能提供给自己和自己的后代更多安全和照顾的雄性，以确保下一代出生之后可以顺利成长。

进化到当今的人类，男性在照顾下一代中的付出和投入要远远多于其他大多数雄性哺乳动物，但相比于女性还是普遍更少。所以对于当今人类，女性要想让自己的下一代出生后得到更好的照顾和安全地成长，就不仅需要男性有较高的社会资源占有率，也要考虑男性是不是会在子女养育方面投入得更多。

所以，一名男性，如果能体现出好父亲的潜质，比如耐心、喜欢孩子、脾气好，往往也会赢得女性在择偶选择时更多的青睐，这是一个男性的重要择偶价值点。

> 💚 **深刻的爱情提示** 💚
>
> 如果你是一个比较有耐心，还喜欢孩子的男性，在择偶市场上可以展示自己这方面的价值和魅力，这往往也是很吸引一些女性的。

好丈夫的特性

不论是从社会风俗和国情来说,还是从沉没成本角度来说,婚姻失败和离婚,对女性的影响都要更大。

比如,对于一个二婚的男人和一个同样条件的二婚女性来说,男性重新择偶走入婚姻的难度要更低。不可否认,目前社会对离过婚的男性的包容度还是要远远高于对于离过婚的女性的包容度。同时,对于女性来说,其年龄在择偶过程中也是更加敏感和重要的因素,而对于男性来说,其年龄的重要度要相对较低,其成熟度和社会资源占有率则更加重要。随着年纪的增长,女性的择偶价值会被年龄因素拉低。而对于男性来说,随着年纪增加,往往其社会地位和财富以及阅历都会增加,其择偶价值反而可能变得更高。所以对于女性来说,婚姻沉没成本一般要高于男性。

在这些条件下,女性选择伴侣的时候,就会更加谨慎和慎重。而一个拥有好丈夫特性的男性,无疑会让女性对未来更加充满信心和安全感。

忠诚专一

亲代投资理论认为,相比于男性,女性在择偶的时候会更加地谨慎,考虑得更多,这源于雌性相比于雄性在下一代的抚育中要投入得更多,代价更大,所以往往更加慎重,以确保自己没有选择错误。而男性是否忠诚专一,直接关乎女性的选择是否正确,以及是否可以为自己的后代提供更加稳定和安全的生存环境。

当今社会,离婚率和出轨率都很高,婚姻不稳定性变得更明显,绝大多数女性还是期待安稳的生活和稳定的婚姻的,所以一个男人是否忠诚专一，对于女性来说就变得尤为重要。忠诚且专一的男性往往也会赢得女性更多的认可和好感度。

> **❤ 深刻的爱情提示 ❤**
>
> 忠诚专一在爱情里其实是最基本的要求，也是起码的原则和底线，男女都一样，都应该保持自己的忠诚和专一。爱情在一定程度上是克制，这源于自律和责任。在亲密关系中，男女双方都要自觉地保持和其他异性的边界感和距离，只有这样才能有机会体会真正的爱情带来的幸福感。

成熟大度

普遍来说，大部分女性在择偶的时候还是倾向于选择比自己年龄大一些的男性，这首先源于女性比男性成熟得更早一些，同龄男女中，往往女性更成熟一些；同时，女性更倾向于得到男性的保护和照顾，所以一个更加成熟大度的、不斤斤计较的男性往往会给女性带来更多的安全感和舒适感。

而反之，很多不够成熟的男性往往会让女性与其相处起来不但没有被保护和呵护的感觉，反而会感到相处起来十分辛苦。比如，女性生气了，他可能会比女性脾气更大，完全不知道去理解她和包容她；比如，遇见一些生活的难题，他比女性更加手忙脚乱；再比如，有些男性比女性还爱计较，对朋友、对外人都睚眦必报。

> ❤ 深刻的爱情提示 ❤
>
> 成熟和大度是男性的重要魅力之一，女性选择的男性是否具有这一特质，会对她之后的生活是充满安心还是每天争吵产生重要影响。所以男性可以努力让自己更成熟一些，懂得包容，往往会增加更多的择偶价值。

绅士有礼，谈吐得体

男性的谈吐不仅仅表现出他的性格特点，也体现着一个人的修养和学识。得体的谈吐和礼仪会给人增加很多好印象，特别是会在第一印象上加分很多。一个谈吐得体、谦虚有礼的男性，往往更容易获得女性的好感。这是重要的择偶价值之一。

> ❤ 深刻的爱情提示 ❤
>
> 男性注意自己的谈吐和修养，懂得去照顾女性，注意自己的礼仪，会为自己赢得更多的好印象。

懂得尊重

这一点太重要了。比如，说好的约会，不会突然就取消；说好的见面，不会常常迟到；不会随便拿女性的缺点开玩笑；也不会贬低别人和性别歧视。

一个懂得尊重他人的男生，往往自带魅力属性。

生活中，女性常常会有这种感受：一个男性即使外表一般，但如果女性能感觉得到他对自己的尊重，也会瞬间对他产生很多好感。

而且，懂得尊重他人，本身就是一种高情商、有教养的表现。

> ❤ **深刻的爱情提示** ❤
>
> 作为男性，也许一些女性确实有你看不惯的地方，也许你也有你的情绪，但请切记要懂得尊重女性，当然女性也要懂得尊重男性。一个人的强大不是靠否定和贬低别人，而是靠更加地理解和包容他人，而且当你学会去尊重他人的时候，你也往往会得到他人的尊重。

女性在择偶中的价值点

外在

外在主要包括：女性的长相、身材、打扮、气质等体现一个人外在形象的部分。

爱美之心人皆有之，不仅仅男性看重外表，女性也一样是看重男性外表的，只是择偶时候的优先级和看重程度有所差别，因为外表直接关乎一个人的性吸引力，而性吸引力是爱情的源动力。

而且，从进化心理学的性选择角度来说，雄性追求的是生殖价值，所谓的生殖价值是使得自己的基因得到更大可能性的延续，这就导致了雄性会倾向于选择更多的雌性交配，并且会优先选择那些看起来更健康和易孕的雌性，当然这是进化的结果，并不是雄性动物在意识层面真的会这样思考。

所以相比于雌性择偶，雄性往往会更花心，也会更在意雌性的外在，因为外在的特征是判断一个雌性的健康状况以及是否适孕的重要标准。

进化到当今的人类，依然保留了相似的择偶倾向，男性会对长相姣好、身材有曲线的女性更具好感。拥有着凹凸有致身材的女性，往往体内含有的雌二醇和黄体酮的比例更好，而这些激素也正是影响受孕的关键因素之一。所以，女性的外在一直是重要的择偶价值点，好的外在在择偶的时候会起到重要的吸引作用。

同时，人是需要得到认可和支持的，一个男人如果找到一个美女，往往就会得到身边朋友和社会群体更多的羡慕，一定程度上也能满足一些男性的虚荣心理。

综上，女性的外在是其择偶价值和吸引力至关重要的一个组成部分。

> **❤ 深刻的爱情提示 ❤**
>
> 有句话说得很好，"没有丑女人，只有懒女人"。
>
> 绝大多数男人择偶时还是看重女性的外表的。所以，女性任何时候最好都不要放弃自我形象的管理，这不是为了男人，也是为了自己。而且女生想要变得更好看一点其实并不难，化妆护肤，运动瘦身，加上时尚穿搭，就会悄悄变美。
>
> 有一句话说："喜欢一个人，始于颜值，敬于才华，合于性格，久于善良，终于人品。"男性往往需要先通过你的外在产生了解你的兴趣，才能逐渐发现和欣赏你的内在，然后迷恋你的性格，最终爱上你的人品。

情绪稳定

开始的心动多数始于性吸引力，但男性在选择长期关系的伴侣时会更加谨慎，会更看重女性的性格和与其相处的舒适度。

有一句说得有点道理，"风情万种，抵不过一个好脾气"。

我从我的咨询经验中发现，大部分普通男性面对外表很好看的女神级的女性时真的停留在只可远观的层面，而他们想要长期交往的姑娘通常颜值只是中等或稍偏上即可，他们会更看重女性的性格。

"性格好"，就三个字，做起来可不那么容易。因为性格好绝对不等于要做没原则和底线的仆人，而是要在坚持自己的原则和底线的基础上，在一些小事上不过度计较、不刁蛮、不任性、不易怒，性情稳定。遇到矛盾时能够控制好自己的情绪，可以就事论事，即使吵架之后也不会没完没了，和这样的女孩相处，男性自然会感到舒服和轻松。

比如，男友约会迟到，性格不好的女孩会大发脾气，数落男友一番，而性格好的女孩则会跟男友沟通了解情况后，再做下一步的决定。再比如，一些女生在亲密关系里很容易情绪起伏，很容易因为各种事情发脾气，往往会让另一半觉得相处起来辛苦和困难，这会降低女生的择偶价值，让男性在择偶选择的时候心生忌惮。

从我的咨询案例来看，其实很多女生被分手，多数都和情绪不稳定、容易情绪化有很大关系。

❤ 深刻的爱情提示 ❤

一个人的情绪稳定性一定程度上决定了伴侣与其相处的轻松程度，而相比于男性，女性往往更加细腻、敏感，也更容易情绪化，所以女性可以多注意管理自己的情绪，避免过度作、闹。男性在选择长期的伴侣时还是非常看重这一点的，他们会想这个女人到底适合不适合长期相处下去甚至结婚。

情绪稳定的人，不论男女，都会让生活变得更加轻松，亲密关系中的矛盾也会更加少，幸福感也会更强。所以，建议大家都花点心思，管理好自己的情绪，做一个可以掌控情绪而不是被情绪控制的人。

有内在安全感

心理学有个理论叫"恋爱移情作用",就是"把对过去生命中一些重要人物的情感转移到目前所遇到的人身上,或者曾经想从一些重要人物身上获得却未能如愿的情感需求,力求从目前的关系中得到满足"。

许多因为原生家庭的缘故而从小缺乏安全感的女孩在长大之后,都会将对家庭圆满的渴求和自身境遇的解救,投射到另一半身上,把对方当成浮木,祈求对方能拉自己上岸。于是为了得到这份"安全感",她们往往会以各种方式进行索取,不是作、闹,就是黏着自己的另一半,拼命要对方证明他有多爱自己。

可现实不是偶像剧,一个内在安全感缺失的女性,她的索取行为往往会给自己的伴侣带来巨大的压力和负担感。同时,如果男性伴侣的回应不够理想,女性也会因此产生更多的负面情绪和反应,比如抱怨、指责、发脾气等。这样就会慢慢地形成恶性循环,让两个人的关系变得愈发紧张和糟糕。

所以,一个拥有内在安全感的女性会赢得男性在选择长期伴侣时更多的青睐。

❤ 深刻的爱情提示 ❤

女性当然需要伴侣给予的安全感,但这种伴侣给予的安全感应该视作一种锦上添花,而不是救命稻草,否则可能两个人都会辛苦,也会降低女性的择偶价值。女性需要多培养一些自我的安全感,使以往完全外求的安全感由内产生,丰盈自己的内心,自信而勇敢,认清自己才是一切的关键,而不是把一切一味寄托在他人身上。别人能给你的其实也都随时可以拿走。

生活情趣

这里的生活情趣主要指的是一个人懂得经营自己的生活，有让生活更加丰富和快乐的能力。具体的比如，一个人有兴趣爱好，有积极丰富的生活方式和生活态度等。

试想两个女生，一个比较善于发现生活中的小惊喜，会经营自己的生活，有一些闺蜜和好友偶尔聚会，有自己的兴趣爱好，健身也好，打羽毛球也好，看画展也好，会定期地依据自己的兴趣爱好参加一些活动；而另外一个女生每天基本是两点一线，除了学校或者公司，就是家里，休息时只喜欢宅着刷网剧。对比一下，不能说后者的生活方式不好，自己开心其实也没问题，但是从择偶角度来说，相比而言，哪一个具备更高的吸引力和择偶价值呢？我想答案无疑是前者。

同时，有着生活情趣的女性，往往会让男性觉得相处起来更加轻松愉快，因为她们有着取悦自己和经营生活的能力。

咨询案例中，有一个男性求助者想去挽回他的前女友，问其女友吸引他的点，他就一再表示是因为前女友很懂得生活、很有趣，和前女友在一起让自己觉得很开心。他自己之前是一个很内向、很宅、很无聊的男生，但和前女友在一起之后，发现原来生活还可以这样丰富多彩，用他自己的原话来说，"她就好像一道光一样，让我原来很无聊、灰暗的生活变得精彩起来"。

❤ 深刻的爱情提示 ❤

也许你是一个偏内向的女生，但也可以尝试给培养更多的兴趣爱好，丰富自己的生活，这样不但可以增加自己的择偶价值，也可能会从中发现不一样的自己。

乐观、积极，充满正能量

有句俗话说"爱笑的女生运气都不会太差"，虽然有些绝对，但确实心态好、为人积极乐观的女生，不管是爱情还是人生都会更加顺利一些。我想这和一个人心态好，面对困难时会乐观和冷静地去处理，在平时的行动中更有行动力都有关系。同时，一个女生如果乐观、积极，对生活充满热情和正能量，则会塑造出一个积极和健康的形象，自然会看起来更具魅力，相信无论朋友还是爱人都会愿意和这样的女性相处。

人际交往中，人们会倾向于选择那些性格更加积极、乐观，充满正能量的人。因为和这样的人相处会更加轻松和愉快，自己的状态也会被其影响。反之，和悲观、消极，充满负能量的人相处，人们往往会感到辛苦和疲惫，因为你不得不时刻照顾对方脆弱、敏感的情绪和神经，并且对方的消极情绪也会影响到你，和一个消极、悲观的人在一起久了，自己的心情往往也会变得低落。

"五官决定相恋，三观决定相守"，这里的五官指的就是外表。外表是一个人的性吸引力的重要组成部分，所以一个人如果有一个好的外在，往往会激发出爱情，让人产生心动的感觉。而这里的三观指的就是一个人的内在性格。拥有好的内在价值的人，会让与其相处的人如沐春风。经历了爱情中的短暂激情之后，长期的亲密关系的经营和维系主要还是在于一个人的内在价值，而乐观积极的性格，和饱含正能量的生活态度，都会增加一个女性的择偶价值，这些是男性选择长期伴侣时很看重的部分。

> ❤ 深刻的爱情提示 ❤
>
> 也许作为女性,你的外在一般,但如果好好完善自己的内在,一样会很吸引人,同样会具备很高的择偶价值;特别是一些较为成熟的男性,往往会更看重女性的内在性格和魅力。

情商高,会沟通

"情商"可以称为情绪智力,主要是指人在情绪、意志、耐受挫折等方面的品质。人与人之间的沟通交流,最能体现情商,而高情商的人更懂得照顾别人的情绪,会让人感觉舒适、自在。

心理学认为,高情商的人通常能够识别他人的情绪,能够更快速地建立良好的人际关系。当然,这一点对于男性也一样重要,因为高情商的人往往会聊天、会沟通,可以提供更多的情绪价值,自然也更具备吸引力。

男性在亲密关系的沟通中容易犯的一个错误,是有问题不愿说,或者干脆逃避问题;而女性在亲密关系的沟通中很容易过度情绪化,往往可能出现作、闹,或者逼迫男人强行沟通的局面。这两者都是错误的沟通模式,也会给亲密关系带来很大的麻烦和伤害。

所以,对于很多男性来说,一个女性如果可以更好地沟通,让男性觉得女性是懂得自己的,而不是靠逼迫和作、闹来暴力沟通,男性就会觉得与其相处起来更轻松,也会更加倾向于选择这样的女性作为长期伴侣。

> ❤ **深刻的爱情提示** ❤
>
> 我们发现很多"绿茶"型的女生,往往在情场上更加游刃有余,这多数和她们的高情商分不开。而很多普通女性很单纯,不懂得觉察男性的情绪和需求,往往就会做出很多降低自己择偶价值的行为。当然,这里不是说让大家变成"绿茶女",而是女性可以适当地学习一些沟通技巧,提升自己的情商,相信你会更幸福。

工作和家庭背景

男性也是现实的,目前一线城市生活压力普遍较大,很多男性在择偶的时候对现实问题考虑的程度并不比女性低多少。在咨询中我发现,很多男性在择偶时也会将女性的学历、工作、经济情况,持有的资产和家庭条件等,作为选择结婚对象的重要考量因素。

> ❤ **深刻的爱情提示** ❤
>
> 我们没法改变自己原生家庭的背景和经济条件,但要认识到人都是现实的,所以,努力去提升自己的客观价值,让自己越来越优秀,不但会让你在择偶市场上得到更多青睐,也会让你收获更多的安全感和自信心。

温柔,女人味儿

想想女性普遍更欣赏和喜欢什么样的男人?是絮絮叨叨、优柔寡断、胆小懦弱的男人呢,还是具备更多男性化特征,比如更加勇敢、坚强、果断、潇洒的拥有"男人味儿"的男性呢？

这里所谓的"男人味儿""女人味儿"，其实指的就是男女双方各自性别特有的魅力。比如对于男人来说，我上面提到的那些点就是体现男人味儿的一部分；而对于女性来说，诸如温柔、细心、整洁、妩媚等魅力点则是体现女人味儿的部分。

所以，如果一个女性更加温柔、妩媚，更加具备女人味儿，往往就会对男性更有吸引力，择偶价值也会更高。而一些"直女"或者"女汉子"在择偶市场上普遍不是很受欢迎，就与她们女人味儿不足从而降低了自身的择偶价值有很大的关系。

> ❤ 深刻的爱情提示 ❤
>
> 在两性关系里，女性可以积极发觉自己的性别魅力。当然，性格本身其实没有绝对的好坏，但是如果考虑到以择偶和经营亲密关系为目的，让自己看起来更加温柔和有女人味儿，这样的女人往往会得到男性更多的好感和兴趣，经营起爱情来也会更加顺利一些。

会撒娇，懂得示弱

很多姑娘外冷内热，内心可能有千万出戏，百转千回，但面对男性时总是一副生人勿近的样子。外冷内热的姑娘不是不好，但外表太过强悍，容易给异性无法接近和"你不需要我"的印象。而会撒娇的女人则不同，她们通过展现自己柔弱的一面，让对方觉得"你是需要我、依赖我的"，于是就不自觉地想照顾和呵护她，更容易产生怜香惜玉的爱恋感觉。

心理学上将"撒娇"的行为诠释为"退行",是一种类似孩童的表现方式。用孩子的行为肯定对方的权力位置并满足自己的欲望,既会让男人觉得这个女人很可爱,也会激发他们强烈的保护欲。

举个例子,女孩希望男友不要加班,赶快回来陪自己。

第一种做法是厉声斥责男友:"你干吗还不回来,不知道我一个人在家啊!"

第二种做法是撒娇地跟男友说:"家里就我一个人,我感觉有点害怕,在家也挺想你的,你能尽量早一点回来吗?"

试问,如果你是男人,你喜欢哪一种做法呢?

> ❤ **深刻的爱情提示** ❤
>
> 不管是择偶阶段,还是长期关系的经营阶段,都应该利用好自己的性别优势。比如对于女性来说,以撒娇的方式去提出要求往往比直接、简单、粗暴的方式取得的效果好得多,女性最好学会以柔克刚。

与异性有边界感

感情里最重要的就是彼此忠诚和互相信任,女人需要安全感,男人同样需要。如果一个女孩总表现出行为轻薄,或者异性朋友过多且暧昧不清,往往就会降低其择偶价值,男性在进行长期伴侣选择时会更有顾虑。

现在很多人都流行结交"异性闺蜜""蓝颜知己",与异性相处缺乏界限,举止过于亲密。比如,跟男性朋友推推搡搡地开玩笑,深夜还在没完没了地跟男闺蜜聊微信，或者总是跟异性释放"你有机会"的信号，这些行为不但容易造成误会，也会让另一半受到伤害。

要知道，一个有界限感的女孩懂得拿捏好与异性交往的分寸和底线，不做过分的事情，不说出格的话，自尊自爱，自然也会获得男性更多的尊重和欣赏。

进化心理学中提到过一个概念，叫作"亲子不确定性"，指的是由于孩子是从女性肚子里孕育出来的，所以女性可以100%确定孩子是自己的，而男性则无法直接确定孩子是自己的。亲子不确定性导致了相比于女性，男性往往更加在意女性伴侣和异性的边界和距离。当然，男女都应该保持好与异性的距离感，这是毋庸置疑的，以上的讨论只是从普遍意义上来说，男性往往对此更加在意、包容度更低。

> ❤ **深刻的爱情提示** ❤
>
> 在交往和择偶阶段，如果女性能与异性保持合理的边界感，往往会让男性对女性的评价和印象更好，也会更容易得到男性的认可和选择。

不虚荣、不盲目攀比

不虚荣、不物质的女孩，不会一直强求对方给自己超过经济能力的物质；平日里也不会盲目攀比，不会向男友旁敲侧击身边闺蜜穿的、住的比自己好，向对方施加无形的压力。

我看过许多相亲类节目，男嘉宾一听到对方"要房、要车"就会情绪激动，其实他们并不是怕女孩提要求，而是觉得这样直白会给人以"物质"的印象，而在刻板的印象中，男性普遍对"虚荣、物质"

的女性持有否定的评价。很多情商较高的女孩，可能会在和男性相处中表现得很不在乎物质，甚至为男性去省钱，结果可能会得到男性更多的喜欢，男性反而主动付出得更多。

虽然爱情里谈钱是必要的，但男性还是希望能建立在彼此理解、互相体谅、力所能及的基础之上，所以，如果一个女孩能表现得不虚荣、不盲目拿别人的男友进行比较，无疑会赢得男生更多的认可和尊重。

> ❤ **深刻的爱情提示** ❤
>
> 希望男性伴侣更努力没错，追求更幸福的生活也没错，但要掌握好方式和方法，比如相比不断地和男友提到其他人的男友多好、多有钱，不如努力地给男友鼓励和支持，这样，他也会更有奋斗的动力。
>
> 爱情和生活都是自己的，男女都一样，不要这山望着那山高，拥有的才是最适合你的，不要一味地羡慕他人，而要学会珍惜和用心经营自己的感情。

贤妻的潜质

男性在选择伴侣的时候，都会有意无意地给女生打分，男生不善于表达，但即使嘴上不提心里也会有个算盘，分数低了，就会倾向于结束关系或者仅考虑作为短期恋爱关系；分数高，才会考虑走进稳定的长期关系，甚至结婚。

而决定这一分数的很重要的一点，很多时候并不是长相和外在，而是女性是否具备一个好妻子的潜质。有一句俗语说"要想征服一个男人的心，要先征服他的胃"，其实还是有几分道理的，当然这本身并不是美食的魅力，而是一个能征服男人味蕾的女人，更能体现出一个好妻子、宜娶的潜质。我们可以试想一下一个能征服男人胃的女人的形象，想到的应该是贤惠的、温柔的、懂得生活、能给予男人照顾的等。而这些都会让男人觉得，找这样的妻子，以后自己的生活会更舒适和幸福。特别是我国的男性，很多还是受着大男子主义的思维影响，潜意识里会更期待自己的妻子是偏向于贤妻类型的。

反之，如果女生表现出粗心、脏乱、懒惰、情绪糟糕等特点，都会让男性在选择长期伴侣时减分，也很容易被男性移出长期择偶范围。

> ❤ 深刻的爱情提示 ❤
>
> 我们讨论择偶价值，并不是要讨论这样是对是错，而是希望了解到两性的择偶价值点之后，我们可以更好地经营亲密关系，让我们爱的人更爱我们。作为女生，在面对自己喜欢的男性时，可以考虑适度展示自己的贤妻潜质，相信他会默默地在心里给你加上一分的。

自信、独立

自信和独立是一个人最重要的魅力点，这一点其实对于男性和女性都很重要。不过我在咨询中发现，很多女性一旦投入爱情之中，很容易慢慢失去自信和独立，变成患得患失的"恋爱脑"。哪怕明明单身的时候，自己一个人可以过得很好，有很多朋友和兴趣爱好，而且很自信，身边追求自己的男性也很多，但是，只要正式进入一段亲密关系，随着感情的加深，自己就会不自觉地变得越来越不自信，容易自卑和自我否定，失去单身时的精彩生活，越来越依赖自己的男友，甚至会慢慢失去自我。

这其实是很可怕的，因为一旦你在亲密关系里失去了自信和独立，也就意味着你的吸引力会大大降低，这是很多女性在长期的亲密关系中，明明付出了很多，对自己的伴侣也很好，但最后依然被分手的原因之一。

> ❤ 深刻的爱情提示 ❤
>
> 女性任何时候都不要丢掉自信，也不要因为恋爱而失去自己的生活，越是在亲密关系里越要更好地去经营自己，让自己越来越好，让自己有自己的生活和爱好，让自己越来越自信，而不是成为另一半的依附品。

有原则性、有底线

我遇到过大量的咨询个案，女性很优秀，各方面条件都不错，在亲密关系里也付出了很多，对伴侣也非常好，基本满足了我前面提到的大部分择偶价值点：漂亮、懂事、温柔、贤惠、有能力、积极开朗等，但她们中的很多人还是没有逃开被男人分手和伤害的结局。在我的咨询生涯初期，我一直为此感到迷惑，为什么明明各方面价值都很高的女生在亲密关系里没有得到应有的幸福，甚至反而常常被伤害呢？

后来经过对大量类似案例的剖析，我慢慢发现这些被分手和伤害的有很高价值的女性在亲密关系里都有一些相似的弱点——她们往往都付出得非常多，甚至是过度付出，面对恋人时没有自己的底线和原则，甚至卑微到彻底失去自我。

原则性和底线，是一个人维护自身根本利益、维护自己人格独立、获得对方尊重的基本要素。如果在一段关系里,你不断地害怕、讨好,到最后步步妥协,往往不但不会唤起伴侣对你的珍惜,相反很可能会让对方有恃无恐,甚至基于心理学的边际递减效应,对方会认为你的付出和退让都是理所应当的,最后,你只会让自己越来越被动,也让对方越来越不在乎你。

> ♥ 深刻的爱情提示 ♥
>
> 这一点是我最想强调的,爱一个人之前,一定要先学会爱自己,而爱自己的最基本要素就是有自己的原则和底线,而不是无止境地讨好和妥协。

❤ 男女两性各自的主要情感需要

亲密关系的本质也许并不是高尚、无私的付出,而是利己、自私的自我需求的满足。

两个人从相爱到相处,其实无时不包含着各取所需的价值交换,这并不是负面、阴暗的说法,而是人类行为和发展的内驱力,其实就是需要,没有需要,人类的欲望也就不存在,没有欲望,人类就难以产生行动力。我们需要水,于是我们去找寻水源;我们需要食物,于是我们学习狩猎和播种;我们需要更好地生存,于是我们组建群体部落……人类进化的根本其实离不开以自我满足为目的的需要。

爱情亲密关系也是一样,我们感到孤单,需要一个人陪伴和依偎;

我们有爱的需求，需要一个人寄托；我们有生理的需要，需要一个人为伴；我们有被爱的需求，需要一个人来爱我们……

而除了一些基本的底层需求之外，亲密关系中更为高级的情感需求的被满足程度往往才是一段关系是不是能长久维系的决定性因素。

那么，作为亲密关系中的男女两性，各自主要的情感类需求又都有哪些呢？

可以从两方面来考虑。第一，由进化带来的两性情感需求差异；第二，不同社会角色定位所导致的情感需求差异。

（注意，以下讨论内容特指相对于另外性别来讲，本身性别更在意的，而非另外性别不需要。）

由进化带来的两性情感需求差异

提到进化带来的两性需求的差异，就不得不提及心理学家特里弗斯（Trivers）的亲代投资理论。

亲代投资是指亲代为增加自己后代生存的机会而进行的投资和付出，而这种投资和付出是以牺牲亲代投资其他适应度成分的能力为代价的（Clutton-Brock 1991：9；Trivers 1972）。

而这种**为了后代进行付出和投资而牺牲自身利益的行为势必会影响亲代在选择伴侣时的谨慎度**。这个很好理解，对于一件事情，我们需要为之付出得越多，势必越会谨慎抉择。如果我们去买一件对于自己来说很贵重的物品，需要我们付出很多的金钱，那么我们在买的时候自然会更加谨慎，比如会考虑这件物品是不是正品，它的质量和售后保障如何等。

进化心理学的亲代投资理论认为：**男女两性在不同生殖困境下产生的情感需求是有差异的。**

所谓生殖困境指的是男女两性受到各自生殖系统的影响产生与生殖相关的一系列行为，从而导致出现的不同的心理演变。

而对于孕育后代这件事情，如果需要我们付出更多成本，我们势必也会更谨慎，而这种谨慎最直接地体现在对伴侣的选择上，因为伴侣直接影响自己和自己后代的生存状态。

相对于男性，女性在孕育下一代中的投入成本要更大，付出往往也更多。这不可否认，比如从资源角度来说，女性一生中可以产出400颗左右的卵子，而男性每小时可以产出的精子数量高达1200万个，而孕育下一代时精子和卵子的配对比却是1比1的，这就意味着男性有更多机会让自己的基因延续，而女性的机会就要少得多。

同样，女性从怀孕到分娩，从哺乳到照顾，孕育成本也更大。当然，当今社会，男性在养育孩子方面也投入得越来越多，但相比女性还是要少得多。

所以，女性择偶时会更加慎重，不然可能就会为自己的错误选择付出很大的代价；而对于男性来说，想要自己的基因更高可能性地延续下去，通常的策略就是和更多的健康易孕的女性交合，这是进化和选择的结果。

从而导致：

- ♥ 男性对于交合的欲望更强，而女性受到投入付出更多的限制，则不得不慎重选择男性配偶；
- ♥ 男性想要交合，但女性不易同意，因为女性不得不慎重选择。

以上就是不同的生殖困境。

可以看得出来，男性的生殖困境是基于女性的生殖困境的。女性的生殖困境在于需要谨慎地选择配偶，在婚配过程中，女性需要在生活中和下一代的生育及养育中付出更多的时间和精力，而这也导致男性产生了生殖困境——如何让女性同意与自己结合。

基于女性不得不慎重选择交配对象的生殖困境，女性需要发展出"压抑"的能力，避免发生自己与孩子无法存活的问题—— 一个不合格的交合对象将无法提供生存资源。

女性为了可以选择更合适的交合对象，不得不压抑自己的欲望——避免被自身欲望所干扰。

所以，基于生理上本能的需求和生殖困境，男人需要：

1．交合意愿的被允许（单纯地满足交合欲望）；
2．力量和资源上的被认同（对方满意自己交合的条件）。

而基于生理上本能的需求和生殖困境，女人需要：

1．持续性的资源给予（保证自己和下一代的生存资源）；
2．安全生存的保障（保证自己和下一代的生存安全）。

这也是进化心理学中认为的男性和女性在情感需求及关系当中行为模式的根源。

由进化带来的男性主要情感需求

因此，男性在进化过程当中发展出的不同于女性的情感需求为：

相对理解，更需要允许

随着人类逐渐进化，男性与女性之间由最初的交合欲望驱使的择偶行为变得逐渐丰富多样，也不再一味地局限于单一的交合欲望。

比如，男性想打游戏、和朋友聚会，甚至是工作等等，都沿袭了最初的行为模式和需求——被允许。

而允许的底层逻辑则是被接纳，因此在情感互动过程中，接纳对于男性来说就变得格外重要。

相对安慰，更需要支持

古老的生存挑战随着时间的推移逐渐消失了，但男性在当今社会中仍然执着于资源的掠夺，部分原因是男人需要为满足女性和后代的物质需求和安全感而持续努力。在当下社会中存在各种各样的挑战，男性在实际的应对过程中更多的是需要女性的支持和认同。

受到思维差异的影响，男性大多不会去找一位女性询问事件的处理办法，但却需要在情感上得到自己伴侣的支持和认同，当然，如果对方能帮忙给出不错的主意，也会加分。

相对亲密，更需要合作

受到代际传承的影响，男性普遍始终将更多注意力放在外界资源上，而一味地亲密则代表着赚取资源的过程会受阻。因此在情感互动中，男性更加追求双方的关系可以减少自己能量（精力及时间）的消耗，从而使得自我的能量可以积攒下来，尽可能更多地向外投注。

所以，我们经常可以看到这样一种现象：两个人在一起即使是零对话，但只要对方在这里，男人可能就觉得可以了，而并非如同女人那样需要更多地保持联结以获取安全感。

由进化带来的女性主要情感需求

同样，女性在进化过程当中发展出的不同于男性的情感需求也为三点，正好与上面提到的男性情感需求相对应：

相对允许，更需要理解

受到进化的影响，女性的抑制能力普遍要高于男性，这一点也同样体现在对情绪的抑制或者说耐受上。当需求未被满足时，女性比起男性可能会更加抑制。但有一个前提，那就是女性需要自己的诉求是"被看到"的。

比如说，大家常听到女性的一句心里话，"相对于你做的那些事，我更在意的是你的态度"，就是这个意思——你可以不满足我，但是不能不当回事儿。

相对支持，更需要安慰

从进化的角度来看，女性也并非不需要"竞争"，只不过，男女所面对的"生存挑战"存在一定的差异。

男性的注意力会更多投注在外界，而女性的注意力则会更多投注在子代身上。

而随着进化和社会的发展，女性并不会完全执着于物质和社会资源层面的满足——保障存活的资源，以此来获得安全感。但所遗留下来的，是关注男性对自己的注意力投注的状态——我需要你的注意力是在我的身上的。

所以，很多时候，女性更需要的是男性在情感上的安抚，而不是纯粹理性的针对事件本身的支持。

相对合作，更需要亲密

从经济学的角度看，婚姻的本质可以说是经济同盟体。但是如果放在亲密关系当中，如果女性感受到的更多的是两个人的"合作"时，那么，女性的内在安全感将受到极大的冲击——这其中存在被"物化"的倾向。

比如说，"我是你找来的保姆吗"，广大的男同胞们，是不是经常听到这句话？这是因为，女性在这一刻并没有感受到"亲密"。

回到进化心理学的角度，这是男女一直以来存在的矛盾——注意力的投注。

亲密关系里，男性需要将自己的注意力投注到外界，而女性需要男性把注意力投注到自己身上——因为她们的注意力（在有孩子前），大多会投注在男人身上。

当男性没办法回馈相差不大的注意力时，女性就会认为自己的吸引力不够，从而导致一种生存焦虑——"对方不够喜欢自己，所以不会向自己投注足够多的生存资源"。

所以，女性需要双方有足够多的亲密互动来保障内在的安全感，这是进化遗留下来的对于生存的恐慌。

不同社会角色定位所导致的情感需求差异

男性更容易表达需求，而更难表达情绪情感；女性更容易表达情绪情感，而更难表达需求。

在社会心理学中有这样一个概念，叫作性别刻板印象，也称性别偏见，指的是人们对于男性和女性角色特征的固有形象，所表明的是人们对于不同性别的期待和看法。

虽然从心理健康的角度来讲，这并非积极的，但仍然表明了社会对于不同性别的定位。举个简单的例子，男性要具备坚强、有责任心、有担当、勇于开拓等特质；女性则要温柔、雅静、贤淑、矜持等等。

社会角色定位所导致的男性主要情感需求

性别刻板印象中最重要的一点是受到社会对于男女情感表达及情绪流露的差异影响，社会的期待往往不允许男性有情感表达及情绪流露，从而导致男性在情感功能的发展水平上处于相对较低的状态。

换句话说，**男性在情感层面的分化水平比女性低，并不像女性的情感需求那样复杂多变；女性相对于男性来讲，其情感分化水平要更高一些。**

之所以这样，是因为整体社会的期待不允许男性过多地表达情感及情绪，使其失去了获得情感层面刺激的机会，发展情感功能的机会少了很多，从而导致其情感功能未分化或分化水平低。

这种处于类似未分化的情感状态下的男性（未分化的状态可以简单理解为成长不够，类似孩童的状态），你要怎么面对他呢？想象一下，你是如何对待小孩子的吧。

被认同

这里的认同，主要指的是女性对于男性的能力和想法持积极态度。之所以会这样，是因为在男性群体之间普遍存在"竞争现象"（雄性动物之间存在的普遍现象），导致了男性需要获得"力量认同"，以此来抵消自己在竞争过程当中产生的焦虑感及挫败感。

被接纳

所谓接纳，本质上与上面进化心理学的观点相近，是认同感的更高层次。

之所以强调男性更需要接纳，是因为同时受到男性情感分化水平相对较低以及社会规范要求和男性本能的冲突（一夫一妻制和男性寻求多个配偶的冲突）的多重影响，男性无法很好地协调自身冲突。

例如，陪伴女友和去学习、工作的冲突，应该表达心意却不善表达的冲突，等等，从而导致男性在关系当中逐渐累积焦虑及不适感。而接纳会极大程度地消除这些负面感受，从而使得男性在关系当中获得更多的情感满足。

有一个需要注意的地方，接纳指的是接纳对方本来的样子，而非只接纳对方好的方面。

有一个有意思的悖论现象，接纳对方的反义词是改变对方，而当我们能够真的做到接纳时，改变反而就发生了。

所以，**改变不是源于强迫，而是源于接纳**。而接纳，其实是为了你和他可以拥有更好的亲密关系。注意，接纳不同于忍受，忍受是压抑不满，接纳是理解和包容不满。

被感激

受到当今社会对于男性角色定位及主流价值观的影响，大部分男性仍然需要获得"过度性别认同"（大男子主义是男性过度性别认同的一种表现形式）。而当女性伴侣在向男性表达认可对方为家庭以及情感关系所付出的努力时，则会极大程度地满足男性的性别认同需求。

社会角色定位所导致的女性主要情感需求

同样是受到性别刻板的影响，男性在情感流露和表达上，很多时候是不被允许的；而女性在需求和欲望的表达和满足上，则是不被允许，甚至是压抑的。

所以，这会导致女性满足自我需要功能的发展水平相对较低。

不过，不同于男性的情感功能发展水平，女性在自我需要的满足上，并不处于特别低的状态，这可能是社会逐渐趋向男女平等的因素所致。

所以，女性在需求的表达和满足上，会存在压抑及不被允许的情况，这会导致女性发展出更加丰富的情绪和情感变化。

那么，相对于男性，女性更在意的情感需求有哪些呢？

被尊重

因为刻板印象和其他社会因素，女性的诉求及能力有时无法得到尊重——尤其是当男性觉察到自身权力和地位被威胁时，经常有男性会去打压女性。

而这样的行为模式，也常常会被带入亲密关系的互动中，虽然可能是无心之举。

在亲密关系当中，女性是非常需要被尊重的，这源于女性的选择与诉求需要被理解和认可，而不是被打压和否定。

被关注

被关注是女性在亲密关系中安全感的重要来源部分。

因为生殖困境所发展出来的"压抑"，加上社会性别角色定位要求的"矜持"，导致女性在表达自己的需要和诉求时，会存在一定的困难。所以这时就需要男性主动体察，给予关注，女性可以在被关注中得到情感的满足。

被偏爱

从社会角色定位以及进化心理学角度看,男性有可能会对多个女性产生交合的欲望,女人是深知这一点的。所以,女性需要知道和确定自己对于男性是特殊的那个,这样才能获得亲密关系中足够的安全感。当然,"被偏爱"的核心和本质,还是女性为了得到情感需求上的巨大满足。

最后,综上所述,**男性对于情感的需求主要体现在:被允许、被支持、合作、被认同、被接纳、被感激。而女性对于情感的需求主要体现在:被理解、被安慰、亲密、被尊重、被关注和被偏爱。**

第二章

重新看待爱的危机

亲密关系中关于爱的危机无处不在，识别和认识危机的体现和由来，是我们避免关系破裂和重建关系的重要基石。

♥ 你遭遇过男人的"冷暴力分手"吗？

恋爱关系中常常会出现一种情况，就是随着男生对女生不断的冷暴力，女生到后来越来越没有安全感，开始发脾气，希望用作、闹和提分手的方式来换取男生对自己爱的证明，可结果往往是事与愿违地以分手而告终，并且通常分手之后，女生会懊悔地觉得一切都是自己的错。而真相却是，很多女生遭遇了男人的冷暴力分手。

在我做心理情感咨询的个案时总能听见求助的姑娘对我说："深刻老师，不是他甩我的，其实是我提的分手啊。"

没错，明明很多姑娘被对方抛弃了，却总觉得是自己造成和对方分手的，因为她们的判断标准很简单——"分手是我提的"。

但是，很多时候，你以为是你和对方分的手，甚至为你和对方分手而后悔不已、自责，其实很可能你中了一些男人常用的分手"套路"。当然，这类套路并不一定是男生意识层面的刻意为之，很多时候是源于潜意识的，可能他自己都未必能完全察觉。

所谓的冷暴力分手，就是不主动提出分手，而是采用不理不睬、不闻不问，甚至逃避、失踪或故意找碴儿激化矛盾等手段，迫使女方主动提出分手的一种分手策略。

女方在面对此类冷暴力时，往往会因极度缺乏安全感而主动提出分手，以求得男生的道歉和挽留，结果正中想分手的男生下怀。

一些男人为什么喜欢用"冷暴力"这种分手方式？

不用承受负担，避免负罪感

人都是有感情的，哪怕想要分手的男生也不例外。而且从自我道德约束角度来说，每一个人其实都不想让自己和别人觉得自己是一个忘恩负义、背信弃义的人，而主动提出分手，这无疑会背上背叛感情的负担和罪责。

而冷暴力分手是以一种逼迫对方主动提出而达成的分手，因为是对方提出分手的，自己的负罪感和罪责感就会减少很多。

实施冷暴力分手的一方会自己说服自己，让自己相信，这段感情是因为对方提分手才结束的，完全不是自己的问题。

特别是双方都有相熟的朋友、共同圈子的时候，冷暴力逼迫女生提分手也会减少周围人对男生的负面印象。

"你瞧，不是我要分手的，是她提的。"——这是男人对自己，也是对别人的说法。

方便、简单、易行

分手的一个麻烦之一，就是需要给对方一个分手的理由，甚至要让对方同意，才会让分手变得顺利；如若不然，对方可能会纠缠从而让分手变得十分困难。

对于真的想分手的男人，找出合适的分手理由是一个麻烦的事情，很多时候，他们很难找到一个既可以自圆其说让自己心安理得，又能说服对方接受的理由。

这个时候，冷暴力分手法就帮了他们大忙，不用给出任何具体的分手的理由，甚至都不需要自己主动提出分手，这是多么简单、方便啊。

女："你如果这样，那我们分手算了。"
男："好吧，既然你决定了，那就分开吧。"

女生当然没想分开，是想通过提分手来让男生做出重视自己的行为，可谁知道男生却直接同意。一般情况下，女生情绪稳定之后会很快后悔并开始挽留男生，可这个时候，男生则会非常坚决地表示"是你提出的分手，我不想回到过去了"。

避免纠缠

如果女生是喜欢男生的，面对男生突然提出的分手，女生往往是很难接受的，很可能会对男生进行不断的挽留和纠缠。

而男生用冷暴力的方式逼迫女生提出分手，长时间的冷暴力，已经给了女生心理准备的过程，加上是女生自己提出的分手，她很难有底气再去纠缠男生。

而且，这个时候，男生面对女生的挽留往往可以义正词严地回应："是你提的分手啊，又不是我，你既然提了分手还来找我干什么！"

心灰意冷

还有一类用冷暴力分手的男生，他们往往不是处心积虑故意用冷暴力进行分手的，而是对感情和女友真的感觉到失望和疲倦，心灰意冷下想逃离。

这类情况往往伴随着伴侣双方长时间的沟通不畅，所以熬到最后，冷暴力往往是一种被逼无奈的选择。因为对于一些男生来说，他们觉得自己就算和女生沟通也不会有好结果，女生也听不进去自己的话。既然这样，那就算了，他们懒得沟通和再去说什么了；同时，他们对感情也完全没有了信心，甚至连最后的告别也懒得去做，只想快速地逃离开。

把分手的责任推卸给女方

一段好好的感情结束了，肯定是有人责任更大的，那该由谁来承担分手的罪责呢？

如果是男生自己提的分手，他会觉得是自己的责任，因为毕竟是他要结束关系的；可如果逼迫女方提出分手，就可以把分手的责任推给女方。

所以，很多男生在自己想要分手的时候就会用冷暴力去对待女生，女生被逼得受不了，往往会发脾气。这个时候，男生就会咬住女生的脾气不好不放，怪罪女生"太作"，然后将分手的罪责完全推给女方。

而事实上呢，很多时候女生的"作"，都是被男生逼出来的，是男生想分手所以故意激怒她们，以便让自己有足够的理由和狠心去分手。**明明是自己想分手了，却倒打一耙，把分手的罪责推卸给女生。**

其实我的大量咨询个案都验证了这一点，很多被男生用冷暴力逼迫提出分手的女生，在分手之后的很长一段时间里都会深深地沉浸在自责和懊悔之中，觉得是自己太作、是自己当初没做好才导致了感情破裂和男友的离开。

而真相却未必是这样，这也是冷暴力分手对被分手一方最不公平和残忍的地方，明明是被抛弃的，分手后却还要受着自责和懊悔的折磨和煎熬，更加无法解脱和走出来。

冷暴力分手的具体流程

被蓄意冷暴力分手（蓄意冷暴力分手指的是对方的冷暴力是有意为之，目的是为了分手）的，一般会经历以下五个阶段：

> **第一阶段：觉察冷淡，说服自己**

你开始发现他有一些反常，不再像之前那样很想黏着你，主动联系你的次数也变少了，你主动去联系他，他回应得也很敷衍，或者回复得很慢，对你提出的见面邀约回避甚至找理由拒绝。

你慢慢因为他的冷漠态度变得没有安全感了，你尝试和他沟通，他却敷衍你"没事，我最近工作真的很忙"。这个时候，你会努力说服自己，让自己相信他说的话，用"他不是不爱我，他是事业型的，真的最近太忙了"来安慰自己，或者让自己相信"他是回避型依恋，他就是这个性格，他还是爱我的"。

第二阶段：尝试沟通，愈发慌张

经过第一阶段短暂的自我安慰之后，你往往很难真的说服自己，因为他的冷漠和敷衍会时刻提醒你，让你不得不去多想，去怀疑两个人的感情是不是出现了问题。所以，为了维护你们的感情，你仍然会继续尝试去沟通解决问题，你会努力学习沟通技巧、改变和他沟通的方式，但依然没有效果。这个阶段，他的态度可能还不错，会和你继续解释和表达自己也愿意做出调整，但他的实际行动却还是和以前一样，为此，你会越来越焦急和不知所措。

第三阶段：强烈不安，会发脾气

在不安、迷茫、恐惧的多重负面情绪影响下，你会开始忍不住和他发脾气。因为到这个阶段你会发现你之前的努力沟通完全不能解决问题，他还是对你很敷衍、冷淡，甚至愈演愈烈。你已经产生了强烈的不安感了，开始以和对方发脾气的方式来表达自己的诉求，希望可以通过这种方式唤醒他，可以让他真的做出态度上的改变。

到了这个阶段，你已经可以确认两个人之间的关系出现了很大的危机，会很不安，但又不死心，希望可以看见一丝丝他还是爱着你的证据。

第四阶段：无计可施，被逼分手

终于，你忍无可忍又无计可施了，在强烈的不安全感和焦虑下，你已经受不了了。

所以，你抱着最后一丝破罐子破摔的心理，也有一些侥幸的心理，在又一次争吵后，你愤怒地提出分手："你如果还是这样，那我们不如分开算了。"

你很希望他能挽留你并且和你说："我不同意分手，我是爱你的，我错了，再给我一次机会，我会做好的。"可结果他却冷冰冰地说："既然你决定了，那我听你的吧。"

第五阶段：开始挽留，却被拒绝

提分手当然不是你的本意，你不是真的想分开，你还是爱他的，而提分手只是你无计可施的无奈之举，所以提完分手之后，你会很快后悔。

然后，你一般就会开始挽留对方，可他却会表现得非常坚决，似乎变了一个人一样，最后他可能会淡淡地说出："你别这样，我不想删除你，你好好的，也许我们还能做朋友。"

这之后你终于接受了分手，但你会认为是因为自己的"作"和"主动"提了分手才导致两个人分开的，正如我在本节开头说的那样，你会不断地自责，却没想到你提分手也许正是他想要的。

清楚了关于冷暴力分手的原因以及一般流程，你可能会很想知道如果不想分手，我们要如何去应对冷暴力分手。这个需要先判断对方冷暴力的具体原因到底是什么，是因为沟通不畅、对方的性格，还是感情确实出现了问题等，然后结合具体情况进行策略的制定和应对才能扭转局势，最后避免冷暴力分手的发生。

❤ 女生想分手的表现：突然懂事的假象

有一句话说得很好，"大张旗鼓都是试探，真正的离开都悄无声息"。

其实，一个女生在你面前表现得有多难以自控、多折磨人，往往就代表着她有多不想离开你，有多在意你。

真正想分手的女生，反而通常会呈现出一种"完全想开了"的表现和状态。

她们不再有什么纠结需要摊到你面前，指望着你带她们走出来。她们忽然变得明智且清醒，好像忽然大彻大悟了，接下来一切要做的流程都已经在自己的大脑里得到了预演，随之付诸行动，可能连一句话都懒得多说。

也就是说，对于真的想分手的女生来说，你可能根本就不会接收到她的任何一种"我想分手"的警告，就直接被她打入分手的"冷宫"了。

在这个过程中，粗心的男生可能完全不知道发生了什么，甚至以为一切都挺好、没问题，等察觉到为时已晚，女生已经很坚定地要分手了。

在这个过程中，其实有很多细节，如果尽早发现，反躬自省，挽回女友的心也不是不可能的事情。

她变得"懂事了"

这种懂事指的是男生口中的"懂事"：在你忙时从不打扰你，惹她不开心了一哄就好，再也不无理取闹、大作特作了，生物钟开始调整了，要早睡了，再也不缠着你熬夜聊天了……

你可能觉得女生成熟了，或者被你驯服了，终于给你空间、让你轻松了。

但是，让我来告诉你真相吧。

她不打扰你，是她懒得主动找你了，因为她根本不像以前那样想你了，或者觉得即使找了你也是她一厢情愿，得到的也是敷衍，她已经厌倦了。

你惹她不开心然后一哄就好，你以为是她学会理解你了，其实是她懒得计较了。她不再在乎自己在你心中的位置，对感情失望了，自然也就生不起气来。

她不作不闹，是因为觉得不值。既然觉得不值，还有必要乞求你的爱吗？

她说要睡了，要洗澡了，不耽误你时间了，只不过是想让聊天尽快地结束罢了，因为她不想再和你多聊了。

明显的平静甚至冷淡

平时再镇定、成熟的女生，在恋爱里的情绪也总是容易变得相对起伏，更别提普通的年轻女生了，从小受言情小说、偶像剧的熏陶，难免联想到自己的恋情，哪个女孩不想在恋爱里甜甜腻腻、轰轰烈烈呢？

但如果你发现她的情绪变得冷淡了，不再为你起伏了，见面时看不出高兴，分别了也看不出不舍。这不是她习惯了，而可能是她在心里已经跟你疏远了。

别的人或事很轻易就会代替你

最典型的表现是：不论你处境如何，她都先以自己的事为主，只要有事，马上离开。

打局游戏，看个电影，见个朋友，你会感觉到似乎任何一件事情都可以替代你，好像什么都比和你约会、跟你聊天更重要。

肢体疏离

抗拒与你的肢体接触，回避接吻等亲密行为，再回想回想两人刚在一起时她对你的亲密，真的是天壤之别，语言能骗人，但眼神和肢体本能却骗不了人。

一个女生如果不喜欢一个人，会本能地抗拒与他的肢体接触。

谈到未来，呈回避状

当你跟她畅想未来，她却总是含糊其词。如果谈到需要落实的问题，更是逃避、推托。一个和你相爱的女生，应该是渴望和你有个未来的，如果现在她态度大大转变，往往可能是她已经心生退意，对未来也不再坚定了。

对你没要求了

谈过恋爱的男生应该都知道，一个口口声声说爱你的女生，其实在生活中反而可能更让你觉得烦。

因为她们会管你管得很多。

她们会对你有要求，明里暗里教导你该怎么做才叫"爱她"，会对你的生活细节很关注；比如你玩游戏晚了，她就会命令你去睡觉，比如不让你吃垃圾食品，比如督促你洗澡换衣服……只要她觉得能管得到的，就真的会面面俱到，事无巨细。

而当一个女生完全放开你，对你的生活不闻不问，对你是否爱她也懒得猜忌的时候，那么，你就要当心了，不是她真的觉得你做得好不需要她管了，而是她已经不在乎你了。

不愿接受你的礼物 / 超乎平常地让你花钱

这种不爱你了的行为在不同女生身上可能会表现出两种极端：

平时喜欢小惊喜、小浪漫的女生，忽然变得什么也不要了，因为她在心理上可能已经将自己头上的"女朋友"帽子摘掉了，所以不想欠你人情。

而平时因为心疼你、爱你给你省钱的女生，不像之前那么坚决地拒绝你的物质开销，甚至还会主动提出让你花钱给她买东西，这是因为她已经不再替你考虑那么多了，也可能是为了找回之前自己付出太多的"心理平衡"。

善于观察的人都会发现，女生真正想分手前的那种失望，其实是不断积攒的结果。在一次次的碰壁和倔强中，女生硬生生地将自己表达爱的本能颠覆了。

所以，观察一个女人是否死心的最简单明了的方式，就是看她是否反常。别以为她做出来的行为漂亮就是什么好事，你要看她是否行为反常。

最后，很多男生心中那个"不黏人也不作、闹，善解人意容易哄，成熟稳重讲道理，会用姿色达目的"的女生，不是不存在——可以说每个女生都有这一面，做得更好的人也比比皆是。

只不过，她们不爱你。

所以，让她像个普通的恋爱中的女生一样，给她个"爱到疯魔"的机会，给她的小脾气、小心思一点空间，本质上是在保护她对你的爱。

💚 挑剔与指责的真相

一个人对你的包容程度，往往和他爱你的程度成正比。

当你和你的恋人相处时，总是感觉对方很容易发脾气，并且在你尝试和对方沟通时，你们总是容易发生争吵。对方总是有意无意地表现出对你的嫌弃和不满意，你好像很容易犯错，又好像怎么做都不对，对方总是经常性地指责你和挑剔你。你很可能认为是两个人的沟通出了问题，然后拼命地改变自己的沟通方式，或者学习沟通技巧，但你会发现效果并不好，他依然还是继续保持对你的糟糕的态度。

这个时候，你需要考虑的是也许问题不只在沟通方面。

因为，你无法叫醒一个装睡的人。

此刻，你需要清醒过来，准备接受一个残酷的事实：**问题的本质可能是两个人的感情出了比较大的问题，对方对你的爱意已经不够了。**

因为不够爱了，所以才会更多地看见你的缺点，才会不断地指责你，才会对你的包容度越来越低，甚至在鸡蛋里挑骨头。

同时，你需要留神，对方可能已经有了要分手的打算，甚至可能在等你提出。

因为感情出了问题而产生的挑剔和指责通常有以下这些表现。

利用矛盾冲击你的底线

爱你的人懂得适可而止。只要你给他一个台阶下,即使他反射弧再长,只要反应过来了,他就会得理饶人,毕竟他还想跟你继续走下去。

而当一个人抓着矛盾特别是一些很小的事情不放,甚至为此过分到不断触及你的底线,那么很有可能他是故意的,他只不过想制造矛盾,然后找到分手的借口和契机。

最常见的分手方式除了"冷暴力",还有"激化矛盾"。

开始挑剔、指责你的缺点

那些曾经他选择包容的你的缺点,现在开始频繁地被他指出和挑剔。

你很清楚地发现他开始挑你的刺、找你的毛病,可能还会拿你的缺点跟他人的优点相比,是的,你能感觉到他对你的嫌弃……

他会觉得你笨、觉得你胖,觉得你的工作不好,觉得你做事不够严谨,觉得你没有上进心,等等;并且你会发现,即使你努力地改好一个他口中的缺点,他还是会找出来下一个。

那么,也许不是因为你有缺点他才不满意,而是因为他对你这个人已经不够满意了,才处处发现你的缺点。

找碴儿,推卸责任

他们会频繁地找生活中、细节上、你的疏忽等一系列能找碴儿的地方,小题大做,借题发挥,脾气也变得越来越糟糕。这可能是源于他们对你的包容度降低了，爱意少了，所以哪怕不是你的问题和缺点，在他们看来可能也是你的问题了。

并且这种找碴也便于推卸责任，试图让你觉得是自己身上真的有问题，进而便于想分手的一方顺利地心安理得地提出分手。

没有耐心

你能明显地感觉到他对你的耐心变得很少，你多说几句话他就嫌烦，问他一些事情，他也不想多说。

并且他可能会因此觉得你笨，觉得你不独立，并且会指责你。

那么，真相未必是你真的不独立，而是他已经没有耐心在你身上和关于你的事情上多花心思了。

缺乏自省

任何一段关系中，想要长久地相处下去，都缺少不了两个人各自的自省和成长。我们可能会和自己的伴侣发生争吵，但争吵后会反思自己是不是过激了，是不是也有错误，甚至会为了冲动之下对对方造成的伤害而心生悔意。

可如果一段关系中，每次争吵和冲突，对方永远觉得都是你的错，并且从来不低头也不会哄你，都是以你主动低头和道歉为结局，那么，可能你要考虑的是，不是他不懂得反思，而是他已经不那么想维系你们的关系了，你们的关系可能已经亮起红灯。

总之，我们在亲密关系中，很难和自己的伴侣完全没有矛盾和争吵，但如果你能明显地感觉到另一半处处对你挑剔和嫌弃，请先别急着自卑和否定自我，也许真相并不是你做得不好，而是对方此刻已经戴上了"恶魔"的眼镜，因为爱意不够了，才对你变得缺少包容和斤斤计较。

❤ 分手的底层原因：神经链条法则

为什么两个人会感情破裂而想要分手？为什么他们会产生离婚的想法？到底是什么决定着一段亲密关系的继续保持或是分崩离析？

这些问题之前困扰了我很久，因为在平时的咨询接待中，我遇见过各种分手和离婚的个案，表面上呈现出的分手和离婚的原因五花八门，而我一直在思考和试图找到隐藏在表面谜团下的导致分手发生的底层逻辑和内驱力。

很庆幸，我想我找到了答案，这个答案适用于一切分手和离婚，也揭示了到底是什么决定着一个人想要继续维系一段亲密关系还是想要结束这段关系。

这里，我将尝试借助社会交换论的一些概念来解释感情和婚姻维系以及破裂的根本底层原因和逻辑。

为什么会想要分手或者离婚？

社会交换论（social exchange theory）是主张从经济学的投入与产出关系的角度来研究社会行为的理论。它认为人际传播的根本推动力是"自利"（self-interest），趋利避害是人类行为的基本原则，人们在行为中趋向于扩大利益，减少代价和损失。

可以简单地理解为，人是自私和趋利避害的，行为和选择是出于维护自己的利益。

为了便于大家理解，以及让我的阐述更加形象和具体，基于社会交换论理论，我提出了一个"神经链条理论"，我虚拟构建出两条正、负情感神经链条。

我的理论认为在亲密关系与情感中，存在着这样一种神经链条，它决定着一段关系是稳固发展的，还是趋向崩溃瓦解的，我称之为"情感神经链条"，具体又分为正面积极神经链条和负面消极神经链条两种。

- ♥ 所谓正面积极神经链条意味着积极的、对稳固关系有积极推动作用的因素集合，有着稳定和发展关系的驱动力量。
- ♥ 而负面消极神经链条意味着消极的、趋向分离亲密关系的因素的集合，有着分离和结束关系的驱动力量。

常见的正面积极神经链条包括但不限于：

1. 对方强烈的性吸引力；
2. 和对方在一起获得的舒适感；
3. 彼此共同的甜蜜回忆和感情；
4. 彼此交错的社会家庭关系；
5. 对方的高价值和吸引你的优点；
6. 对方亲人和朋友的认可；

7. 交往中自己大量的投资和付出（精力、社交、金钱、时间等）。

常见的负面消极神经链条具体包括但不限于：

1. 争吵和矛盾等负面情绪的不断积累；
2. 对对方形成的负面的印象，比如觉得对方是一个很作的女生，或觉得对方是一个幼稚的男人；
3. 对方身上你不满意的缺点；
4. 性吸引力的减弱或丧失；
5. 潜在竞争对手的出现；
6. 相处产生的乏味和厌倦感；
7. 身边人包括亲人和朋友的负面评价；
8. 两个人之间的一些现实问题和阻碍。

接下来，我将从"神经链条"角度来具体剖析爱情亲密关系（恋爱或者婚姻）的维系以及破裂的内驱力。

我们现在已经清楚地知道了在亲密关系中存在的两条情感神经链条，为一正一负。**而决定一段关系是想继续发展还是想结束，正是在亲密关系中的这两条神经链条互相较量的结果。**

当正面积极的神经链条的力量大于负面消极的神经链条的力量时，人就会产生想要继续关系和发展关系的愿望。这种强度差距越大，人就会对当下的关系越满意，也就越想维系和继续关系。因为这个时候意味着我们在这段关系中得到的比失去的多，更符合我们自身的利益，别忘了，人是趋利避害的。

而相反，当正面积极神经链条的强度不断减弱，负面消极神经链条的强度不断增强，当负面消极神经链条的力量大于正面积极神经链条的力量的时候，人的潜意识就会基于社会交换论的趋利避害的原则，产生"我要分手"的念头。

因为人的天性就是自利的，每个人在这一生之中都在有意无意地追求自己利益的最大化和确保损失更小，当一个人的潜意识觉察到两个人在一起时自己收获的有利因素要小于不利因素，他就会产生离开和结束当前关系的想法。当负面消极神经链条和正面神经链条相比，其强度越大，人就会对当前的关系越不满意，就会越想结束。

当然，婚姻的破裂往往要难于一段恋爱关系的结束，这是因为在婚姻里，彼此投入和付出都更多，牵绊也更多，所以正面积极的神经链条其实是比较强的，而要产生离婚的念头，往往也意味着负面神经链条的强度更大，矛盾和存在的问题也一定比较严重。

以上就是分手以及离婚的根本底层源头了，一切都是人性趋利避害权衡的结果。

基于神经链条法则，如何维持长期的亲密关系呢？

很简单，对照前面提到的两条正负情感神经链条理论，我们就应该努力向着以下两个方向去努力了。

努力加大正面积极神经链条的强度

比如提升自己的吸引力，让对方获得更多的舒适感，创造更多的甜蜜回忆，培养更多的感情，还有让对方投资更多，让彼此有更多的牵绊和习惯，得到对方身边人的认可和支持，获得对方给你的承诺，加大对方的付出，甚至走进婚姻、孕育孩子，等等。

避免加大负面消极神经链条的强度

我们应该减少彼此的矛盾和负面情绪的积累，学会理解对方，不做伤对方心的事情，避免对方亲人和朋友的负面评价，减少对方可能接触到的竞争对手，注意经营和提升自己，避免自己逐渐失去魅力，等等。

现在，大家清楚了吗？

婚姻也好，恋爱的长期关系也好，是继续还是结束，其实都是一个人在内心或者潜意识层面基于两条正负神经链条称斤算两、趋利避害的较量结果。别忘了，人都是自利的，只有让对方觉得和你在一起是最符合他的个人利益的，你们的关系才会更加稳定和长久，对方也才会更加用心对其经营和维护。

♥ 分手的高峰期，在一起半年左右：可怕的"六月法则"

我在对亲密关系的研究中发现，一般来说，一段恋情会有一个重要的分水岭阶段，就是两个人在一起六个月左右的时候。这个阶段决定了这段爱情关系是会向着更进一步的稳定长期关系发展，还是由于恋情中的两个人逐渐抽回感情重新考虑，而向着结束关系或者短期关系发展。

第二章　重新看待爱的危机

我把"一段恋情关系进行到 6 个月左右，会出现一个决定关系走向的重要分水岭"的现象定义为："六月法则"。

当然，具体到每一段恋情中，六月法则出现的时间也会有所不同，并非每一段恋情都是严格的六个月，六个月只是一个更加普遍的时间数据，具体基于不同感情不同性格的恋人，都会有所不同。比如，有的关系可能三个月就到了这种分水岭阶段，有的可能是一年甚至两年才会到，但这个"六月法则"仍然具有值得我们思考的意义和价值。

根据"六月法则"，我们可以知道，在一起半年左右其实是恋情中一个很危险的阶段，很多分手的发生都是在这个阶段。作为有一定情感经历的你也可以回顾下之前的恋情，是不是和恋人在一起六个月左右的时候，是分手或者矛盾发生的频繁期？

六月法则其实说的是恋情关系中的第二个危险期，第一个危险期一般发生在两个人在一起一到两个月的时候，在这段时间，分手发生得也很多。这个时期的分手，一般和本来就不够爱、互相不是真正地了解、在一起过于草率等有关系，多数属于"短期择偶"策略下的亲密关系。

典型的特点是，你以为你在和他恋爱，你可能已经全身心投入，但对方却只把这当作一段短期关系，可能只是想随便试试看或者压根儿就是玩玩的心态，所以一旦激情稍稍过去，对方又没有感受到你更大的吸引力和价值，很快就会心生退意。

还有一种情况，你们太快在一起，当对方对你产生更多了解，发现自己原本想的你和真实的你并不一样，这种情况下，对方也会调整策略，把长期择偶策略转换为短期择偶策略，从而可能很快会发生分手。

为什么"六月法则"会发生?

就好像人会衰老一样,没有人会永远年轻,也没有任何一段爱情关系会永远处于热恋状态。而一段感情的热恋时间多数是半年左右。

一段感情进行到半年左右,伴随着两个人热恋和激情的慢慢退去,他们往往就会迎来对亲密关系更加严格的考验。

这个阶段是短暂的"激情爱"和长久的"伴侣爱"转变的关键期,但很多转变却没有成功完成,这往往会导致一种可怕的状态——激情不在,感情也没稳定,所以分手就很容易发生。

热恋结束,暴露缺点

热恋期间,往往是一个人具有高度兴奋、高度行动力的阶段。我们彻夜和对方聊天,也不觉得累;哪怕坐车很远去见对方,也不觉得辛苦;为了见对方一面,打扮一上午也觉得开心。

可热恋一旦结束,往往也意味着情绪从高度的兴奋慢慢回归到平常状态,于是慢慢地,你和对方约会也懒得打扮了,和对方相处也不注意自己的仪态和形象了,也越来越不注意对自己缺点的刻意修饰了。

总之,随着恋情的进展和热恋的结束,自己慢慢越来越松懈,既不去努力经营自己,也不去努力经营关系,逐渐开始以一个更加真实或者说糟糕的自己去面对对方了。

而如我一直所说,"亲密关系犹如逆水行舟,不进则退",当你开始完全松懈的时候,往往也预示着危险的发生。这个时候,就是对对方也是对你们感情的一个考验了——以你们积累的感情为砝码,他是不是能接受这样一个更"真实"的你,是不是能接受你所暴露出的缺点。

热恋结束，滤镜作用逐渐消失

热恋阶段往往是饱含激情和新鲜感的阶段，也是典型的情人眼里出西施的阶段。所以，很多存在的问题，包括双方各自的一些缺点，在热恋阶段往往是被掩盖掉的。

比如，也许女生在恋爱的时候有点作，但在热恋阶段因为强烈的激情，男生可能觉得女生的"作"是一种可爱，也不会怎么生气和计较。

但如果热恋结束，女生继续常常作、闹，男生往往就会产生不同的看法，甚至会对女生产生否定的评价——她就是一个很"作"的女生，不适合做我女友或者未来的妻子，我受不了。

所以，热恋结束的这个阶段，在他除去激情和新鲜产生的滤镜之后，是不是还认可你，接受你，仍然愿意和你继续坚定地走下去呢？

激情退去，考验感情

就像我在第一章提到的那样，爱情其实可以分为两种模式、三个阶段，分别为"激情之爱"和"伴侣之爱"的模式，"欲望阶段""吸引阶段"和"依恋阶段"。

"激情之爱"主要是以激情、新鲜感为主导，对应的是爱情亲密关系中的"欲望阶段""吸引阶段"，我们对一个人心动，对一个人产生生理上的欲望和亲近感，被对方强烈地吸引。

"伴侣之爱"主要是以相处舒适、互相依恋为主，对应的是爱情亲密关系中的"依恋阶段"，我们和对方在一起时可能没有激情之爱模式中的心动和激情，但却觉得舒适且安心。

无论是"激情之爱"还是"伴侣之爱"，其实都是迷人的，都是能给人带来不同享受和幸福的爱情模式，都是我们所需要的。

所以，两个人的亲密关系，如果正处于良好的"激情之爱"模式中，那么一般不会出现什么问题，因为两个人正在热恋中，甜蜜且充满激情，彼此都有较高的包容度。

同时，如果两个人的爱情正处于良好的"伴侣之爱"模式中，同样也不容易出现什么大问题。因为这个模式中的两人已经高度融合，互相依恋，相处舒适，形成了稳定的爱情模式，相对来说也是安全且稳定的。

但是，有一种情况或者说有一个阶段确实是很容易出现问题的，那就是，当"欲望阶段""吸引阶段"逐渐进入尾声和结束，"激情之爱"逐渐降低，而同时，"依恋阶段"又没有完全开始，"伴侣之爱"也并未稳定建立，这个时候就是一个特别危险的时期，也正是六月法则发生的根本原因所在。

这个阶段，激情慢慢退去了，可是感情和彼此的依恋、默契可能尚未完全建立，就很可能出现一个情况，那就是激情也没了，感情也不够，这样，分手的念头就很容易产生。

所以，一旦两个人进入这个特别的激情之爱向伴侣之爱转化的阶段，往往也是考验两个人彼此感情的时候了。

当激情和新鲜不在，你们之前建立的美好回忆和感情，还有对彼此的认可度，是不是能足以抵消掉激情退去对关系带来的负面影响？

如果答案是肯定的，你们的关系将继续推进，进入稳定的以伴侣爱为主的依恋阶段；如果答案是否定的，那么你们可能就会基于六月法则，在这个阶段画上恋情的结束符号。

如何避免分手，度过危险的"六月法则"危险期？

我们已经知道了六月法则的可怕，那么如何安全地度过六月法则中的危险期，让恋情更加稳定、长久地发展下去呢？

延长热恋时间

就像我在前面说的那样,六月法则之所以会出现,很大的原因就是从"激情之爱"向"伴侣之爱"过渡的期间出了问题,激情消失但感情建立又未足够。

所以,显而易见,**想要平稳地度过六月法则中的恋情危险期,我们就要尽量地拉长热恋期,因为更长的热恋时间有利于建立更稳定的感情。**

而从我的研究和咨询经验来看,热恋期是两个人建立感情的关键阶段也是最快阶段。

那么应该如何延长热恋期呢?关键点很多,这里说一个比较基本的,可以考虑"细水长流"的模式。

就好像一堆柴火,你如果上来就用很大的火把它们全部烧着,初期呈现出来的火势确实会很大,但很容易会出现后继乏力的情况,可能没等新柴准备好,之前的这些柴火已经全部燃尽了,从而导致后续储备不足,难以继续维系火焰的生成。

恋情其实也是同样的道理,热恋的长短和激情消耗的速度成反比,前期过度激情和热烈,也就更容易导致激情消耗殆尽,热恋期也就会大大缩短。

不要轻易开始,增加珍惜度

人性还是有一些值得我们关注的弱点的,其一就是容易得到的,我们往往会觉得不够好,不会更加珍惜。

在关系建立的初期,如果你让对方觉得你是珍贵的、值得付出更多的,就会对之后两个人平稳度过六月法则中的危险期起到尤为重要的作用。

所以，**可以适当地延长两个人确定关系的时间，避免过于快速地轻易地开始，可以给对方和你在一起增加一些难度，**以防止太容易地在一起让对方潜意识里认为你不够珍贵，因为对于不够珍贵的东西，我们势必不会太珍惜。

不轻易地开始，在一定程度上也确实意味着更不容易结束。而同样，草率地开始，你们在一起的时候虽然容易，却往往会为你们之后的长期相处埋下更多隐患。

热恋阶段，尽力增进感情

如我在前面所提到的，热恋阶段是建立感情的关键阶段，也是最快速有效的阶段。

因为在热恋阶段，彼此都对对方有强烈的好感和较高的接纳度，相处起来也更容易产生更多美好的体验和创造更多甜蜜难忘的回忆。

所以在热恋的相处阶段，你应该尽量避免负面情绪的产生，不要因为是热恋，对方对你的包容度高就恃宠而骄。**而是要尽量和对方开心并且轻松地相处，创造更多的美好回忆，同时让对方不断发现你更多的优点，对你产生更加持久稳定的正面印象。**

这样，即使热恋期结束，激情和新鲜不在，你也一样可以依靠着之前积累的感情和形成的固有良好印象顺利地度过六月法则中的恋情危险期。

热恋结束，切忌放松

热恋阶段就像我之前说的那样，不但我们会更注意自己的一言一行，展示自己最好的一面给对方；对方也会因为激情的存在对我们抱有高度的认可和包容，所以一般来说，热恋期不会出现太大的感情危机。

可一旦热恋结束，对方对你的包容度下降——这其实也是必然的结果，因为没人会一直情绪高度膨胀、永葆热恋的状态。

可如果你还是仗着热恋阶段对方对你的包容而我行我素，甚至恃宠而骄和变本加厉，就很容易让对方产生"因误解而结合，因了解而分开"的念头。是的，他会觉得热恋之后的你才是真的你，而这样的你也许会让他重新考虑你是不是适合他的，是不是他真正需要的，是不是他未来的理想伴侣和最佳选择。

所以，两个人在一起确定关系不是真的万事大吉，热恋的结束恰恰才是挑战的刚刚开始。**你应该拿出来更多精力去经营自己，去更好地用心经营亲密关系，这样的关系才能更加稳定和长久。**

"六月法则"中提到的关键期确实是一段长期关系的重要分水岭，它决定着一段关系之后的走向，是危机也是转机。如果你把握不好，可能会让对方将你划为短期择偶对象，你们的情侣关系会随着热恋的结束而结束；如果你把握得好，对方则会更加地认可你，你们会拥有更多心灵上的连接，会彼此更加坚定地认可对方，你们的关系也会随着热恋的结束走向更加稳定和持久的"依恋阶段"。

❤ 原生家庭不幸的牺牲者，缺乏爱人和自爱的能力

美国著名家庭治疗大师萨提亚认为，每个人都和他的原生家庭有

着千丝万缕的联系，而这种联系将会影响他的一生。

原生家庭缺爱，往往会影响一个人的恋爱观，进而会增加这个人在恋爱和婚姻关系里遇见困难和麻烦的概率。

萨提亚心理学认为，**童年时，我们与父母的相处模式，必会重现于成年生活，也就是婚姻或者恋情中，你与爱人相处的方式，其实就是你与父母关系的重现。**

哈佛大学曾经做过一个叫"格兰特研究"的实验，对七百多名哈佛大学学生进行了持续性的研究调查，最开始是研究那些优秀的人才，后来在调查研究中发现，人生的幸福度并不取决于金钱、地位，而在于你与他人的亲密关系。最终他们得出结论，幸福的童年、温暖的亲子关系，将与人生的幸福密切相关。

简单点理解，就是一个人倘若原生家庭美满，与父母相处融洽，父母之间恩爱，那么在他未来的成长过程中，也自然容易与身边的人建立一种密切、和谐的关系，进入亲密关系后也将能更好地处理伴侣关系，更容易获得幸福的体验。

反过来，如果当事人并没有意识到问题的所在，及时止损并进行矫正，很可能就会在自己的爱情亲密关系中出现各种各样的问题。

比如，从父母那里延续的家庭观，导致自己也不重视婚姻，对爱情不信任，成为出轨的一方；看低自己，变成了讨好型人格，把对方惯成了无底线的出轨成性；缺爱到极致，将对完美爱情的渴望投射到另一半身上，一旦对方达不到要求就会发脾气或者不断地给对方压力。

当一个人在爱情里成了病人，他需要的是"医生"，而不是伴侣的解救，他们内心渴求幸福，却发现幸福离自己越来越远。

人们分手的原因，以及一段爱情、婚姻里双方的状态，都或多或少地受到他们背后原生家庭以及个人的成长经历的影响。

一个人在原生家庭中缺少爱的滋养，就像小树不能接受足够的阳光雨露，长成参天大树的可能性极低，要么是中途夭折，要么是长得歪歪扭扭。

从多年的心理咨询经历中我发现，**一个缺爱的家庭培养出的孩子，通常是不懂爱、不会爱、不理解爱的，** 而这些往往也是导致感情出现问题的常见的重要原因。

而爱的能力匮乏、缺爱的孩子在成年后往往会出现以下性格特质：

敏感： 高敏感的人更容易捕捉细节，能够细腻感知到他人的情绪，并被某种情绪所困扰，做事情小心谨慎，反复思量。

多疑： 对伤害耿耿于怀，容易抱怨指责别人，往往会对别人的一句话过度解读。

不自信： 做什么事之前都先否定自己，觉得自己不够完美，认为自己不配获得幸福。

缺乏安全感： 患得患失，优柔寡断，害怕改变，有控制欲，依赖别人，他们不爱自己，也否定别人的爱，不断想要跟全世界证明自己。

这些性格特质具体融入生活中，会呈现出三种状态：

1．想要很多很多的爱，对爱的极端渴求；

2．对别人的爱极其冷漠，宁愿伤害别人，也不能让自己受伤；

3．不会表达爱，明明很爱却说不出口，言不由衷。

我们来逐一看看这三种状态：

要很多很多的爱，对爱极端渴求

因为小时候没有得到过父母足够的关爱，没有看到过父母足够相爱，所以这部分人心里会有个大的缺口，需要用大量的爱来填满。

于是对爱的追逐，成了缺爱孩子人生的终极目标。

从依恋类型角度来说，这类人通常会发展成"焦虑型依恋"人格，渴望得到大量的爱和建立亲密关系，自卑和恐惧被抛弃。

同时，他们往往在生活中非常不自信，表现为"讨好型人格"，就像一句话说的那样，"我太希望别人喜欢自己了，从而成了一个谄媚的人"。

是啊，讨好型人格的人不愿拒绝、委曲求全、降低自我，不过是为了让别人都来爱他。未曾得到过爱的满足，所以即使不快乐也要假装很幸福。

放到爱情里，因为没有安全感，急于从无爱的家庭中走出，所以他们希求别人解救自己于水火之中。

这样的人非常自卑，容易自我否定，进而形成自贱和自弃的性格，通俗点讲就是"吸渣体质"。

"吸渣体质"的典型代表就是电影《被嫌弃的松子的一生》中的松子，松子小时候用扮鬼脸来博得父亲的喜爱，长大后用不断讨好、委曲求全换来短暂而无望的爱情。

松子的一生，不断被爱、被抛弃，再被爱、被抛弃，明明想要与命运抗争，却一次又一次被命运牵制，明明长得漂亮也很优秀，却将一手好牌硬生生打烂。

对爱的过度索求表现在两性关系中，除了对自我的贬低和厌弃，还有一种是将配偶当成救世主。

因为没有安全感，所以总是要求对方无条件地爱自己、满足自己，又过度敏感，稍有不如意就难以自控，甚至是抑郁、自残或者伤害别人。

心理学中有个理论叫"恋爱移情作用"，就是把对过去生命中一些重要人物的情感，转移到目前所遇到的人身上。或者过去想从一些重要人物身上获得满足却未能如愿的情感需求，力求从目前的关系中得到满足。

简单点讲就是，一方希求靠另一方来治愈自己，以获得想要的庇护和安全感。

我在咨询中遇到过一个女孩，她结婚两次，离婚两次，现在依然还在寻寻觅觅另一半。我很不理解她，并告诉她，自己的问题不解决，如果再次盲目恋爱，还是会重蹈覆辙，不会幸福。

但女孩告诉我说，她不能一个人，离婚后生活在父母身边，他们经常埋怨她、指责她，她觉得痛苦，想要逃离，而其实她的两段婚姻都是想要逃出这个家庭，远离不和谐的爸妈。

急于从原生家庭逃走，对家庭圆满的渴求，让女孩将生命里的男人当成这漂泊人生的一块浮木。

结果她就像个病入膏肓的病人，不断要求对方像医生一样治疗自己、安抚自己，一旦得不到反馈就会痛苦、失望。

最后，那些男人都忍受不了这种日复一日的索求而选择放弃、离开。

要知道，在爱情里，一旦把爱人当成医生或救世主，就会本能地希望对方无条件地接受自己、解救自己，却忽略了他没有义务替你背原生家庭的锅，这样的爱情是不平衡的，自然也无法长久。

对爱冷漠，宁愿伤害别人，也不能让自己受伤害

与第一种情况截然相反，缺爱的孩子还会表现出对爱的排斥与反抗。因为他们没有体会过爱是什么感觉，没有看到过爱是什么样子，所以他们理解不了爱，表现不出爱，同样也承担不了别人的爱。

一对不懂得爱孩子的父母，根本教不出一个懂爱的孩子；一个淡

漠疏离的家庭，根本创造不出和谐亲密的亲子关系。

从依赖类型的角度来说，这类人一般会逐渐发展为"回避型依恋"人格，对爱表现出疏离和回避。

意大利医学女博士蒙台梭利说："每一种性格缺陷都是由童年的不幸造成的。"拥有暴力倾向的孩子，他们的原生家庭里往往都有一个性格暴戾、极端、专制、刻薄的父亲或母亲。

爱是一种能力，并非所有人都具备，即便不存在暴力倾向，从这样的家庭成长起来的孩子也容易叛逆、自我、易怒和情绪不稳定。

因为缺少关爱的成长过程，会让这个人下意识地认为这个世界不友好，负面情绪累累，他会把一句善意的话误解成恶意的，也会把别人的爱意扭曲成别有用心。

他们在成年后的亲密关系中要么表现出对爱的高度回避，要么会在亲密关系中表现出比较强势和极端攻击的性格，而无论是哪一种，对于亲密关系的建立和维系来说无疑都是伤害极大的。

不会表达爱，明明很爱却说不出口、言不由衷

什么是安全感？安全感，就是渴望稳定、安全的心理需求。

从精神分析的理论可以看出，个体的安全感是这样产生的："父母（尤其母亲）是儿童成长过程中重要的客体，在孩子幼小的时候，如果能够给予孩子足够的爱，持续的、稳定的、持之以恒、前后一致、合理的爱，孩子就会体验到安全感，并衍生出对他人及世界的信任，并且感觉到自尊、自信以及对现实和未来的确定感和可控制感。"

没有安全感的人会患得患失，有足够的爱和安全感才不怕失去。

从小缺爱的孩子会非常没有安全感，他们既渴望被爱又害怕去爱，

尤其对于爱情，既想要又拒绝。

他们会对亲密关系有焦虑情绪，就像无形中有只大手，会不自觉地推开真正关心自己的人。

塞林格在他《破碎故事之心》中写道："爱是想触碰，又收回手。"

说到底，这是由于他们对失去的恐惧。孤僻、不好接近的内心是极度需要爱的关怀的，可是他们害怕被抛弃，害怕拥有后再失去的痛苦袭来，所以不得不用伪装掩盖内心的真实。

请你扪心自问，自己是不是这样？

- ❤ 当有人向你示爱，你的第一反应不是欣然接受，而是猜测他背后的动机，进而否定自己的优点，认为自己配不上对方，觉得他另有所图；
- ❤ 明明非常喜欢一个人，恨不得每天和他在一起，你却说着相反的话，做着让人不解的行为，最终将那个爱你的人推远；
- ❤ 你真的想要好好爱他，用尽生命去善待他，可表现出的却总是无理取闹，将最糟糕的自己留给了爱人……

他们表面看起来很"作"，实际上是对自己的不自信，是对亲密关系的渴望和没有安全感的表现。

有心理专家解析，成年人与他人的相处模式，其实就是小时候他与父母关系的复制和延续。

所以一个缺爱的家庭培养出的孩子，在对爱的理解和感受上，一定会远远逊色于沐浴在爱的阳光下长大的孩子。

有一句话说得很好，"最好的家庭是，爸爸爱妈妈，妈妈爱爸爸，父母都爱孩子"。

很多时候，我们在感情中处理不好和伴侣的关系，甚至被分手，往往也都和自己的原生家庭有关系，缺爱的家庭往往导致我们在长期的亲密关系中更加容易犯错。

所以，如果你想要去修复和重建一段亲密关系，特别是这段关系的结束可能和你缺爱的原生家庭以及你的成长经历有关，那么，你最好先别急着挽回，而是需要先拿出点时间来和自己和解。

这里，给大家一点小建议，想要摆脱原生家庭对自己造成的不良影响，先要达成与自我的和解，最后是"相信爱"。

与自我和解，就是不要执拗于既成事实，也不要继续追问原生家庭里的是是非非，去接受不完美的自己，接受不幸福的过去，你会慢慢忘掉内心那个不自信的小孩，渐渐爱上现在的自己。

相信爱，是清楚爱是不幸的救赎，这份爱里，既包括如何爱己、如何爱人，也包括如何去爱、如何被爱。

而一切的前提，请你先从相信自己开始。

❤ 女生被分手，源于可怕的"毁灭性人格"特质

生活中，我们总是能发现，一些姑娘的情感之路似乎一直都非常平坦、顺利，就算分手也很容易再次收获稳定的幸福。而相反，还有一些姑娘却总是一而再，再而三地被情所伤，或者总是不断地遭遇爱情的挫折和不幸。

那么，是不是存在着某一种因素，是这些看似常常在爱情之路上

遭遇不幸的姑娘们所共有的呢？

为了揭开谜底，找出导致很多姑娘情感不幸的共同因素，我从这几年咨询过的情感个案中挑选了上百件用来做分析，以便从大数据的角度，找出一些线索。

除去一些男方开始就目的不纯而发展的感情，以及一些姑娘被骗床和被"备胎"的案例，最后我选择了 94 份案例，进行了研究。

这 94 份案例，都是我在咨询过程中，让求助者做过 EPQ 人格测试的个案，因为我打算从人格的角度来找寻问题的答案。

结果我发现，人格中的某种特质，和长期关系不稳固，甚至破裂有着重要的关联性。可能你们的情感不顺，是源于一种缺乏适应性的人格特质，我称它为"毁灭性人格特质"。

从我做心理和情感咨询的多年经验来看，如果女生总是有各种比较强烈的负面情绪，比如容易情绪化、脾气暴躁、性格极端等，很容易导致感情关系遇到更多挫折。这些糟糕的情绪和由此引发的一系列不良行为，往往是很多长期关系最后终结的重要原因之一。

一个男人可能因为你的美貌和优秀而爱上你，但却很难一直忍受你糟糕的脾气和不稳定的情绪，很难做到一直忍受你需要不断被安慰的负面情绪。

为了让大家明确理解这项调查和分析，请大家先花两分钟时间了解一下 EPQ 人格测试。

艾森克人格问卷 (Eysenck Personality Questionnaire，简称 EPQ) 是英国伦敦大学心理系和精神病研究所教授艾森克编制的。

他搜集了大量有关非认知方面的特征，通过因素分析归纳出三个互相成正交的维度，从而提出决定人格的三个基本因素：内外向 (E)、神经质（又称情绪性）(N) 和精神质 (P)，人们在这三方面的不同倾向和不同表现程度，构成了不同的人格特征。

内外向（E）：分数高的人性格外向，可能好交际、渴望刺激和冒险，情感易于冲动。分数低的人性格内向，可能好静，富于内省，除了亲密的朋友之外，对一般人缄默、冷淡，不喜欢刺激，喜欢有秩序的生活方式，情绪比较稳定。

神经质（N）：分数高的人可能易焦虑、担心，常常郁郁不乐、忧心忡忡，有强烈的情绪反应，以至于出现不够理智的行为。分数低的人情绪反应缓慢且轻微，很容易恢复平静，他们通常稳重、性情温和、善于自我控制。

精神质（P）：并非暗指精神病，它在所有人身上都存在，只是程度不同，是一种适应性的体现。分数高的人可能孤独、不关心他人，难以适应外部环境，不近人情，感觉迟钝，与别人不友好，喜欢寻衅搅扰，喜欢干奇特的事情，并且不顾危险。分数低的人则能较好地适应环境，态度温和、不粗暴、善解人意。[1]

最后我结合这 94 份个案的具体情感和相应女性求助者的 EPQ 测试结果来看，我发现 EPQ 测试中 N 分数的高低与情感是否顺利或者说是否更容易被分手有着很高的关联性。

其中 N 分数 >61.5 为典型神经质型，56.7—61.5 为倾向神经质

---

[1] 中国心理卫生协会，中国就业培训技术指导中心组织编写：《心理咨询师（三级）》。

型，43.3—56.7 为中间神经质型，43.3 以下表示情绪比较平稳。

下面的图片是用于调查的 94 份被分手案例中的女性求助者的 EPQ 中 N 因素的得分分布情况。

基于 EPQ-N 因素的被分手调查分析

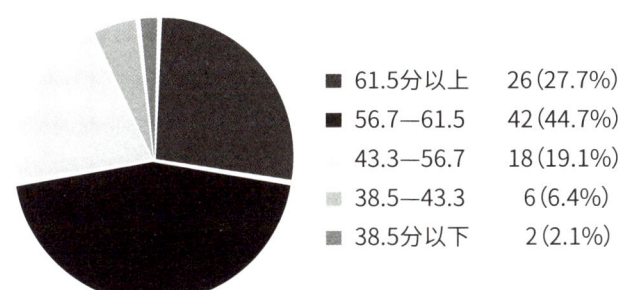

从结果发现，那些常常遭遇感情危机甚至常常被分手的姑娘，在 EPQ 的测试结果中绝大多数都表现出了较高的 N 分数。

所以，我把这一个可能会破坏亲密关系的人格特质（主要表现是 N 代表的神经质的分数高），称为"毁灭性人格特质"。

从我采取的分析样本来看，有约 70% 以上感情失败被分手的姑娘，都伴随着明显的"毁灭性人格特质"。

换句话来说，如果你是一个带有毁灭性人格特质的姑娘，你喜欢发脾气、做事容易冲动、情绪糟糕、性格极端，那么，很不幸，在长期的亲密关系中，你将有很大可能面临挫折甚至被分手。

我在咨询中的经验也可以验证，大部分被分手的姑娘都曾对我说过类似的话：

"深刻老师，我这个人脾气不太好，性格比较直！"

"深刻老师，我发脾气，其实是希望他能多哄哄我啊，他都不能理解吗？！"

"我知道我这么做有点过分，可我对他很好啊，我也没有坏心思。"

这个研究其实也从心理学方面，再次印证了一句话：爱笑的姑娘，通常运气不会太差。

没错，如果你是一个性情比较稳定、乐观开朗没有毁灭性人格特质的姑娘，从我的咨询经验上来看，你的情路相对来说确实要顺利得多。

如果找不到这个测试，可以发电子邮件给我：skrc_psy@163.com，或者关注我的公众号：深刻如此说（ID：skrc_talk）。

不过，也不需要过于焦虑和担心。因为值得庆幸的是，只要通过学习和有意识的自我成长，我们的思维是会得到改变的，我们看待事物的角度也会有所不同，我们的情绪管理和控制能力也会提高，这些都足以减少我们因为与生俱来的某些人格特质而为长期关系带来的负面影响。

❤ 你的过度付出是毁掉亲密关系的元凶

我在咨询中发现，很多咨询过我的女生其实都是那种既专情，又努力，对感情也很用心的好姑娘，可却偏偏似乎总是碰到不懂得珍惜她们的渣男。

这让我产生了疑问：难道全心全意的爱，不应该换回同等的爱和守护吗？难道一心一意地付出，不应该换来更加被珍惜和认真对待吗？

之后我慢慢发现了答案，却有些残忍："很多时候真的并不是。"

其实，爱情永远没有简单粗暴的道理可讲，如果说在职场中"越努力越幸运，越付出越收获"，那在爱情中有的时候可能刚好相反，往往越努力越得不到，越付出却可能越失望。

虽然我们对另一半真心相待本无可厚非，但这个"好"和"付出"一定要讲究方式和方法，更要有尺度和底线。

当你过度付出你的爱，对这段感情来说也许反而构成了一种伤害，你很可能成为被辜负的那一个。

什么是过度付出？

付出分为两种，一种是健康正面的付出，对于亲密关系会产生积极的促进作用；一种是过度消极的付出，容易让付出者抱屈，让接受者苦闷，是亲密关系的"隐形杀手"。

> "我为了你放弃工作，离家千里，你却这么对待我！"
> "要不是因为你，我现在早就升职加薪了！"
> "我连婚礼都没办，跟着你受苦受穷，你现在一点良心都没有……"

诸如此类的话，相信很多人都听过或说过，这就是过度付出间接带来的对彼此亲密关系的隐形伤害。

首先，付出者的付出，隐含着满满的不情愿和不甘心；其次，付出者虽然在默默地付出，却也抱着得到回馈的强烈期待，希望对方以同等的付出补偿自己，否则就会感到失望和失落，甚至会因此产生不满和怨恨。

而一般来说，"过度付出"分为三种类型：**自我强迫式付出、求取报答式付出和一厢情愿式付出。**

不管哪一种付出，其实背后都潜藏着一方的迫切渴望和另一方的被动接受，因为大多数人即使嘴上不承认，但内心仍然希望付出得到回报，而且还会在生活中潜移默化地传递给对方这样一种信息：

"你必须要回报我的爱，否则你就是个罪人。"

长此以往，感情的天平必然失衡，一旦施者与受者形成了鲜明的对立关系，那两个人谁都不会舒服，谁都会感到痛苦，这样的亲密关系也自然变得岌岌可危。

为什么付出却没能换回同等的爱？

在两性关系中，我发现常常受伤害的都是那类任劳任怨、牺牲自我的女孩，她们不是遭遇渣男劈腿，就是得不到对方的疼惜；反而时不时有一些小作、动不动提要求的女孩倍受宠爱。

究其原因，可能和以下几点有很大关系：

> **自我价值感低，对方也渐渐蔑视你的价值**

通常在感情中试图用不断付出来换取对方的爱的女生都比较自卑，至少是缺乏安全感的。她们往往对自我价值的评定很低，觉得只有靠"对你好"这种讨好的方式才能凸显自己的存在感，让对方感受到自己的不可替代性。

可是在两性关系中，可悲的是，最具有可替代性的价值之一就是"对你好"，因为这种付出，对方也有能力做到，甚至做得比你更好，只要他真的愿意。

于是，就出现了这种情况，你越看低自己，就越没有安全感，就越要靠投入感情和付出来获得安全感。你越投入和付出得越多，反而会让另一半觉得你越来越不值钱而更加轻视你。

经济心理学有个现象叫"凡勃伦效应"，是指消费者对一种商品需求的程度因其标价较高反而增加，也即商品价格定得越高，越能受到消费者的青睐，所以才说"同样款式的商品，打折降价的时候买的人不多，涨价的时候人们却都纷纷来抢"。

凡事有度，过犹不及，爱多了同样造成感情麻痹

我们通常能看到这种现象，有的女孩平时不喜欢撒娇，偶尔撒娇几次，男朋友特别开心，但是如果总是没完没了地撒娇就成了胡搅蛮缠，可能会惹人烦了。这就是过犹不及，当任何事情超过了一定限度就会产生相反的效果。

同样，当你在一段关系中无条件地付出和投入，开始时，或许对方还会感动和珍惜，但时间久了，他就会觉得理所应当，把你的好当成习惯使然，慢慢地也失去了情感触动。

中国有句古话叫"升米恩，斗米仇"，说的就是这个道理。

心理学有个概念叫"边际效用递减效应"，简单说就是，给一个口渴的人一杯水，他会超级感激你，这是雪中送炭。但是他喝过以后对水的渴望在逐渐降低，到了他完全不渴的时候，你再继续给他水喝，他会感到不适和难受。

放到亲密关系中，一个过度付出的人就是那个送水的人，没有节制和底线的爱，就成了一种"跪舔"和讨好，超过了限度，必然造成对方的无感、麻木甚至厌烦。对方也自然会在潜意识里认为你一厢情愿，永远不会离开，自然也没必要对你太好、太珍惜你了。

> **你的过度付出，像个炸弹，埋藏着隐形的伤害**

前面我说的两点还偏向于付出者的爱，引起了被付出者心理的麻痹和不珍惜，过错方更多的是在那个被偏爱却不懂珍惜的接受方。但是，在第三点中我想强调一下，付出者也不是毫无过错可言的，甚至搞不好他在以付出为工具暗戳戳地做着"伤害"另一半的事儿。

这里，我总结一下过度付出对亲密关系带来的隐形伤害：

过度付出＝高压＝控制

德国家庭治疗大师海灵格曾经说过："我们付出的时候，就会觉得有权利；我们接受的时候，就会感到有义务。"

当过度付出者不断投入爱和牺牲的时候，他的内心是觉得舒服自在的，因为此刻他在累积道德资本，他成了一个"圣人"般的存在，而被接受者却可能随时因为自己做得不好，或者不能很好地回应付出者的爱而产生内疚和压力。

"我要很多很多的爱，于是我付出很多很多的爱"，这是大多数过度付出的人的潜意识表达。

他们的付出多半并不是无私的，是有条件的，是明码标价的，是需要对方给予积极回馈的，这就成了一种无形的控制，只要对方无力回报这份爱时，就会被舆论和道德所责难而承受压力和负罪感。

而结果就是，面对压力，任何人都会想要逃离，这也是为什么你的高度付出，却反而会让你爱的人避之不及甚至离开你的重要原因。

过度付出 = 变向自私 = 道德绑架

如果给予一个人太多的恩情和爱，倘若他稍有怠慢，就会被道德谴责，甚至要时刻背负着"白眼狼""陈世美"等代表忘恩负义的骂名。

那个过度付出的人，看似无私，而从另一个角度看，却很自私。

首先，绝大多数的人付出其实只是在满足自己的私心，对对方的付出也是为了满足"让对方更爱自己"这个私心的手段。他沉浸于"我付出了，对方已经接受，就必须感激我，就应该对我好和更爱我"的逻辑中。

其次，他只是用自以为"对你好"的方式去爱另一半，却可能并没有用对方真正需要的方式去爱他。

举个简单的例子来方便大家理解：

有个女人天天早起给老公做早餐，她觉得自己这么做特别伟大，她老公也必须每天按时起来吃，还得时不时给以赞美和感谢。突然有一天，他实在起不来就没吃早饭，这个女人就很愤怒，跟对方吵了起来，说自己多么不容易，他竟然不领情。结果，她老公说出了一直以来的心里话："我早上宁愿不吃早饭，就想多睡会儿，你知道我每天有多累吗？"

当你的过度付出不是对方想要的，这就是一种偏执和自私，**而且更可怕的是，过度付出者还会用自己的付出进行道德绑架，以爱的名义捆绑对方成为自己想要的样子。**

过度付出＝为你好＝缺乏界限

感情里，最怕的就是"为你好"这三个字。

不顾你的意愿和感受去做一系列自以为是的事情，这样的人其实是缺乏自我边界感的，他们用不断的付出和讨好去证明自己的价值，去满足别人的期望，却忽略了自己和对方的感受，甚至不惜让自己受到伤害，同时也给对方带来困扰。

缺乏边界的人，也容易突破别人的边界，不顾别人的想法。 你自顾自地凭着一腔热血以自己觉得对的方式照顾他、爱他、无限付出，这就是在强迫别人做出接受你的选择。

如何在感情里恰当地付出？

我们会发现重要的一点，很多时候，我们在亲密关系中过度付出是源于我们对经营亲密关系有错误的认知，所以，要想在感情里恰当地投入和付出你的爱，就需要重新建立正确的方法和认知。

建立客观的自我认知

我们前面说过，过度付出的人通常自我价值感低，觉得自己身上除了不断付出，几乎没什么优势和魅力可言，这其实是一种错误的自我认知。

要知道，每个人身上都有许多优点，你要找到自己身上的闪光点，并且努力学习和提升自己其他方面的优势。你要时刻记住，不要让讨好成为获取爱情的唯一方式。

除了对自我的认知要改变，**也要改变那种"我只有对他好，才能留住他"的错误的讨好型思维模式。**

努力经营爱情是对的,但要避免一些极端的绝对化要求,比如必须不能失去他,等等,你要清楚认识到自己的可贵,先爱自己,而后才能被人所爱。

有独立的思想,有自由的灵魂

许多女性是很怕失去对方的,所以才过度付出和讨好,究其根本是缺乏安全感。

但你还是要明白,安全感只有自己给的才是真的安全,依附别人总是有风险的,你总难免随着对方对你态度的转化而患得患失。

因此,只有自己学会独立,拥有自己的爱好、事业、兴趣和朋友圈子,你才能慢慢放下自己对爱情的执念,才能正视自己和对方,才能不孤注一掷地去投入。

以不害怕失去对方的轻松心态去爱对方,才能让这段爱情变得自由和美好。

平等地相爱,健康地相守

付出太多的人是在不断往自己的感情天平上增加砝码,付出少的那边则逐渐变轻,时间久了,这样的不平衡状态早晚会摧毁这段关系。

我反复在我的咨询中强调:**平衡、平等才是一段健康亲密关系的前提和必要条件,也只有势均力敌的爱情才会更加长久和稳定。**

如果你在一段关系中不断地放低自己,委曲求全,突破自己的一个又一个原则和底线,甚至慢慢为了对方而失去了自我,也许暂时避免了一些危机和矛盾,可却会让你们的关系越来越失衡,而这种饮鸩止渴的方式早晚会让你们的爱情关系彻底崩塌。

所以，在亲密关系的付出过程中，我们不妨扪心自问："你的付出是不是对方想要的？他能够对你的付出给予什么样的回报？这份回报是不是出自他的自愿？如果他没有给予你期待的回应，你是不是能依旧心甘情愿？"

当你得到了答案，再根据情况去付出，这样就不会让你的付出一厢情愿，给对方带去层层重压，自己也不会因为得不到想要的回应而心生不满和仇恨。

最后，良好的感情模式一定是你来我往的，是建立在彼此舒服、自愿和平等的基础上的。记住，爱情不是卑微到尘埃里开出的花，而是我若盛开，蝴蝶自来。

♥ 当心预期判断偏差毁了你的爱情

我与不少咨询者沟通后，发现一个现象，许多情侣分手的原因其实并不复杂，也没什么太大的矛盾和原则性问题。比如我在咨询中常常听到的：

"深刻老师，以前我生气他都会从很远的地方跑来哄我，现在我发脾气，他不会来找我了。"

"深刻老师，以前节日他都会给我买很好的礼物，现在的礼物都很凑合，我觉得他不用心也不爱我了。"

"深刻老师,我只是想让他多陪陪我,可他因为工作忙就陪了我很短的时间。"

这些案例里面,亲密关系中的双方都未必有多大问题。很多时候是一方觉得自己已经尽力,并且认为做得没问题,而另一方期待又太高,导致了"预期判断偏差"。

预期判断偏差会导致亲密关系中一个人对爱情的想象与现实不一致,于是矛盾就会滋生,从而埋下分手的隐患。

认识亲密关系中的预期判断偏差

我们先了解一下什么是预期判断偏差,简单点解释就是,预期想法与实际情况出现了较大的差异。

在爱情中,由于男女思维角度、处事方式、性格特点等不同,导致他们在某种程度上会比较容易出现这种预期判断偏差。

比如一对情侣,男生觉得正常的情侣关系,没事时不需要过多联系,各忙自己的,有事情打个电话,周末有空见面约会就可以了。

但是女生却觉得,需要时刻分享彼此的动态,每天晚上要固定打电话或者视频一个小时。

这样,这对情侣就出现了一个预期判断偏差。以满分 10 分为例,如果男生的预期连接度是 5 分就可以了,可女生的预期连接度却需要 8 分,那么,他们的相处就会出现不和谐处和更多矛盾。

由于男生有比较低的预期,而女生则有很高的预期,大概率的后果就是,女生会因缺乏安全感而不满意,然后要求男生付出更多;男生则会觉得相处辛苦,认为女生过于作、闹,不理解自己。

这其实就是恋爱中很常见的情况，女生认为男生在感情里总是做得不够，她预期的他根本没有达到，因此她会伤心、失望，而男生却认为作为男友自己已经尽力了，她却还是不满足，喜欢"作"。

互相不理解就不会改变，不改变，两人之间的预期判断偏差就会影响感情。

为什么在亲密关系中会出现预期判断偏差？

表达的讯息和接收的不一致

有些女生不直接说希望男友怎样做，会顾左右而言他，或者做一些小暗示、小隐喻。可是很多男生工作比较忙，又有许多是直男思维，确实没有那么懂女生的小心思。所以，很容易导致女生期望着的事情男生没有做到，进而女生就会很容易觉得失望和伤心，甚至会就此认定对方不爱自己了。

举个我身边的例子，我有个女性朋友就是这样。她特别希望男友能在纪念日跟她求婚，然后就旁敲侧击地跟对方说，这次纪念日她特别想收到惊喜。她男友听她这么说，的确也大费周折地忙活了半天，把她的家人朋友都请到一起，准备了一个大的聚会。

但是这个女孩此前从没有释放过关于结婚的任何想法，她男友当然没有抓到这个关键点，这就是她的预期跟男友的预期出现了判断偏差，结果就是女生大哭了一场，闹分手，男生莫名其妙，十分委屈。

这个事例就说明，女生表达的讯息和男生接收的不一致，女生没有说清楚自己想要什么，传递给对方的信号并不明确，男生很容易按照自己的理解去做，最后导致男生预判错误，没有达到女生预期的要求,从而好事变成坏事,男生也徒劳一场。

> **不能正确解读对方行为背后的真正含义**

这种情况也很普遍,因为不能正确解读对方行为背后的意义导致的情感问题不少,在关系确认阶段、长期相处阶段、亲密关系修复阶段,都时有发生。

比如,男生和女生刚认识不久,男生对女生确实也比较热情,其实男生对待很多女生都是这样的方式,这个时候,女生如果觉得男生很喜欢自己,从而轻易地开始投入真心和感情,就会出现不切实际的恋爱预期。最后可能反而会给男生带来压力,女生自己也很容易受到伤害。

再比如,两个人分手后,被分手的一方想挽回另外一方,提分手的一方可能因为心存愧疚,或者暂时没有完全适应新生活,而保持和被分手一方的联系,但此刻的联系完全不代表提分手的一方想要回心转意。如果被分手的一方错误地理解提分手一方和自己联系背后的真正含义,就会很容易导致挽回和修复亲密关系的失败。

> **总是幻想对方是自己想象中完美恋人的模样**

许多女生总幻想对方不是霸道英俊总裁,就是超级暖男,毫无缺点可言。

但现实却容易狠狠打脸,毕竟人无完人,人不可能没有缺点,爱情不可能没有摩擦,对方也不可能永远无条件迁就、包容你。当幻想与现实碰撞,女生就会因为对恋人预期的落空而失望、难过,男生也会觉得女生过于幼稚、公主病,往往双方就会因此而逐渐心生嫌隙,最后可能导致分手的发生。

总是预期偶像剧般的浪漫爱情

有些女生预期的爱情和男生的不一样，男生或许就想踏踏实实地过日子，找个人相濡以沫，恋爱、结婚、生子，想得比较简单，比较接地气。

但一些年轻女生受一些影视文化的渲染和影响，爱情的看法常常会过度理想化，希望恋爱过程中多些惊天动地的美好回忆，最好天天都像偶像剧一般。

柴米油盐和花前月下的冲突，就导致了预期判断偏差的产生。

总是预期自己的感情会一帆风顺

有的女生比较完美主义，而且心急，又缺乏安全感。所以，她们不允许自己的感情中出现任何问题，而一旦发现感情出现一些波动，就容易歇斯底里和过度焦虑。这种高预期会导致感情里稍微有一些风吹草动，她们就会草木皆兵，紧张兮兮，往往就会导致矛盾激化，从而导致"墨菲定律"的发生——你越担心的事情，越可能发生。

总是预期对方会一直爱自己，完全不变

有的女生对对方对自己的爱持过高预期，对爱情也有着过于完美的憧憬。这就会产生很大的问题，因为爱情本身就是波动的，也不会有人永远处于高度亢奋的热恋阶段。

所以一旦爱情浓度降低，这些女生往往不去考虑怎么修复和经营，

而是抱着决不允许出现这种情况的心态去面对感情，可能就会出现苛责对方、和对方发脾气、反复求证对方是不是够爱自己等不良反应和行为，而这些最终都会导致对方对关系感到更加不满和对女方的评价变得更加负面。

比如常见的情况，对方确实对你的爱下降了，不够爱你了，这其实也是大多数感情里都会暂时出现的状态，是完全正常的，只要稍加用心经营就不难解决。但你如果这个时候不接受，甚至以"作、闹"的极端方式去求证和强迫对方看起来足够爱你，到最后只会让他更不爱你，你们的关系也会变得更糟。

一旦出现恋爱中的预期判断偏差，身处其中的男女应该怎么做？

有什么需求说清楚，不要让对方猜

怎样让恋爱中的预期判断偏差缩小？首先就要做到有什么说什么，不要光想不说，或者一味地让对方去猜。

很多男生最不擅长的就是猜女生的心思，而猜测这件事既考验情商、智商，也容易引起误会，造成感情出现问题。

所以你想要对方为你做什么、不喜欢他的某些行为、你预期的是怎样的恋爱，最好就直白、简单地告诉对方，坦率一点，避免过于隐晦的旁敲侧击。否则，不但对很多男生没用，也会让两个人产生更多误会，感情越走越远。

在做出行为判断前,最好多确认几次

我们前面讲了许多关于男女爱情中出现预期判断偏差的原因,了解了这一点,也就自然明白了男女生想的、说的、做的,有时候并不一致。所以,这时候男生在对待女生的方式、方法和态度上,最好能多用点心思、多动动脑子。

比如,男生如果看不出女生是不是很期待纪念日、生日礼物的话,你不妨多问问对方,或者跟对方沟通一下,了解她心里的真实想法,不要以为她不说就是真的不需要,她不需要就真的不用去准备。

多去沟通,了解对方真正的需求,给予对方他需要的,才能让你们的感情更加亲密。

降低不切实际的恋爱预期,现实一些

很多人谈恋爱时往往会抱着许多美好的想象,这很正常。但是,**一个人成长的过程就是慢慢了解自己,接受现实的过程,这个现实有好的一面,也有你认为不好的一面。**

尤其是爱情,我们一定要清楚,**你爱的是这个人,也包括他身上的缺点,你需要的是这段感情,也包括感情里存在的问题。**

想要获得成功的爱情,并不是说遇到的那个人要百分百符合自己的心理预期,而是你要能够根据实际情况,接受爱情里好与不好的地方,不断降低和放弃那些不切实际的恋爱期待,抱着平常心与恋人相处。

> 要多沟通，多了解，在磨合中降低预期判断偏差

预期判断偏差是所有人在恋爱中不可避免的，毕竟每个人都有预期的爱情，都有预期的伴侣形象，而现实却可能造成了我们预期的落空和失望。

为了减少这种偏差，为了让两个人共同在爱情里成长和磨合得更好，双方就要多沟通、多交流，多了解对方的想法。

当她的需求你明白了，他的心思你懂得了，很多误会和问题自然也就迎刃而解了。

最后，我们要清楚地知道一件事，亲密关系中的男女双方虽然做不到完全地预期一致，但却可以通过双方的努力让这种预期基本一致，降低偏差，才能产生共情和共鸣，你们的感情才会越来越好，你们也才会越来越感觉到幸福。

❤ 异地恋分手是因为异地吗：异地恋分手的真相

"我多想拥抱你，可惜时光之里山南水北，可惜你我中间人来人往。"

异地恋这个坎是每一对将要异地的伴侣的心结，异地恋确实也是长期关系的大敌。有很多恋人可以一起上刀山下火海，共同进退，也曾一起扛过了无数风风雨雨，最后却输给了无情的距离。

距离真的是导致感情破裂的根本原因吗?

从我的个案咨询经验来看,其实并不是这样,真正让异地恋的情侣分手的从来都不是物理上的距离,而是这段距离导致的一系列问题。这些问题更能激发起两个人内心最负面的情感和情绪,从而暴露出一个人本性中糟糕的一面以及两个人感情中本来就存在的那些隐疾。

就好像,一个人如果腿部肌肉不发达,平时慢慢走路,也看不出来什么,但如果在本来腿部肌肉缺乏锻炼、不够强壮的时候,去参加长跑,估计就会很难坚持下来。

其实并不是长跑本身决定着你坚持不下来,而是长跑更加暴露了你肌肉力量不足、脆弱的一面。

感情也是一样,异地距离并不是导致感情失败的根本原因,而是这段距离往往让两个感情不够深厚,或者两个不够成熟、不懂得正确去爱的人,彻底地暴露出各自的问题,暴露出一系列危害长期关系的负面情感和情绪。

内心缺乏安全感导致的作、闹

两个人突然分开,互相想念是正常的。但对于本来内心就非常缺乏安全感的人来说,这种分开带来的就不仅仅是想念,而是把心里的支撑也给挖走了。

根据心理学的"挫折-侵犯"理论,当一个人对另一个人的期待和要求长期得不到回应时,这种期待就很有可能会转化为对对方的怨恨甚至报复行为。

这个理论在异地恋中的表现是:当异地那端的对方不能及时地回馈给缺乏安全感的自己很多很多的安全感时,自己就很可能以不恰当的方式进行还击来索取安全感，而这种不恰当的方式，又往往会对对方和亲密关系造成更严重的伤害。

这时，两人又隔着电话线，只要对方稍有不耐烦，就可以回避和拒绝沟通，就会完全消失在你的世界。

最后，循环往复，恶性循环，他觉得你烦、作和不懂事，你觉得他陌生、不爱你和冰冷无情。

缺乏沟通的技巧导致的矛盾和误会

沟通需要的是"触觉""听觉""视觉"等感觉的综合。

可异地恋的沟通，其实基本只能靠听觉，最多加上有限的视频视觉，这无疑削弱了沟通的效果。

更重要的是，听觉和视觉给感情带来的温度，又远远不及两个人的身体接触，甚至不如什么也不说只是待在身边的陪伴来得真实和有效。

就好像一句歌词描述的那样"电话再甜美，传真再安慰，也不足以应付不能拥抱你的遥远"。

有时候一次小的吵架，如果不是异地，可能只需要一个拥抱或见面吃个火锅就解决了，但两个人隔着千山万水，只能在电话里靠语言逻辑来试图说服对方证明自己是对的，加上又可能随时会错误地曲解对方的真实意思，那结果肯定是激化矛盾，让两颗心渐行渐远。

异地，需要你很懂得语言沟通的技巧才行，不然，矛盾会一个接一个像滚雪球一样越来越大。

异地打破依赖和习惯，暴露原本的问题

我们会发现身边的很多情侣，可能本来关系里就有很多问题。两个人几乎每天都会发生各种矛盾，常常争吵，彼此也有很多不满，争吵之后真的被解决的问题却少之又少，但他们中的很多对也并没有真的分开，其实这个时候二人能一直勉强维持关系多半在于：两个人因生活在一起久了，习惯性地高度依赖对方。

而两人一旦开始异地恋，以上这个维持二人关系的重要因素就会慢慢地不复存在，这时候，原本的问题就会彻底暴露出来，这段感情可能也就随之不复存在了。

孤独时无法得到陪伴，抵抗诱惑的能力变低

我之前在网上看过一个问题，题目是："你是何时发现自己是渣男／渣女的？"

下面有数不胜数的回答都指向了一个方向：自己在有伴侣的情况下，依旧跟其他人发展暧昧关系。

究其原因，有很大一部分人这样做是因为异地而无法忍受孤独。**人本质上都是孤独的，都需要亲密关系，需要爱与被爱，希望有人在自己需要的时候可以及时地理解自己和支持自己。**

而当异地的时候，这份孤独却往往不能得到自己恋人的排解，而当这种想摆脱孤独的欲望大于伦理道德的约束时，很多异地中的人就容易出现出轨或者劈腿的行为。

失去信任，多疑、过分揣测

心理学证明，人都有保持一致性的天性，这也叫作"证实性偏差"，是说当一个人认定了一个并没有经过证明的现象或者结果时，会不自觉地去搜寻蛛丝马迹，哪怕很勉强，也要告诉自己：看，果然是真的。

异地恋恰恰就是滋养多疑的摇篮。因为你并不能完全知晓对方的生活，这就给自己头脑风暴创造了足够空间。

而这份猜疑又会一定程度反作用于对方，对方也会因为你对他的猜疑和不信任心生不满甚至是愤怒，甚至会促成对方真的向着你猜疑的方向去发展和行动。

快乐无人分享，苦痛无人分担

所谓远亲不如近邻，讲的就是这个道理。

生活一切顺遂尚可，一旦产生些波动，需要外界的鼓励或帮助时，第一时间出现在你身边的人永远不是你最想念的人。

生活总不能一帆风顺，就像爱情虽美，但早晚要归于柴米油盐。一次两次的落寞还能勉强承受，时间一久，**"身边的陪伴"就很容易会挤掉你心里那块属于"遥远的爱情"的位置**。

占有欲作祟，渴望掌管对方的生活

异地见不到对方的时候，就更想一天二十四小时掌控对方的行踪。

昨天对方想买件衣服，你强烈要求他只能买你选中的那件，别的不行；今天对方想去跟朋友聚会，你要求他给你个准确的回家时间，到家了还得拍张照片证明；明天对方跟异性同事有工作要谈，你要求全程报告。

对方的朋友圈子更像是你的卧底敌营，这样才能三百六十度无死角地把对方的生活里里外外看个遍。

总之，你想方设法让对方的日常必须在你的掌握之内，哪怕这样的做法会给他强烈的窒息感。

综上所述，异地恋并没有那么让人闻风丧胆，只是多数人的相处方式和个人的爱情情商本身就不够支撑一段长久的关系。

而异地恋要求的重点恰恰都是相处要点中比较重要的几项，也是最容易暴露出问题的几项：

吸引、忠诚、沟通、信任、勇气。

缺少任何一项，都会让异地恋脆弱得风吹即散，双方可能随便找个理由就结束关系。而真相却是，异地恋中任何分手理由和借口，都是两个人不懂得更好地经营长期的爱情关系的结果。

♥ 心理学解析：出轨发生背后的心理机制

人们分手的原因各式各样，有的是三观不合，想法与生活习惯差异太大；有的是父母反对，家庭干涉；有的是男的"妈宝"，女的太"作"……

在众多分手原因中，出轨对另一半伤害最大，也是经常发生的，特别是离婚，往往很多都和其中一方出轨有关系。

出轨的心理机制或主动,或被动。有些受环境影响,有些受人格影响,也有些受心态影响。这里我和大家一起讨论一下出轨发生的心理原因。

讨论不是为了给出轨者找理由,而是我们要清楚出轨背后的原因,这背后隐藏的诸多原因,是值得我们好好深思和引以为鉴的。

出轨背后的原因之一:家庭周期过渡失败

每个家庭都有自己的生命周期,就像人从生下来到成年、到中年,最后衰老一样,婚姻家庭本身也有自己的生命周期和该做的事。

1. 离家、单身阶段:建立自身边界,承担自己在情感上与经济上的责任

这个阶段需要自己从原生家庭中分化出来,建立自我,为组成新生家庭做准备。

有很多人在这一个阶段的过渡都有很大的问题,即心理还处于原生家庭之中,也就是所谓的"巨婴"。

2. 建立新生家庭、婚姻阶段:建立双人家庭的边界,对新生家庭有系统的承诺

构架自己的家庭系统,将伴侣纳入自己的人生之中。

这是我们常说的两人世界,只有前一个阶段顺利的人,才会有完美的婚恋阶段。

3. 幼儿家庭阶段:重新构建家庭系统边界,加强并且用以接纳新生儿

调整婚姻系统，给孩子预留出空间；双方协调共同参与儿童教养、获得经济收入以及分担家务劳动。

4. 青少年家庭阶段：改变家庭边界的灵活性，给出孩子独立的空间

允许孩子自由地进出系统，重新定位中年期的婚姻与事业问题。

5. 孩子离家阶段：再次放松家庭边界，允许更多的人离开

重新调整婚姻系统，把孩子当作大人来进行交往，为孙辈的进入留出空间。

6. 晚年阶段：重新修改家庭边界，使其变得独特

退回两人世界的婚姻边界底线，积极连接社会，为自己和伴侣的死亡做准备，回顾并整合自己的一生。

从生到死，婚姻的每个阶段都有自己的任务。如果婚姻出问题了，那一定是在这个周期的其中一个部分卡住了。

我遇到过一个特别典型的案例：老公自己在经营一个小铺子，老婆是一个律师，有一个两岁的女儿。家里不愁吃不愁穿，当老公（来访者）来求助我时，两人已经到了离婚边缘，就差一个离婚协议没签字。男方死活都不签，女方家庭也不同意，所以就这么僵持着。

这个家庭的家境是很殷实的，外表看上去，好像是老公有可靠的事业，是家庭的主心骨，同时老婆又能独当一面。

外表看着和谐，但这段婚姻的本质是：男方的生意基本上是由女

方把控的，女方在家里也特别强势。疫情之后，男方生意受影响，尝试了一下便"躺平"了。很快，无所事事的他沾上了赌博，并且和其他女人关系暧昧。

这个家庭的问题，有一个导火索，这个导火索就是女儿。

女儿两岁，两个人关系出现问题的时候也是两年前。这个家庭的问题是什么呢？

其实也就是很多外表看似很稳定的家庭所存在的问题：在幼儿家庭阶段上没有完成新生家庭的过渡。

在女儿出生之后，两个人本来应该一起面对女儿的养育。这个事情是一个挑战，但同时也是一个契机——让两人的感情从两人世界成长为三口之家的契机。

在这个过程中，男性会更加懂得如何去承担家庭的责任，而女性也会更加体会到家庭的美好与温暖。

这个过程非常关键，因为这是父性与母性觉醒的重要时期。

但是，由于案例中的女性长期处于强势的地位，这导致老公作为家庭责任人的动机被抹杀。我听到来访者（老公）说得最多的一句话是——"反正家里都是她（老婆）说了算，有我没我都无所谓。"

面对孩子的出生，以及随之而来的家庭责任，他习惯性地选择了逃避。他本应该用来支撑家庭、养育女儿的动力转移到了其他的地方——自娱自乐、赌博、风流等等。

我们再看向老婆这边，她将面对独自一人养育女儿并且扛起整个家庭的巨大责任。而此时的她已经没有心力再面对这么一堆事情了，于是她选择了放弃——停止和家人交流（自我封闭）、和老公离婚、拒绝照顾女儿等等。

在这个家庭生命的周期中，男方精力过剩而无处释放，女方压力过大而选择"躺平"。如果他们不转换各自在家庭中所承担的角色，调整各自所承担的家庭责任，这个家庭的未来会非常不乐观。

出轨背后的原因之二：角色越位，权力失衡

这种问题出现在婚姻或者情侣关系中，其中有一个角色错位，太想要证明自己的存在感，或者太没有存在感。

每一对亲密关系中，其实都有属于自己的动态平衡。

保持这种平衡会有一些微调，但是总体并不会有太大的变化。事情往往坏在其中一人想要马上"翻身"，掌握更多的权力。

比如：弱势的男性，强势的女性。前者的例子很多，基本上都是软饭硬吃，他越没有事业上的稳定，就越会去寻找小三；后者则体现在各种女强人，或者某些家庭主妇身上。

我之前遇到过一个咨询案例：老公是公司高管，老婆（来访者）在家做全职太太，两人有一个儿子，刚上初中住校。现在他们在家里天天吵架，很长一段时间，老公都以加班为由晚归。前段时间她留了个心眼，最后在手机上发现了老公和"小三"暧昧的聊天记录。

> **妻子没有实际的内容来支持家庭**

作为家里的女主人，来访者基本上把所有的精力都放在了儿子身上：早饭晚饭，穿衣住行……但基本上从来不操心老公的事情。现在儿子住校，一周七天中，只有周末的两天时间她才有事可做。

现在儿子不需要她费心，而她又不知道怎么去操心老公，渐渐地，她成了这个家庭中最没有"价值"的一员。

她想做一个两耳不闻窗外事的全职太太，但现实却是她毫无用武

之地。

当她成为家庭中可有可无的人之后,她就该开始调整自己在家庭中的定位了。

> **家庭定位错位,导致两个人的关系急速变差**

继续上面的例子,面对突然没事可做,她(来访者)选择了最直接,也是最不理智的方式来体现自己的家庭地位和价值——干预和控制老公的事业和生活。

没有事情可做的她,开始监控老公每天的生活、工作,同时对老公的生活做出安排——小到戴哪条领带上班,大到处理公司下属的关系,她都想插一脚。

在她看来,这是重新重视老公、关心老公的表现;而在她的老公看来,这无疑是对他的控制和不信任。

他们俩能够在生活中的各种事情上吵架:衣服怎么穿,晚饭吃什么,周末怎么过,孩子怎么教,几点回家,几点睡觉……

久而久之,男方当然是不胜其烦,即使不想出轨也不愿意待在家里,而这反倒提供了出轨的温床。

一定程度上,上面的老婆(来访者)把自己变成了老公的"妈妈",管东管西,只为找补从孩子那失去的权力感。

而男方需要的是一个伴侣,而不是一个妈妈。一方整天管东管西,却没有实质上的精神交流,对夫妻双方来说是极大的交流匮乏和问题,所以另一方出轨也基本上是板上钉钉的事情。

可以说,一定程度上,是老婆把他"逼"出了轨。

出轨背后的原因之三：家庭序位排列紊乱

家庭系统排列，是心理咨询与心理治疗领域一个新的家庭治疗方法，是由德国心理治疗大师伯特·海灵格经过三十年研究提出并发展起来的。

它强调家庭角色的序位排列，主要是父母、儿女、配偶等每个角色在家庭中的位置是否正确，也即每个人都要站在自己应该归属的位置，如果出现排列错位，这个家庭就会出现问题。

海灵格发现，"**在家庭系统中，有一些隐藏着的、不易被我们觉察到的动力操控着家庭成员之间的关系和家族成员的命运，那就是'爱的序位'**"。

海灵格认为"**爱与秩序的冲突，是所有悲剧的开始和终结**"。

家庭系统排列讲求的是爱的科学，一个家庭包括各种各样的关系，这些关系形成了一个庞大的系统，我们每个人身处其中都有所属的位置和顺序，承担着各自的职责和功能。

许多原生家庭出现问题，都是由于爱的序位、彼此的责任和功能搞错了。

比如在伴侣关系中，先生和妻子的关系，优先于他们和孩子的亲子关系。但通常夫妻有了孩子后，他们照顾孩子胜过在伴侣之间表达爱意，这样就破坏了层级秩序，往往就会导致夫妻感情出现问题，矛盾增多。

而在对待子女的养育问题上，多数也是女性比男性付出得多得多，进而女性会减少对自己的经营和投资，会降低对伴侣的爱和付出，这往往也是导致男性出轨的一个重要原因。

我在咨询中也确实发现很多出轨的个案都是发生在夫妻有了孩子，家庭系统排列出现紊乱之后。

出轨背后的原因之四：爱情的过度补偿心理，填补内心那份缺失

心理学有个词语叫"补偿心理"，从心理学上看，这种补偿心理其实就是一种"移位"，即为克服自己生理上的缺陷或心理上的自卑，而发展自己其他方面的长处、优势，赶上或超过他人的一种心理适应机制。

而过度补偿，是一个人在身体方面或心理方面的缺欠引起的过度的补偿行为。个体不仅要弥补某一方面的不足，实现正常的补偿，还要努力使自己补偿的结果超越普通，形成一种优势。

过度是因为缺少，缺少才需要弥补，两性关系中的出轨行为就是一种对现有状况的不满所产生的过度补偿。

心理学家荣格曾经说过："**当婚姻生活中的一方没有得到满足时，就会不自觉地从外界寻求可以让心理满足的方法。**"

著名日剧《昼颜》，讲述了两位女主纱和和利佳子在白日认真做完家务后，与其他男性坠入爱河的故事。剧中的纱和和利佳子出轨有个共同的原因——在家庭中得不到丈夫的关爱。于是她们宁愿采用极端、刺激又铤而走险的婚外情方式，也要弥补内心那份对爱的渴望和缺失。

实际上，**出轨是在补偿这一段关系中你没有得到的部分，也是在补偿你内心深处从最开始就极度渴望又无法获得的部分。**当内寻不得，很多人只好选择外求，将自己内心极度渴望的那部分寄予生命中新出现的人。

除了爱，也有人渴望对方拥有过人的才华、有趣的灵魂，或者仅仅是好看的外表。如果现任没有或者极度欠缺，他们就可能会用出轨的方式，去满足那份执着的心理渴求。

出轨背后的原因之五：责任感、道德感低

有没有男人天生就是花心，天生就是想要出轨的呢？答案是肯定的。有些来咨询的女性，很容易陷入一种"自罪"的陷阱里。

"老公出轨，是不是我没有尽到妻子的本分？"
"老公不喜欢我，是不是因为我性格不好？"
"我真的没有'小三'好看吗？我真的没有她好吗？"

很多时候其实并不是的。

虽然婚姻是两个人的事情，但有些时候，出轨真就是出轨那一方的错，因为有些人在人格上、在思维上就是想要出轨的。而这类人中男性要相对更多。

家庭责任感低

这一类男人天然觉得家庭就应该是妻子的责任，他们天生地认为："我已经赚钱养家了，那就可以放肆一点。"这种思维模式之下，他会觉得出轨很正常。即使你已经很好了，但是他就是想要在外面寻找刺激和新鲜感。

他并不是因为觉得在家难受，反而是在家太舒服了，妻子把他照顾得太好了，他才得寸进尺，越过了作为夫妻的底线。

他们的性格特点就是"贪"，不把家庭责任放在眼里。明明需要夫妻两人一起承担责任，但是他却只顾着自己逍遥快活，一步一步试探。

一开始只是不打扫，不做家务；慢慢地开始不管孩子，不管生活琐事；再接下来他会开始对你不闻不问，每天下了班就是自己的空间，

根本没有夫妻的互动；最后他就会对家里的事情都无所谓，只顾着自己的生活，以及外面的逍遥快活。

抗诱惑能力低

这一类男人一开始是很老实的，或者说是很负责任的。但是一遇到机会，他们就会完全抛弃手上的责任，因为这些外界的诱惑触发了他的"心理补偿机制"。

年轻的时候，他们没有追到自己的女神，或者有着遗憾的恋爱经历。虽然他们压抑在心底，而且也决心不再自己翻出来，但是，这不妨碍其他人把这个"遗憾"给激活。

以前没有机会，也没有能力去和漂亮的、优秀的女孩子认识。但是婚后有钱和社会地位了，拥有了很多以前都不曾拥有的机会。这个时候，他内心深处的补偿机制就会被触发——"以前我都没有好好享受过，现在要全部补偿回来"。

在这个机制之下，无论你做得有多好，他都会不顾一切地抛下应该承担的家庭责任，只顾着自己那一点点可怜的内心需求，去寻找那些"小三"。

其实这就是触发了他内心的"自卑感"，为了消除这个自卑感，他会忍不住跨过这条红线。这时候，什么都没有他自己重要，他只会为了达到自己的目的而不顾人伦纲常，不顾家庭责任，成为一个出轨者。

生物进化本能

人是一种多偶制动物。生物进化论决定了在人类进化过程中，男性和绝大多数哺乳类雄性动物一样，追求的是繁殖价值，要确保自己的基因有更多可能性地被延续下去，所以男性与越多女性发生关系，就越有可能让自己的基因更好地遗传下去。

同时从亲代投资理论角度来说，雄性付出的生育代价是远远不及雌性的。

所以，生育代价很低，导致雄性可以选择更多数量的雌性进行交配而不需要过多承担生育照顾子女的代价，这也导致雄性可以更加无所顾虑地进行交配以达到基因延续的目的。

人类也一样具有哺乳动物的这种心理上的进化趋势，一个女性从怀孕到生产要经历九个月的漫长时间，同时，哺育抚养子女的任务基本也落在了女性身上，男性则不同，他们只需要一点付出就能让女性怀孕，并且可以使多人受孕，以增加自己后代的数量。

正是由于人类繁衍的本能，决定了多偶是一种自然的选择，花心、出轨、外遇都出于进化过程中的繁殖本能。

心理学家还把雄性的见异思迁、喜新厌旧倾向称为"古烈治效应"。古烈治效应在哺乳动物身上得到实验证实，人虽是有理性的高等动物，但还是不可避免地保留了这一动物的自然属性，所以男人更易出轨是有根源的。

当然，现在女性出轨的也不在少数，只不过男女出轨的原因和思维模式存在差异，大多数男人因为生理原因而出轨，大多数女人因为情感而出轨。

人之所以区别于动物，一个最显著的特点就是人类有思维，有自我克制力和约束力，何况人类进化到今天，人类的文明已经不允许人们在婚姻关系里出轨，特别是在我国的文化背景下。所以必须要说，任何情况下，出轨都是绝对不应该和错误的，因为人不是动物。

出轨背后的原因之六：软弱、缺爱

有一种较为特殊的情况，就是有人在出轨之前，会纠结要不要出轨，所以来找我咨询。

软弱、缺爱导致的出轨有男性，也有女性。

这些人在现实生活中，看起来全都是三好先生和好好太太。当他们遇到了第三者后，他们的第一反应是恐惧和逃避，想尽量远离这些潜在的第三者。然而由于工作等一些客观原因，又并不能完全地逃掉。

最主要的是，他们内心中有非常软弱的一面：没有办法完全拒绝这种诱惑。所以，这些外表看似特别"不愿意出轨"的人中，往往有一些在内心是非常渴望出轨的。

在咨询时，我会特意把一些重要的关系节点（家庭生命周期）列出来，并告诉他（她）各种可能会导致他（她）出轨的问题——婆媳问题、怀孕期问题、养育责任问题等等。

但最终他（她）依然会因为各种原因，或巧合，或不巧合，或人为不巧合，最后得到出轨的结果。

这其实都是因为个人成长没有完成。在他（她）的内心中，他（她）还是一个小孩子。面对诱惑，他（她）没有能力真正地去"拒绝"，而是只能"一边说不要，一边说真香"。

究其原因，是因为他们永远都觉得得到的"爱"不够。他们始终都在追求更多的爱，即使你做得很好，你做到完美了，他（她）依然觉得不满足——即使他（她）也很清楚这一点，但他（她）就是控制不住那颗躁动的心。

这些童年时期"缺爱"所造成的空隙，很难由旁人填满。因为内心的这个空隙是他（她）的父母所造成的，很可能你花一辈子，都难以治愈他（她）童年时的阴影和创伤。

甚至他（她）也很清楚这一点，他（她）知道你很爱他（她），他（她）也知道你已经很好了——但是，他（她）依然抵挡不住"小三"的诱惑。因为他（她）就是缺这个东西，他（她）就是缺关注，他（她）就是缺人爱，他（她）就是没有安全感。

而这些东西只靠一个人提供是不够的——甚至两个人、三个人都不够。他们还会出轨二次、出轨三次，他们没法择一人为终，这是刻在他们潜意识深处的烙印。

他们在这方面的懦弱是从内心深处发芽的，这类人的性格多优柔寡断，缺爱敏感，是纠结的矛盾体。

出轨背后的原因之七：感情满意度较低，需求得不到满足

有人说，维系婚姻的基础是爱情、是利益，其实，归根结底是"需求"。

无论这个需求是爱还是物质，是性还是新鲜感，是了却父母心愿还是平息舆论压力，总之这份需求是否得到满足，意味着婚姻是否牢固。

这部分具体可以参看前面章节中对分手根本原因的讨论。两性亲密关系，是没有血缘维系的，其根本还是需求的互相满足和利益的等价交换。

两个人之间出现第三者，大多是出轨的一方的某些需求没有得到满足，因为得不到才想要，想要的求不到就只好从其他人身上获得。

比如，有些夫妻常常吵架，双方都渴望安静的美好；丈夫需要的体贴温柔，妻子无法给予；另一半无法满足自己对性生活的要求；还有的仅仅是因为从一开始这段爱情就并不是自己想要的。

说到底，一段感情能够中途脱轨，必然是在原有轨道上出现了障

碍，出轨是感情的症状，而不是症结。真正的病根在于那些无法得到满足，又无从寻求解救的需求。

正如我常常说的，"**出轨往往不是感情变坏的原因，而是结果**"。

我接待过的一些来访者，为了完成父母的心愿，稀里糊涂地结了婚，对于爱不爱、合不合适并没有考虑太多，也许在外人看起来俩人还算合适，但很可能其中一个人的内心需求并没有得到过真正的满足。

人的期待和渴求得不到满足，有时候是一件很可怕的事情，无法接纳自己所选择的，就只好在别的选择上执迷不悟。

所以，每当我被问到，到底是应该找一个自己爱的人结婚，还是找一个合适的结婚对象的时候，我更倾向于以爱作为基础。

因为别的物质条件也许可以慢慢努力改变，但如果不爱，就需要在婚后努力培养感情，这对一些对精神和情感需求不多的人来说可能还可以做到，但如果你是那种比较崇尚精神层面满足的人，或者对于情感要求比较高的人，我一般还是建议你要冷静，不然婚后这种没被满足的情感需求往往会让你心生痛苦，也易导致出轨的发生。

第三章

挽回的心态建设

提到挽回和重建一段亲密关系，最关键的其实不是所谓的技巧，而是心态。

因为其实不仅仅是挽回一段关系，做别的事情也是一样，心态不好，一切都是零。

好的心态犹如武侠小说中的内功心法，而技巧仅仅相当于一些武功的招式。没有好的内功，招式再漂亮也最多是花拳绣腿，不堪一击。

而拥有一个好的心态，不但会让你减轻痛苦和心理上的负担，也会让你做起事情来事半功倍。

❤ 失恋后，要学会感激失恋

失恋除了带给我们那种锥心、撕裂的痛苦之外，也会带给我们成长和收获。

对于许多人来说，失去一段恋情几乎算是人生里一场重大的变故，我们又怎么会想要感激它呢？

但其实我们可以回头想想，再仔细看看现在的自己，就会发现失恋并非一无是处，**人生的所有挫折在当下是疼痛，在过后就是成长、是阅历和故事。**

我自己多年的咨询经验，以及我身边的许多案例都给过我这样的体会：那些失恋之后，懂得反思自己并不断学习的人，后面都变成了更好的人，也都找到了不错的归宿，可能是和前任复合，两个人通过这次分手意识到了双方的问题，并且把问题解决掉之后更加珍惜对方；也可能是随着自己不断变得更好，而遇见了新的更好的人。

所以这样来看，爱过又失去也并非不幸的事情，我们在这段失去的感情中总会找到它留下的痕迹，以及它曾经存在的价值。

经历挫折，才有机会思考人生、获得成长

不少失恋后找我咨询的朋友，都会有很长一段时间沉浸在痛苦中走不出来，他们会想不通自己为什么会被分手。这个过程可能会很漫长，会让人有点偏执和失控，可是一旦负面情绪慢慢消散，很多事情就会自然地拨云见日。

一定的痛苦会让人进行深度反思，最终他们会明白许多人生道理，会瞬间成长起来。

恋爱失败本身也是一种挫折教育，有了一次失败的经历，才有机会去思考以前想都没有想过的问题，才能真正变成一个成熟的大人。

失恋挽回过程中，逆袭改变，成为更好的自己

失恋后一般会经历几个阶段：难以置信、歇斯底里、努力挽回，最终，有一部分人是释然放手，另结新欢；有一部分人是破镜重圆，重新走在了一起。

但是无论结局如何，在挽回的过程中，大家都在我的建议下有了很大改变。有的人改掉了坏毛病，立志变得更瘦更美；有的人努力升职加薪，在职场中获得成功；还有的人放飞自我，不再刻板内向，懂得对喜欢的人敞开心扉……

到这时候，挽回有没有成功，似乎已经变得不那么重要了。因为重要的是，大家都有了资本去获得更好的幸福。

比如，我印象很深的一个来访者，她分手之后特别崩溃，每天什么都不想做，就想立即让前任回到自己身边。我建议她不要操之过急，重要的是做好自己应该做的。后来，她一步步完成了设定的目标，在挽回过程中变得越来越优秀，性格改变了很多，事业上也做出了不错的成绩。

渐渐地，她身边出现了一个特别好的男士，她没有犹豫，也不再回头，而是选择了这位男士，有了更好的归宿。而那个她曾经想挽回的前任也后悔了，只可惜，此时的她已经看不上前任，前任也配不上现在的她了。

所以，分手挽回的过程，就是一个自己与自己较量的过程，不管是绝处逢生、破镜重圆，还是另觅幸福，找到新的伴侣，你都必须承认，它能激发我们的无限潜能，促使我们变得优秀和强大，最终成为那个更好的自己。

学会带眼识人，降低恋爱试错成本

从小到大，学校老师会教我们读书做人，却没有人主动教过我们怎样去恋爱。爱情这个课题，需要你在社会这个大课堂中不断实践来收获经验和真知。所以，每一次失恋其实就是一次试错，错了以后你才会明白，原来这样的人并不适合我。

在无形之中，你就会主动避开一些烂桃花，对那些向你示好的渣男无动于衷。因为你学会了带眼识人，能够看清异性接近你的目的，就自然不会轻易对廉价的示好动心，不会重蹈覆辙，这样才更可能收获真正的幸福。

丰富了恋爱的经验，学会主动争取和把握幸福

很多想挽回恋情的朋友有过这样的感慨："哦，原来我们分手的原因并非对方突然变心了，而是我根本不懂得怎样去爱他，结果让彼此都很累、很疲惫。"

爱情的产生也许是出于一刹那的心动，但是往往相爱容易相处难，太多的情侣都毁在了不会相处、不懂沟通、不知道如何表达爱和获取爱上。

所以，每一次失恋都是一次经验积累的过程，可以丰富我们的阅历和恋爱知识库，使我们能够慢慢悟出两性相处之道，让我们在下一次遇见爱情时，可以主动争取和好好把握幸福。

比如，两个人吵架时如何沟通，遇到问题时如何解决，面对喜欢的人如何表达心意，相爱时如何让感情增进情趣，不至于走向平淡，等等，所有这些都对你经营好亲密关系大有帮助。

毕竟，这一站的幸福你错过了，下一站的幸福你要紧紧握在手中。

择偶标准更清晰，在婚恋选择上不再迷茫

在咨询中我发现，许多女孩在择偶选择上比较随意，仅凭感觉和缘分去碰运气，结果要么恋爱半路夭折，要么自己成了"吸渣体质"。说到底，还是她们对自己的定位不清、择偶标准不明确造成的。

而失恋就是你真正为自己、为这段感情做总结的时候，对方身上的优点和缺点哪些是你能接受的，哪些是你不能接受的，在不断地梳理反思中，你会越来越清晰。

凡事预则立，不预则废，你立下的目标越明确，你越容易专注，也就越可能成功。

爱情也是一样，知道了自己是怎样的人，适合自己的应该是怎样的人，我们才能不随便开始下一次恋爱，不糊涂进行，不轻易结束。

失恋让人懂得珍惜和感恩拥有

在没有失去某样东西、某个人之前，很少有人能够深刻理解拥有的意义和价值，而失恋恰好就给了每个人这个机会。在爱情失去以后，我们才会真切体会到曾经在一起的美好、被人爱过的幸福，以及追悔莫及、无能为力的遗憾和痛苦。

我们在与爱人的相处中，会不自觉地把对方当成自己最亲密的人，纳入随心所欲的自我范畴，认为他既然爱我，就不会离开我，就要无条件接纳和包容我，于是把最好的一面给了外人，却把最糟糕的一面留给了身边爱你的人。

所以，经历一次失去，才不会低看对方、高看自己，才会感恩和珍惜你所能把握的幸福，才会在下一次遇见爱情时好好地、不留遗憾地去爱。

失恋带给我们丰富的人生体验

爱情不只是酸和甜，还有苦和辣，这种五味杂陈的味道是复杂又令人难忘的。爱情结束，那些爱过的画面虽历历在目，却再也无法回到当初，真是令人彻骨绝望。

这就是爱一个人必须经历的过程，像坐跌宕起伏的过山车，一路看到的是不同的风景，一路体会到的是不同的滋味。而无论最终结局怎样，至少你的人生经历是丰富多彩的，至少你在垂垂老矣时不会感慨人生的苍白与无趣。

"爱过"相较于"从来没有爱过"，要有趣也有意义得多。

对自我有了正确认知，相信自己值得被爱

不论每段爱情结局如何，必须要承认的是，最初我们都被认真爱过。这个被爱的过程，实际上就是疗愈内心、树立自我认知、确立自信心的过程。

我经常对一些女性来访者说，要多去想想他当初是爱过你的，你是有吸引他的优点的，多为自己找到自信，要相信你是值得被爱的。

分手只是一个结果，不能代替他曾爱过你的事实。即使你们的结局是一别两宽、各自安好，那也没有关系，因为他爱上你的时候，已经足以证明你的优秀和价值，你也已经得到了很大程度的肯定和认可，所以不要因为失恋而过于否定自己。

面对失去不再难以承受，可以保持平常心态

生活中，我们常看到那些经历过大风大浪的人都活得很通透、很明白，不会诚惶诚恐，也很少患得患失，因为每一次失去对他们来说，就是一次创伤、愈合、反思、回归寻常的心理脱敏过程，当这些过程重复得多了，他们对外界的刺激就不会轻易产生巨大的情绪起伏，心态也更平和和坦然。

所以，失恋会让人在短时间内难以接受，却也让人在内心挣扎、痛苦过后，有了很强的免疫能力。等到以后，你再面对不合适的感情时，可能就不会纠缠着不放手，也不会轻易为了留住对方而胆战心惊。要知道，真的经历过一次痛苦的分手后，每个人都会于无形之中变得强大。

学会独立和好好爱自己，没有谁比自己还珍贵

失恋给人最大的启示是：没有谁比自己更重要，爱自己才是唯一的王道。

首先，失去让你意识到，没有谁可以永远依赖，唯一不离不弃、可以依靠的只有你自己，学会独立才能赢得生活的主动权。

其次，爱人之前先爱自己，唯有爱自己才能更好地爱别人，才能建立平等、健康、稳定的亲密关系。

我这里有好多咨询者，失恋后都经历过自暴自弃、自我否定的阶段。但在幡然醒悟、重新振作之后，她们不仅找到了适合自己的生活方式，摆脱了依恋爱人的性格，而且真正活成了独立又成功的现代女性，也因此得到了一份称心如意的感情。

很多问题不得到解决，拖到婚姻里更糟糕

比起恋爱，其实进入婚姻才是真正考验的开始。失恋分手是两个人的感情确实出现了问题导致的，就算没有分手，两个人的问题如果没有得到重视和解决，结婚后也可能会以离婚告终。

在结婚之前，早一点发现问题，暴露出问题，分手、失恋也许可以给两个人一个很好的反思和成长的机会，去真正解决两个人之间的

问题，这样，他们破镜重圆后才会有长期的幸福。

所以，无论从哪个角度来看，失恋都有其积极正面的意义，虽然它也曾带给我们很多伤心、痛苦的回忆，但是风雨过后定会见到彩虹，经历了失去才能珍惜当下。

记住，你最终变成了什么样的人，你就会遇见什么样的人。失恋教会我们很多，给了我们一个成长的机会，让我们成为更好的人。同时，失恋也给了两个人的感情一个机会，让一些问题更早地暴露出来、尽早地得到解决，也许正是两个人更好地在一起的开始。

❤ 为什么我不劝你放弃挽回

咨询个案中有很多来访者很执着于要挽回失去的爱情和爱人，其中除了极个别的，除非我判断出来访者确实遇见了渣男／渣女，否则，我很少规劝来访者放弃挽回，因为以下几点原因：

第一，作为一名心理咨询师，起码的一个原则和准则就是不能替代求助者去做决定，特别是放弃一段感情，这就好像医生让一位病人放弃治疗一样残忍和无情，试想一个重病患者如果听见医生让他放弃治疗，他是什么感受呢？

第二，不仅仅是咨询师，其实任何人都没有权利让一个人放弃他真正喜欢的人。因为我们不是他，这个世界也没有完全的感同身受。

第三，劝人放弃是无效的，甚至会适得其反。

第三点很重要，也是我想在这里着重讲的。我需要大家知道我们为什么很难靠自己的意志去忘记一个自己真正喜欢的人，为什么很多失恋的朋友在分手后努力了很久，可还是没有真的走出来。

我希望你更清楚自己情绪的由来，去做情绪的主导者。

下面按照我的要求去做，很简单的一个要求：三分钟时间，反复告诉自己别去想一只白色的毛茸茸的小熊。

怎么样？你想了吗？真的做到没想吗？

我想答案应该很清晰了，这就是心理学上非常有名的"白熊效应"。

那么，为什么在我们明确了不去想它的要求后，这只白熊还是会闯入我们的思维中呢？

原因就是我们在试图压制它，当我们试图压制一个想法的时候，我们就需要去监视它，而在这个监视的过程中，我们不想想的东西就会反复被我们想起。

结果就是你非但没有做到不去想它，相反，每一次的压制都是一次强化的过程，你会更多地想起它并更加印象深刻。

同时，这种强迫的抑制策略，会让被抑制的想法在抑制结束后更多地出现。

当你努力强迫自己暂时不去想一只小白熊时，一旦你稍微松懈下来，这个小白熊的图像就会更多地出现在你的脑海里。

这就是心理学的"反弹效应"。人们的典型反应是努力去忘记某件让自己难过的事，但这种方式不仅是错误的做法，还会使事情变得更糟糕。

所以，和我一起读到这里的你，应该已经找到了上面问题的答案：你为什么没法强迫自己去忘记和放下一个自己深爱着的人。

因为当你努力强迫自己去忘记和放下一个人和一段感情的时候，你就会像强迫自己不去想那只白熊一样，**你其实是在不断强化这件事的记忆，同时压抑对对方的想念和挽回的想法会导致后面的想念更猛烈地出现和反弹。**

所以，如果你此刻深陷失恋的牢笼，那么，别再急着去挣扎了，别再去强迫自己忘记和放下了，因为这是不科学的，自然也是无效的。

强迫自己放下和忘记，可能带给你两个结果：

1. 暂时压制，就好像白熊实验一样，后面只会有更多的反复

有过强迫自己放下感情经历的人都有类似的感受，哪怕你这一段时间多么努力去忘记，即使暂时取得了一些效果，但后面都会有更严重的反复。或者，由意识转为潜意识，这件事慢慢隐藏在你的内心，变成了一根刺，就好像很多疾病由急性慢慢转为慢性。这并不是一个好事情，可能会影响你之后的感情生活和择偶观。

2. 强迫放下，行动不积极，不以目标为导向，错过修复感情的机会

那些反复强迫自己放下的人，往往会花费大量的精力和时间去和自我做斗争，去进行内耗。每天花一部分时间用来回忆，一部分时间用来劝慰自己放下，每天都在纠结和撕扯，而导致现实的行动力减弱，可能会因此错过感情修复的机会。

所以，别急着逼自己放下，别那么着急，因为你现在应该知道了，强迫自己压抑内心的想法只会让事情和你都变得更糟糕。

别逼着自己放下，顺其自然，然后告诉自己"只是时间问题，我还需要一些时间"。

另外，如果你还想挽回这段关系，想想再糟糕还能坏到哪里去呢？对方也没死掉，不如打起精神再切实地努力去试试。

而更重要的是：很多时候，不强迫自己放下恰恰是你可以真正放下的开始。

♥ 分手后，如何有效地放下对前任的执念

所谓执念，其实不一定是对方有多好，而是你自己走不出失恋的怪圈。

为什么明明跟一个人早已分离，却依旧戒不断对他的回忆？怎么才能放下对一个人的执念？我们先了解一下为什么我们难以放下执念。

为什么你难以放下对前任的执念？

> 因为你只是戒断了与他的恋爱关系，但不代表两人的心理或生理的"互赖模式"消失了

也就是说，你们共同经历的一切，已经帮助你们在现实中形成了一种相对契合的模式，你们为了更融洽地相处，对自己不断修整，两人逐渐互补，形成一个相对配合的完整个体。而当对方突然抽离，走的不仅是他的人，更是你的另一半生活。

失恋，令你产生内啡肽戒断反应

爱情会让你体内释放多巴胺，多巴胺促进内啡肽的分泌。

所谓内啡肽，能有效止痛和令人愉悦，很多"成瘾药物"都会促进人体内啡肽的分泌，例如大麻素、尼古丁等。而失恋，则会切断人体内啡肽的分泌，本质上与戒烟、戒毒是一样难熬的，很多人就是戒不掉。

沉没成本

你总觉得两人对这段感情投入了这么多，怎么能因为一件事就完全前功尽弃呢？为了不辜负曾经的付出，你宁可原谅当下的错误行为。沉没成本太大了，在这个过程中你无法说服自己离开。

损失厌恶和不甘心心理

这种心理现象，常常用在经济学中，放到爱情中同样适用。它指的是，当人们面临损失时，其痛苦程度要远大于获得相同奖励时的喜悦程度。就像赌博，赌赢了，也许你会拿钱离开；赌输了，你反而更不甘心离开，因为人性天生厌恶损失和失去。

人人都惧怕失去，失去会让我们产生更想拥有和珍惜的渴望。

完善倾向律

人们有一种倾向，尽可能把知觉到的东西以一种最好的形式呈现出来。失恋之后，你会随着时间的推移不断"完善"对方在你心目中的形象，把他幻想得越来越好。同时，也会将你们过去的感情和原本可能有的未来想象得越来越好，自然就更舍不得放手了。

你还要在"执念"中持续多久？

美国健康心理学家库伯勒·罗斯提出过一个"重症患者五个阶段"理论，用在失恋中也同样有效。

这五个阶段分别是：否认、愤怒、谈判、绝望和接受。

也就是说，只有经历到最后一个"接受"阶段，你才能慢慢真正放下对一个人的执念。

可是，多数人还停留在前四个阶段找不到出口，一直在其中循环痛不欲生。

对照一下，看看自己是不是一直在前四个阶段"兜圈"：

1. **否认**：你不相信对方已经不爱你了，或双方曾经那么甜蜜，怎么"突然"说分开就分开了。你一再怀疑，说什么也想不开。

2. **愤怒**："由爱生恨"的典型表现，你会质问对方，质问自己，甚至以"威胁、强迫"来试图扭转局势。

3. **谈判**：这个过程中，你会尝试与对方深度沟通，试图用和解的方式挽回对方，但结果往往无效。

4. **绝望**：这是最难熬的过程——你知道对方跟自己没可能了，但还是不想承认这个事实。你无法说服自己接受，于是又回到第一个阶段，如此循环往复。

5. **接受**：慢慢地，你终于接受了现实，对方是真的想分手了，自己是没法那么轻易地让他回来了，你们是真的分开了。

如何科学有效地放下执念,真正截断一段感情?

你会发现,其实你对一个人有执念的原因,多数来源于你自己的心理因素。所以我们也要通过科学的心理控制法来放下这份执念。

心理学家佩格·斯特里普和艾伦·伯恩斯坦提出过一个专有名词:目标脱离。

我认为,运用目标脱离理论摆脱分手的痛苦时可以分为以下四个步骤:

> **第一步,认知脱离:接受分手的事实**

你要学会接受现实,让自己尽快进入前面提到的"重症患者五个阶段"中的"接受阶段"。

很多人之所以在分手初期痛苦,就是因为无法接受现实,内心不承认分手的事实,期望越大,自然失望越大。

当你以为自己哄哄他,他就会回来,当你以为他只是闹个脾气,当你以为你们感情足够深厚不会真的分开的时候,他坚决的态度,会一次次浇灭你的期望,让你一次次痛不欲生。

所有痛苦其实都是因为你没有接受分手的现实而导致的:**他是真的决定离开了。**

不管你是想走出来,还是想挽回,第一步都是要接受分手的事实,因为如果你不接受这个事实,你就会遇见两种糟糕的情况:

1. 你还想挽回,你的不接受现实会导致你去纠缠,会让对方对你反感而离你更远,让挽回变得更难。

2. 你想放下,你的不接受现实会让你一次次失望,而更加痛苦。

第二步，情感脱离：正视自己的情绪，别逼着自己放下

正如我在前面章节中讲到的那样，不要逼着自己放下。首先，你要接纳自己的情绪，不去压抑，过好自己的生活，才是慢慢放下的开始。

然后，你需要重新冷静地客观地看待对方和你们的感情，清除掉滤镜效果和被分手之后的不甘心心理，也许他并没有你想的那么完美无缺。

第三步，动机脱离：不要自责，自己并不亏欠对方

你现在对他有执念，这是因为你的动机还是想跟对方在一起。所以，你很可能会采用内归因思维，觉得是自己把这段关系搞砸了，或者觉得是自己亏欠对方，你会因此更加懊悔和痛苦。

所以，**现在你要做的，就是说服自己，你并不亏欠他，分手不都是你的错。**

很多时候，我们被分手之后，容易把过错一肩扛起，觉得都是自己的错导致的分手，这个时候你需要避免自责，分手肯定不都是你一个人的错误和责任，而且不排除存在这种情况：很多时候对方会故意把错误推给你，以便于让自己顺利脱身。

一定要记住一句话：**哪怕在一起的时候，你确实有做得不好的地方，但当他狠心抛弃你、离开你的时候，你都不再亏欠他了。**

这部分我们将在后面章节具体地进一步讨论。

> 第四步，行为脱离：以新代旧，行为激活

新的行为，代替旧的行为

刚刚失恋的你，可能每天什么都不想去做，或者只是勉强应付基本的生活。

那么这个时候，你就需要做出改变，去改变你的生活状态，用行为去激活你的情绪，行为会影响心态，这也是心理学讲的身心一体。

比如，去运动健身，去学习画画，去认识更多朋友，去旅行，去体验一次潜水或者学习拳击，做一些你之前一直想做但没去做的事情。

你需要让自己有一个全新的生活状态和生活模式。

当然这对于现在的你来说并不容易，所以你可以给自己找一些行动的动力，比如"我要振作起来，我要让自己更好，这样他才会重新喜欢我，或者至少让他后悔失去这么好的我"。

随着你的行动，你会慢慢收获更多自信，你的心态和情绪也会得到好转。同时，随着你的状态变得更好，很有可能他会重新喜欢上你，或者，你也可能会遇见更好的缘分。

利用新目标来代替旧目标

我曾经说过，彻底走出来只有两种方式：完成逆袭，或者找到更爱的新欢。

找个新的目标去转移注意力，这是最常规也是最有效的一种方式——以新代旧。

去努力扩大自己的社交圈子，努力接触新人，虽然这对你来说不

容易，但你也要努力去做，要用新的回忆代替旧的回忆。

当然，这里不是劝你放下挽回，而是可以同步进行，在尝试去挽回前任的同时，也去接触其他可能。

这当然不是对新人的"不公平"，因为你要知道，你找对方的目的是真的想开启一段全新的感情生活。

也就是说，你得先确定好自己找新目标的动机——不仅仅是为了忘了旧人，且是为了给自己的未来一种新的可能，如果真的遇见对的人，你也一样会全身心投入。

总之，别给自己消极的心理暗示，正视自己的情感和情绪，接受现实，别急于求成，一步一步来，总会守得云开见月明。

也许你们的故事还没结束，缘分还会让你们重新走在一起，也许你会遇见新的更合适的人，但前提都是，你应该尽快调整好自己的心态，走出痛苦，一切才皆有可能。

❤ 真性分手是蓄意已久

提到分手，不得不提到一个老生常谈的话题："真性分手"和"假性分手"。

所谓真性、假性分手，其实不难理解，顾名思义，一个是"真正的分手"，一个是"假的分手"。

有的朋友不理解、不明白了，分手肯定是真的啊，怎么还有假的分手呢？

其实称为"假性分手"并不准确，但确实更好理解。**我觉得真正的说法应该叫"冲动型分手"，是在双方感情没有破裂的情况下，因为一时的情绪导致的分手。**

这样一说，似乎就好理解得多了。

那么，针对假性分手来说，多数情况下，两个人的感情并没有真正破裂，或者更简单地说，提分手的一方并不是真的想要分手，而是情绪冲动导致的。这种情况，一般来说挽回都不难，问题不大。当然，也有很多人本来是假性分手，但是因为自己不懂，胡乱行动，最后变成了真性分手。

这里主要讨论的是"真性分手"。**"真性分手"是对方真的经过认真思考，并且往往是思考了很长一段时间之后才做出的分手决定。**

所以，当对方是真性分手的时候，往往说明他是真的权衡过利弊，认真思考过，经历过反复的纠结，最后才下的决定。

当然，多数情况下，当他在纠结的时候、心里矛盾的时候，你可能并未察觉。或者你可能只是稍微觉得他有点反常，而没有过多在意。所以，当一个人面对真性分手的时候，往往都会觉得特别突然。

咨询中，来访者也常常和我说类似的话："深刻老师，他怎么就突然要求分手了，我们之间也没有什么原则性问题啊？"

看似突然的决定往往并不突然，而是经过了他百转千回的反复思量，最后做的决定。就是说，在你获知他最后的分手决定之前，其实这个要分手的种子已经在他心里埋下了很久。只是种子生根发芽时，你没有注意到；种子开始长成小树时，你没重视起来；等到他明确提出分手的时候，种子往往已经变成参天大树了。

所以，这个时候，他一旦提出分手，往往是非常坚决的。同时因为你的信息滞后，并没有做好分手的任何准备，所以你会觉得很突然，并且推测对方也是临时起意。

这个时候，如果你想通过和对方沟通，或者道歉、保证等方式去挽回，基本是没有任何成功的可能性的。

因为我说过，真性分手是深思熟虑过的。这个已经长成参天大树的念头，可能会因为你几句保证、一个道歉就斩灭吗？不可能的。

所以，面对真性分手，如果你还想去挽回关系，就要做好长期斗争的准备，这可能需要几个月甚至更久。一段正常的长期关系，真正相爱过的两个人，一方决心要分手，说明两个人肯定有严重的问题存在，不是几句不疼不痒的保证和道歉就可以解决的。

现在，你需要冷静下来，好好想想问题到底出在哪里，然后好好制定计划和策略，这样才有复合的可能，也才会让你的关系在复合之后稳固下来，不重蹈覆辙。

❤ 不想挽回，但还放不下该怎么办——你需要的是逆袭！

我的婚恋咨询中常常会遇见一种人，他们很清楚对方并非自己的良人，或者也知道双方确实存在一些难以调和的问题，但仍旧难以放下对方。

分手后，对方就像一根刺一样，深深地扎进自己的肉里，扎进自己的心里，总是时不时地冒出来，让我们如坐针毡，进退两难，很难开始新的生活，也无法真正地开始新的感情。

"深刻老师，我真的不想挽回他了，但我确实又很难受，应该怎么办？"

第三章　挽回的心态建设

这是我常常听见的一句话，相信也是很多失恋的朋友们的共同心声。

有朋友看到这里可能会说"深刻老师，你应该劝他放弃，尽快走出来啊"，抱歉，我很少给人这样的建议，正如我在本书前面章节反复提到的那样，不但劝人放下没用，劝人走出来也多数是说起来容易做起来难，甚至会适得其反。他会将失去的感情和人记得更牢，会在不断的"不自主想起"和"强迫放下"之间反复和纠结，内心的冲突也会越来越强，矛盾的痛苦也会越来越强烈。

那么，我们应该怎么做才能真正地放下呢？既不能强迫自己放下，可对方又不是我们真正觉得合适的人，我们应该怎么办呢？难道要纠结一生吗？

这个时候，答案是——你需要的可能不是挽回，而是逆袭！

那么，到底什么是逆袭呢？我认为感情里的逆袭具体表现有以下几点：

1. 从被动变主动；
2. 从低位变高位；
3. 从失败者变胜利者；
4. 从需求方变被需求方。

更直白一些的解释可以是一句话：逆袭是，让对方因为失去你而后悔，并且产生痛苦，甚至想要和你复合。

我曾经说过一个观点，失去一个挚爱的人，要想完全放下其实可能只有两条路：

1. 找到足够好的新欢；
2. 你逆袭成功，对方来挽回你。

所以，要想真正地放下和走出来，要么是能够找到好的新欢，要么是完成逆袭。

而很多人试图单靠时间来让自己放下，结果基本上都是不尽如人意，因为时间最多只能淡化记忆，很难从内心真的让你彻底解开心结。

注意，我要再次强调的是：逆袭不是挽回。换句话说，当你完成逆袭，你完全可以拒绝对方想要复合的请求，这个时候，主动权就在你手里了，你也有机会让他尝尝被放弃的痛楚。

♥ 想挽回，做好面对"真相"的准备了吗？

其实，很多时候我觉得自己有些残忍、因为我会说出很多来访者不太希望听见的话，可我确实又不得不说，因为我相信大部分找我咨询的人，希望得到的绝对不是简单的安慰。

咨询中常常听到求助者和我说类似下面这样的话：

"深刻老师，我们的问题其实就是缺乏沟通。"

"深刻老师，如果是我和别人提分手我会删掉微信的，他没删除我，不是对我还有感觉吗？"

"深刻老师，是的，我们联系很少，因为他工作真的太忙了，这个我确定。"

每当听到大家说这些，我似乎都能看见求助者担心、害怕的状态，也能感觉到，大家很希望我支持他们自己的判断，那种无助和期望有时候让我很为难。

但很多时候，我确实没有给出大家希望听见的答案，比如："你们的问题确实很简单，只是沟通的问题"，"是的，虽然分手了可他还是爱你的"，"是的，他不联系你确实是因为他忙，不是不在乎你"，等等。

虽然可能会让大家感到失望，可我还是会告诉大家我感觉到的客观事实。

原因很简单，修复关系和挽回的前提和基础，一定是要认清和接受真相。

就好像生病了去找医生看病一样，不能讳疾忌医，觉得这个病比较严重，就按照别的病去诊断，因为治好病的首要前提，就是正确地诊断病情。

虽然我可以说出很多违心的话，让大家暂时开心，但我还是不能那么做，我觉得我有责任帮助大家更加客观地看清事实和真相。

当然，我也会尽量以一种相对更容易接受的方式让大家接受，并且找我咨询过的绝大多数朋友，我相信在咨询之后，会慢慢有勇气面对一些原本自己不愿意和不敢面对的真相。虽然一开始会有点不愿意相信，但面对真相后，他们还是会找到努力的正确方向，也会更有信心不再迷茫，很多人也取得了比较好的效果和进展。

现在，你可以试着问自己下面的问题，来检验自己是不是已经做好了接受真相和挽回关系的心理准备：

1. 你真的想过了，并且确定自己是真的爱他的吗？
2. 你有耐心，能接受挽回也许需要比较久的时间吗？
3. 你有勇气敢于直面当下真实的境况和真相吗？
4. 你为了挽回，愿意付出更多，而不是只靠随便的几个套路和方法吗？
5. 即使出现不顺利的局面，你仍能保持积极的心态而不心灰意冷、轻言放弃吗？

挽回有时候确实很难，特别是对于那些活在不切实际的幻想中，只想少量付出或者急于求成的人。

挽回有时候又很简单，特别是对于那些敢于直面真相，又沉得住气，充满行动力，有着强大内心的人。

所以，说到这里，如果你真的决心挽回，请先做好心理上的准备，也许真相有点残酷，但你必须从直面真相开始，接受已经分手的事实，接受他可能已经不再爱你的事实。但同时，也请你保持乐观和积极的心态，接受事实的目的不是让自己绝望和消沉，而是可以对症治疗和有的放矢，为了下一步挽回策略的制定做好准备。

♥ 为什么挽回要控制需求感

关于挽回过程中的心态建设，我说得最多的一点就是：要控制你的挽回需求感。

"控制需求感"这个说法，我相信你并不陌生，但是，为什么我们要控制需求感呢？

我相信很少有人能真正给出答案，让我们真的清楚和信服为什么在挽回中要控制自己的需求感。

坦白说，你可能在网上也看过很多挽回文章，但大部分都是人云亦云、东抄西抄的，很多所谓的咨询师可能还不如求助者懂得多。

在挽回中清楚我们为什么要控制需求感尤为重要，因为只有你真正清楚为什么了，你才能更好地做到。

那么，接下来我将告诉你，为什么我们要控制自己的需求感，或者说控制需求感为什么会对我们的挽回有帮助。

需求感，在心理学里也可以解释为"动机"。动机是激发个体朝着一定目标活动，并维持这种活动的一种内在心理动力。

所谓的需求感可以理解成我们追求目标的动力和内驱力，刺激我们努力达成目标。

心理学的研究表明，和我们越想成功可能就越容易成功不一样，并不总是动机越强，成功的可能性就越高，甚至相反，有的时候过强的动机反而会导致效率下降，使成功的可能性变低。

先来看以下动机和效率的关系图。

【动机强度、任务难度与活动效率的关系图】

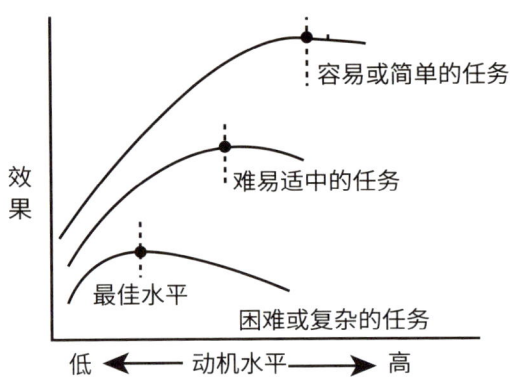

如上图所示，我们可以了解到以下两点事实：

1. 适度的动机会提升你的效率，增加成功的可能性。过弱和过强的动机，会影响你的效率，降低成功的概率。

2. 难度越大的任务，动机因素越敏感，也就是说，越难的任务，动机越强，成功的可能性反而越低。

回头看看挽回里的需求感，挽回是一项艰巨、困难的任务，这个我相信大家都清楚，不需要我多言。

对于像挽回这样艰巨困难的任务，如果你的需求感（对于挽回成功的动机）过强，根据上面的图和分析，就会知道：

过强的挽回动机或者说需求感将会影响你挽回的效率，让挽回变得更加困难，复合的可能性更低。

同样，如果把需求感合理地降低和控制在一个比较低的、适宜的范围，那么其对挽回的帮助才会更大，自然也更容易取得成功。

这个不难理解，不单单是挽回感情这件事，其他的情况也适用。比如你去参加比较重要的考试，如果自己的需求感特别高，反复告诉自己我一定要考上，结果会怎么样？你很容易会紧张，会更加焦虑，会影响你的发挥。所以，面对重要考试的时候，老师也会给我们做心理建设，让我们用平常心去面对，轻松迎战，把会答的题目做好就行，等等。这些都是为了降低我们的需求感。

还有一些运动员，在参加重要大型比赛之前，教练或者相关的心理咨询师也都要为他们做心理建设。这个心理建设不是反复和运动员强调比赛多重要，你一定要赢，而是相反，大部分都是要运动员降低需求感，卸下心理包袱，因为这样才会有更好的发挥。

所以，很多时候，我会建议想挽回的求助者：**在挽回的过程中，你要适当地把精力分散一下，甚至尝试也和其他异性接触一下，这不是劝你放弃挽回，而是为了让你能有一个更好的心态，来降低自己的需求感。**

因为和你参加考试、运动员参加比赛一样，过强的需求感动机，很多时候反而会坏事，让你在挽回的过程中更加紧张、焦虑，让你在面对要挽回的人时变得卑微和不自信，让你在面对一时的不顺利时更加容易灰心和丧气。

更致命的是，过强的需求感往往会让你高度亢奋，使你总是想去行动，像要抓住救命稻草一样害怕失去。这种心态，往往就是你会不断做错事的开始了，你很容易失去理智，被强大的需求感所控制，结果只会把事情搞砸，把对方越推越远。

在咨询案例中我发现，真正导致挽回失败的不是我们在挽回中做得少，而是恰恰相反，是做得多。是的，你没看错，是在过强的挽回需求感下，胡乱行动，以为自己是在努力挽回，其实呢，只是做得越多，错得越多。

那么现在，说到这里了，你应该明白我们为什么要控制挽回中的需求感了吧？

❤ 事情没你想的那么坏，不要绝望太早

挽回中对挽回影响最大，也是最糟糕的一个心态，就是——绝望太早。

很多人不是不能挽回，也不是没有机会，而是因为绝望太早导致自己心态完全崩掉，进而要么是不断胡乱行动、破罐子破摔，要么是失去了挽回的行动力，也错过了挽回的机会。

我们先一起来看看一段关系结束后，被分手的一方一般会有一个怎样的心路历程，以及他们是怎样一点点地彻底绝望的。如果你此刻正在经历分手并想挽回，可以对照一下自己目前处于哪个阶段。

经过一段长期关系（这里讨论的是两个人是正常的恋爱关系并且有一定感情基础的情况），我们在被分手之后，还想挽回这段关系的时候，心理状态往往会经历下面五个过程，我称之为"濒死五步"，其中很可能还会激发"创伤性应激障碍（PTSD）"。

这个过程是一个从觉得没事到绝望的濒死感的体验过程：

1.觉得没事；2.不信；3.不接受；4.拼命抓住——溺水状态；5.绝望——情感濒死体验。

第一阶段的心理状态，一般是对方提出分手后，我们会觉得没事。这种感觉多数是在潜意识里发生的，因为潜意识不觉得会真的分手，所以这期间，你可能会说一些狠话，可能会表现得很酷，因为潜意识里自己还没有意识到分手真的会发生。

第二阶段的心理状态，是你不相信对方会真的离开自己，会觉得很意外，不相信两个人的感情真的会结束，不相信会真的分手。

第三阶段的心理状态，是你意识到真的分手了，分手是真的，开始不接受这个现实。你开始充满质疑，比如：两个人也没什么原则性问题啊，怎么说分手就分手了呢？两个人的问题也没那么严重，不至于分手啊？那么多年、那么深的感情，难道对方都不在乎了吗？甚至出现怨恨对方，觉得对方是负心汉等情况。

到了第四阶段，如果没有足够的经验和比较高的情商，你可能已经完全乱了心神了。你的本能反应是拼命抓住，也就是我将在后面章节讲解的"情感溺水状态"。

处在这个状态下，往往也是一个人最容易犯错的时候，你往往会做出很多破坏关系重建的事情，甚至会把对方越推越远。

第五阶段，就是绝望阶段。进入这个阶段，当事人往往已经是万念俱灰，不相信还有可能，往往会出现破罐子破摔，甚至自暴自弃的情况，每天被强大的负面情绪所折磨，体验到绝望的濒死感。有的人会长达几个月困在这个阶段，内心强大一些的或者寻求心理咨询师的帮助后，有的人会慢慢调整，逐渐恢复情绪，慢慢走出来。

以上就是被分手之后还想挽回关系，最容易出现的心理过程。

从经验和研究来看，以上五个阶段对于每个人来说，出现的时间虽然不一样，但绝大多数人都会很快就进入四至五的反复阶段，一般来说是在对方坚决分手后的一两个月内。

这意味着什么呢？意味着如果没有及时地调整和进行专业的咨询，

再加上本身性格的问题,一个人很可能很快就对挽回感到绝望,并进入"情感濒死状态"。

注意,有人可能会觉得,绝望是好事情,绝望了才能走出来。其实未必,很多时候,绝望不等同于更容易走出来,绝望也不意味着真的会放弃。**挽回过程中的绝望多数会出现一个撕扯的状态,一面对于复合和挽回感到深深的绝望和没有信心,一面又没法做到放弃。**

人生最痛苦的感受之一,就是求而不得。

挽回中的绝望感,就是将这种痛苦最大化,一面很想求得,一面又觉得得不到。

有人要问"挽回中,当一个人感到绝望的时候,后面真的还有可能吗",是的,我的回答是肯定的。

从我大量的个案咨询经验来看,绝大多数的人挽回失败,都是源于绝望得太早了。在挽回感情的过程中,当一个人对挽回泄气甚至绝望之后,其实还可能会出现不少的挽回机会。

个案中有很多例子,这里为了保护求助者的隐私,就不放聊天截图了。

比如,比较典型的例子,很多很绝望的女性求助者觉得肯定没机会了,在咨询中一次次地告诉我,前任肯定不会找她的,她的男人就是不会主动的类型,所以绝对不会主动的。结果,她们按照我的建议去做了一段时间,很多她们口中不会主动的男人真的主动找她们了,有的甚至在她刚刚和我说完后没过多久,对方就有了行动。

还有比较典型的情况,一些求助者觉得没机会了,甚至觉得两个人永远都不会再联系了,但之后确实又出现了大量的机会。比如两个人因为什么事情联系上了,对方的态度还不错;比如之后两个人还有机会见面坐下来吃饭等。曾经就有求助者和我说:"深刻老师,我真的没想过有一天还能和他这样坐下来开心地吃饭,我还以为会老死不相往来。"还有的复合成功了,自己都意外,因为想到之前绝望的自己,根本没有想到两人还有再在一起的一天。

很多真的有过挽回经历的人，在分手比较久之后，如果仔细去回想，都会发现在他绝望之后出现过一些推进双方关系的机会。

当然，我强调了，是**分手一定时间之后，不是说刚刚分手的短期内就会出现机会。**

但问题是当你绝望的时候，一旦进入了第四阶段（情感溺水状态）和第五阶段（情感濒死状态）的反复循环中，基本就已经失去了理性思考的能力，大部分时间都是沉浸在深深的负面情绪和自我折磨中，或者出现好像"走出来"了的自我麻痹状态。

这是非常可怕的，一旦你自己已经绝望，那么就意味着即使出现了机会，你也不会相信那是个机会，也自然不会有有效的行动。那么，机会很可能就这样溜走了……

比如一些在挽回中的朋友，难得有了一次和对方见面的机会，但因为之前绝望得太早，在分手到见面这段时间，自己也没有做什么准备，也没有什么成长，见面之前也没有详细的计划和策略的安排，匆忙就去相见。同时，见面的时候因为之前自己一直太痛苦，状态也很差，那么见面的结果就可想而知了。

很多时候，不是没有机会挽回，而是后面出现了机会，可因为你的绝望和负面情绪让你没有及时察觉到，更没有努力去创造更好的机会，所以你也把握不住。

这也是最遗憾的地方，本可以改变结果，却因为绝望而搞砸。

这里，我特别想告诉大家的是，一切都还没结束呢，与其让自己绝望、痛苦，一次次告诉自己不可能，不如沉下心来，想想下一步该怎么办，一切往往并没有你想的那么糟糕！

❤ 前任彻底死心了还能挽回吗?

所谓的"彻底死心"是不存在的!

很多想挽回的求助者,最难把握的一点就是如果对方彻底死心了该怎么办。那么,你现在就要搞清楚以下三点。

> 你要清楚:人的情感像水一样,是变化的

很多姑娘认定了"现在男友分手那么坚决,他肯定是死心了,以后肯定也没机会了",如果你也这样想,那么我要告诉你,你错了。

你要清楚,人的感情是最主观的,是可塑性极强的,就像水一样。

就好像我们都有过的经历,一开始很不喜欢的一个人,慢慢地,他可能成了你最好的朋友。原本你并不喜欢的一项活动,后面你慢慢发现它其实很有趣。

人的好恶、心境,其实一直都在变化,随着人的处境、经历、周遭发生的改变而变化着。

所以,就算他确实看起来彻底死心了,也没关系,因为情感是会变化的,之后一样有机会让这份死心发生改变,甚至让他后悔。

我身边就有这样的例子,有个朋友怎么看他的女友都不顺眼,铁了心地要分手,各种找碴找毛病,最后终于分手了。可一段时间后,这位朋友就自己后悔了,又去挽回女生。你看,他想分手的时候是真的决定,想挽回的时候也是真的想法,情感和情绪都是可变的。

> **你要明白：就算死心，也仅仅是当下，不代表下一秒，更不代表明天和将来！**

人性是自私的，人的所有决定，一定是基于当下的"趋利避害"。

人的任何决定，选择也好，放弃也好，都是为了自己，都是趋利避害的结果。所以，没有真正的永久的彻底死心，有的只是暂时的权衡利弊，随着利益关系的改变，决定也会随之改变。

就好像一个女生，如果是马云的女同学，在马云四处"忽悠"创业的时候，估计很难会对马云有好感，但等到后面马云成功之后，我相信当年很多没看上马云的女同学都会很后悔。

所以即使情况再糟糕，也仅仅是此刻而已，并不代表下一个时刻，也不代表明天和以后。

随着时间的推移，一切都在转变，转变中也包括了无限的可能性和转机。

人性大于个性，他也没有多特别

咨询我挽回问题的姑娘，很多都好像商量过一样，会和我说相似的一句话："深刻老师，他真的和别的男生不一样，他是那种很倔的男生，一旦决定，真的就不会改变。"

我一般会问她们同一个问题，她们就会很快明白："那么，如果他们真是一旦做了决定就不会改变的人，他们曾经也做了和你在一起的决定，现在在改变了吗？"

不可否认，总体来说男性比女生更加理性，有的男性更是非常固执。但是，再理性的人，也逃避不开根本的"人性"，只要他是人，他就有人性的弱点，比如我提到的"自私"和"趋利避害"。

所以，挽回一个很倔强的彻底死心的前任，不是靠你和他讲道理，也不是靠你去道德绑架，更不是去强迫他，因为如你所知，他们非常固执。

但是，如果你懂得人性是自私的，他们也是一样，只要你努力地让利弊的砝码发生变化，当天平重新倾斜，让他们重新觉得和你在一起才更符合他们的利益，那么相信我，他也会让你看见他不"固执"的一面。

我还有机会复合吗？

在我的咨询中，常常会被问到类似的一些问题："深刻老师，我和他还有没有可能？挽回的概率有多少？是不是我该放弃了？"

其实，熟悉我的人都知道，我有一个看似很偏执的理念，那就是**"只要他还活着，你自己还喜欢他，就有机会复合"**。

很多朋友可能会觉得，深刻老师这样说是不是在安慰大家？

熟悉我的，或者找我咨询过的朋友应该都知道，我其实很少安慰人，甚至在和大家分析问题时，为了能让求助者接受现实，而显得过于直接。

如果你是为了成长和挽回成功，就必须准备好接受阵痛，我也必须和你说明白我看见的和认为的事实。

所以，我绝不是一个会出于安慰大家而说假话的咨询师，当我告诉你"只要他还活着，你自己还喜欢他，就有机会复合"的时候，我不是随便说说，而是认真的，是经过我接手的大量案例验证得出的结论。

他还没死，就在这个地球上，甚至很多案例是对方既没结婚也没女友，你怕什么，又绝望什么呢？

所以，绝望的时候记得，只要他还活着而你又确实喜欢他，就还是有机会的。

❤ 挽回中至关重要的一点

在过往情感咨询的大量个案中，我一直在努力尝试寻找一些规律和经验，甚至一些蛛丝马迹，来揭示到底决定挽回成功或失败的关键因素是什么。

庆幸的是，我想我找到了问题的答案——**一个影响挽回成功或成败的至关重要的因素是信心，拥有可以挽回成功的信心。**

为什么一个主观的"信心"会有如此强大的作用？

一开始我也不理解，但确实大量的成功案例里都体现出了这样的规律，那些挽回成功的人在挽回过程中心态普遍要更好，具备更强的信心。而那些容易悲观和绝望的挽回者很多都遭遇了失败。

我想这也印证了皮格马利翁效应："你期望什么，你就会得到什么，你得到的不是你想要的，而是你期待的。只要充满自信，只要真的相信事情会顺利进行，事情就更容易顺利进行。相反，如果你相信事情会不断受到阻力，这些阻力就可能真的会产生。成功的人都会培养出充满自信的态度，相信好的事情一定会发生。"

亲密关系的重建和爱情的挽回也是如此，同样受到皮格马利翁效应的影响。

后来，我做了大量的研究，也查阅了很多资料，试图揭示信心背后的真相，现在，我把它分享给大家，让大家明白为什么信心的力量会如此强大。

信心是大脑中的主要催化剂，当信心和意念相结合时，潜意识会立刻接收到结合的震波，并且把它转化为精神等价物，然后产生无穷的智慧。

在所有情感中，信心、爱和性的力量是最强大的，当三者融合时，就能给意念以特殊的力量，会迅速到达潜意识，并在那里转化为同等的精神力量。

所以，挽回中我们一定要重视信心的作用和力量。而很多想挽回的人，其实信心都是匮乏的，这也直接或者间接导致了很多挽回的失败。因此，在我的咨询中我非常注意的一点就是求助者信心的建立。

同时，当一个人拥有信心的时候，他通常可以更好地控制情绪，可以避免被负面情绪缠绕，会勇敢地面对过去的失败，会客观冷静地看清当下的问题，会有更强大的执行力，会更容易听进去别人的建议……所以，自然会大大提升挽回的效率。

杜根是美国橄榄球联合会前主席，他曾经提出这样一个说法："强者未必是胜利者，而胜利迟早都属于有信心的人。"这就是杜根定律。

自信并勤于实践，才会让你永远手握通往成功的机票。

一个人的成败，很大程度上取决于他是否自信，假如这个人是自卑的，那么，他的自卑就会扼杀他的聪明才智，消磨他的意志，降低他的行动力。

挽回也是这样，当你面对挚爱的离开，失去信心，一次次告诉自己完蛋了、没希望了的时候，你真的就希望渺茫了。因为接下来，你会因为自己糟糕至极的想法，开始一系列破罐子破摔的错误行为：

1. 你会很难坚持，因为没有信心和绝望，你势必会放弃或者行动力减弱；

2. 由于意志力涣散，已经没有信心，你自然不会听得进去正确的建议，进而不断犯错；

3. 因为绝望和渴望的强烈冲突，你会遭受更狠的痛苦和被拉扯感；

4. 难得的挽回机会出现了，因为自卑和不自信，你往往也会错过。

如果此刻的你，正在被绝望困扰着，不妨告诉自己，即使机会很小，那也并不是零，你该重拾信心。

❤ 挽回中的渔者心态

亲密关系重建和挽回中的一个常见的错误心态，就是"心急"。

咨询中我常常会发现一个问题，很多人要的并不是挽回，而是要马上、立刻就挽回。心急如焚，恨不得马上取得质的飞跃，最好今天行动，明天就要成功。

这种心情是可以理解的，毕竟感情破裂被分手，是人生中的重大挫折事件之一。可以理解，但不代表这种想法就是对事件进展有益的。

挽回是一个长期的过程，是一个勇敢者的游戏，需要很多的耐心和勇气。但这里的勇气不是要你马上去做一些危险的、高难度的事情。相反，挽回中的勇气是你在面对可能长时间的僵持，或者在你做了很多努力却没有明显进展的情况下，还能一直沉住气，保持积极的心态和行动力。

勇气有两种，一种是斯巴达克勇士一般，孤注一掷，不顾生死；一种是越王勾践般隐忍、坚持，保持耐心和信心。

这两种勇气都是勇气，前者是巨石惊浪般的破釜沉舟，后者是水滴石穿般的坚韧执着。

对于想要挽回感情的人来说，其实缺乏的都不是第一种勇气。比如，分手后，不远千里去找对方，被对方拒绝后还继续纠缠；给对方买贵重的礼物；写很长很长的道歉信等。很多想挽回的人其实都可以做到这些的。

我们真正缺乏的是第二种勇气，是那种水滴石穿的坚持，是那种暂时忍辱负重的执着，是那种即使暂时看不见尽头也积极应对的沉着与耐心。

挽回中，我们常常能在开始的短时间内去做很多事情，去付出很多，但一旦没有取得进展或者遭遇挫折，就会马上心急和慌张，然后乱了分寸。

我们必须认识到一个挽回的规律，一般来说，对于真性分手，短时间内对方会改变主意和决定的可能性几乎没有，分手初期，对方往往是最坚定的。

如果这个时候，你只凭借一腔热血，和对方道歉、诉衷肠，只会让对方产生防御心理，激发情绪筑墙，你的这种努力不会让他改变主意，很可能会换来他的厌恶和进一步的排斥。

而对于挽回这件事本身来说，它也有它的生命历程。挽回就像播种、收获一样，春天播种，秋天收获。那么在收获的季节到来之前，你就应该去好好浇水、施肥。如果收获的季节还没到，比如刚刚播种，刚刚到夏天，你就想要收获果实，去拔苗助长或者拼命浇水，很可能会让你颗粒无收。

所以，比起第一种勇气，挽回中我们更加需要的是第二种勇气。

这第二种勇气，像极了一种渔者的心态。

钓鱼大家都清楚，如果沉不住气，急躁，来回晃动鱼竿，能钓到鱼吗？很难，因为你的急躁不但等不到鱼咬钩，还会把鱼吓跑。

或者，钓鱼的人如果没有耐心，刚刚放出去鱼钩，没有鱼咬钩，就想放弃了，这样的人能钓到鱼吗？也不能。

所以，一个好的挽回心态，有时候其实和一个好的渔者应该拥有的心态是类似的。我去努力做好我该做的，比如钓者准备好鱼饵，准备好合适的鱼竿，选择好合适的钓鱼地点，放线钓鱼，然后沉住气静观其变，等待时机。

很多时候，挽回也和钓鱼类似，很可能你做了很多，努力了很久，但一直没有明显的反馈，水面还是风平浪静，完全没有能钓到鱼的迹象。这个时候，很多人会开始怀疑，怀疑自己是不是还能钓到鱼，甚至会想放弃。

而那些真正的钓鱼高手，都会沉住气，即使暂时没钓到鱼，他们还是会坐在那里，然后就在所有人都以为根本没有鱼的时候，往往鱼就上钩了。

具体的渔者心态可以理解为：

1. 做好一切准备的心态；
2. 积极行动起来的心态；
3. 随时迎接机会、抓住机会的心态；
4. 面对一时的僵局沉住气的心态；
5. 相信一定会捕到鱼的心态；
6. 享受过程、尽力而为、随遇而安的豁达心态。

挽回有时候真的很像钓鱼的过程,可能很长一段时间都没有明显的进展,很可能你努力了很久,可对方还是没有消息,还是看不见任何复合的迹象,这其实和刚才说的钓鱼的过程很类似。

不过你要记住,一时间看似没有明显进展,未必真是一潭死水,还可能湖面下正暗流涌动,在你看不见的湖底,鱼儿正围着你的鱼饵打转,也许下一秒就会有柳暗花明的转机。

这不是我哄大家开心,我的经验也确实如此,很多最后成功复合的,其实都不是每天进展一点,然后慢慢复合的,更多的都是像钓鱼这样,前一秒看似毫无希望,下一秒就会彻底转变。

当然,这说起来容易,做起来确实很难,因为挽回的过程其实是和人性弱点的较量,也存在难熬的半途效应。

但如果你还是决心挽回,记住上面说的渔者心态,**在豁达的心态下沉住气,配合积极的准备和行动,面对逆境时稳住心神,加上敏锐地创造和把握机会,突破可能就在下一刻。**

第四章

挽回的误区与禁忌

如果说失去爱人的遗憾是没有经营好关系，很多地方没有做好，那么，挽回中的遗憾无疑就是不断做错，因为自己糟糕的心态和不懂正确的做法而让本可以继续的缘分彻底结束。

❤ 分手后想挽回，切忌过度自责

被他分手后的你，是不是很难做到去恨他？相反，你很可能会开始不断地自责、遗憾，恨自己没有好好珍惜他，恨自己过去对他不够好，恨自己之前做得不对，恨自己明白得太晚，恨之前做错太多……

明明是他离开了你、抛弃了你，而你却觉得都是自己的原因和问题才搞砸了这段感情。

被分手之后，人往往有两种比较极端的心态：

1. 怨恨对方，觉得对方离开自己他就是"渣男"，就是恶人；
2. 像上面讲的，自己一肩扛起，觉得分手都是自己的过错。

这两种不同的思维其实涉及心理学的两种不同的归因思维模式，"外归因"和"内归因"。

偏向于内归因的人会把事情的失败归结为自己身上的因素，而具有外归因思维倾向的人会把事情的失败归结为外部原因，比如他人、环境、运气等。

而提到归因模式就不得不提归因理论，归因理论最早由美籍德国心理学家F.海德于20世纪50年代提出，50年代末至70年代曾构成社会心理学最活跃的研究领域之一。

单纯从归因模式来说，内归因的人往往更倾向于自己反思，是积极的归因模式，因为会更严格地要求自己，从自身找原因，当然就有利于成长和进步；而外归因则更倾向于一种逃避、掩饰、消极的不成熟的模式。

一般来说，有着内归因模式的人会更加成熟，他们会常常进行思考和反思，自然，成长也要更迅速，思维也更加缜密，这是内归因思维模式的好处。

而从我对分手和亲密关系重建的研究和咨询经验来看，**多数想要挽回爱情和重建亲密关系的人的思维模式都属于内归因模式。**

他们面对被分手的情况，更容易觉得分手是自己的错误和问题——"我没做好，所以才导致分手的。"

而那些外归因思维模式的人，往往会觉得只要分手就是对方的不对，甚至觉得对方离开自己就是"渣男"——"他变心、抛弃我，他就是渣男！"自然，痛苦和想要挽回的动机就要少得多。

所以，对于绝大多数想挽回的朋友来说，由于本身就是内归因的思维模式，习惯于内省和反思，所以缺乏的往往都不是反省和自我惩罚。

因为你本身的性格就已经决定了你不是一个缺乏反思和自省的人。

而恰恰相反，你的反思和痛苦已经过多了，你不需要再逼迫自己进一步去惩罚自己了。

当然，分手之后，你不是一味地指责对方、咒骂对方，而是开始适当地反思和总结自己的不足，其实这是积极的，是对你的成长有利的，对于挽回来说也是好的一面。

但是，必须要指出，**很多拥有内归因倾向的挽回者，很多时候容易走极端，陷入深深的自责和懊悔中无法自拔，开始过度检讨。**

这是很危险的，也是错误的。

心理学对负面情绪做过研究，所有负面情绪中，自责是程度最深，也是对我们伤害最严重的负面情绪。

适当的检讨的的确确是必要的，能让我们在今后的挽回路上和新感情中避免犯同样的错误，但过度自责，往往会产生大量的负面情绪，进而摧毁我们的理智和身体。

更糟糕的是，这份让你饱受折磨的痛苦其实并不会增加挽回成功的可能性，你再痛苦也是白白自我折磨。

而且痛苦和自责会让你变得更加糟糕，情绪更加不稳定，每天会花费大量时间在自我折磨和自我开解上，周而复始，循环往复，然后一天又一天，你什么现实的、有意义的挽回行动都没有做，浪费更多时间和机会。

我相信很多朋友都有过类似这样的经历，分手之后，什么也不愿意做，只愿意回忆过去，然后恨自己，后悔自己当初没做好而失去对方，然后痛苦得不行。

之后，你会去网上看文章或者找朋友寻求安慰，会暂时好一点，没多久，你又开始回忆、自责，恶性循环，周而复始。

强烈的负面情绪会让你整个人看起来越来越糟糕，你变得无心工作、无心生活、无心经营自己了，自然，一些本来应该有的转机，也在你的自责中悄悄溜走了。

如果你此时刚刚分手不久，或者正在准备挽回，当你看到这里时，我希望你能重新审视你当下的状态，看自己是不是掉进过度自责的陷阱里了。

下面我列举了一些自我开解的话，当你面对过度自责时，可以想想这些话。

> 分手都是我的错吗？

似乎未必吧。想想你们刚认识的时候，你应该也是现在的你，你也有这些他现在很介意的问题，可他那个时候依然是喜欢你、追求你、愿意和你在一起的。可见，分手时他提到的一些分手原因和你存在的问题未必都是真的原因，也许很多只是借口，欲加之罪，何患无辞呢？

> 我不够好，你就一定要离开吗？

没有人是完美的，两个人在一起应该有起码的责任感，如果觉得稍有不满意，或者有更好的人出现，他就要离开，这说明他也是有问题的，起码他的责任感有问题。

如果他是这样的，那以后生活中遇见更多变故，他不是很可能随时都要离开你吗？而且想想看那些恩爱的情侣、夫妻，双方真的就都没问题，是完美的吗？

> 自责有用吗？

其实现在一切都还没有结束呢，至少他还没死，甚至可能都还没结婚，只要你愿意，你还有翻盘的机会。

如果一直自责懊悔，可能会错过后面更多机会，然后明天继续为了今天的错过而后悔。

所以，与其自责过去自己没做好的，不管是在一起的时候自己不懂经营还是分开之后自己错误的挽回行动，都不如冷静下来，重新好好想想策略，好好把握当下，全力挽回他，复合之后再去好好对他和经营你们的关系。

> 我当时为什么不那么做？如果我当时那么做，我们是不是就不会分手了？

也许是的，但你可能就没有这次反思和成长的机会了。

长期来看，因为你自己还是有很多道理没懂，他也没有真正认识到他的问题，所以你们之间存在的根本问题也就不会得到解决，那你们最后的结果很可能还是分手，只是时间早一点和晚一点罢了。

我倒是觉得早一点分手要好过晚一些分手。

- ❤ 等到结婚后再离婚其实更糟糕。
- ❤ 拖得越久，矛盾和彼此存在的问题都会积累得更多，等到后面再爆发出来其实更难以修复和挽回。
- ❤ 早一点发现问题就可以早一点解决问题，也可以借此机会让双方都成长。

如果你做得好，双方可能都会因为这次分手而更加懂得珍惜对方，重新走到一起后，将来你们的感情可能会更加稳固和幸福。

> 我当时不应该那么做，我应该这样或者那样，也许就不会分手？

记住一点，我们每个时刻只能根据当时的想法和思维能力来做决定。

所以，不论你曾经的决定在现在看起来有多么糟糕、荒谬和冲动，但其实都是在那个当下，你认为最合理和有利于你的决定。

就好像现在很多人说早点买房子就发家了，早点入股某某就发财了一样，都只是后知后觉，以你当时的认知能力和思维是没法做到的。甚至，现在让你回到当初，你还是当时的你，你的思维也还是当初的思维，你还是一样会做当初的那些决定和事情的。

所以，你要学会理解和放过当初的自己。 那个时候、那个情境下的你，就应该做出那样的行为和决策。可能在爱情亲密关系中，你很不讲道理，也可能不懂珍惜，也可能不懂经营，但那就是当时真实的你，你没法以现在的你的思维去苛责那个时候的你。

> 我被他欺骗了，真恨自己当时没早一点发现！

有句话说得很好，谁年轻时没爱过几个"渣男"呢？被骗也好，被辜负了也罢，至少也是一段经历，相信你自己也有过真正开心的时光，也是一种收获。

同时，你可以借助这次经历，让自己快速成长，以后恋爱就会避免类似的事件发生了，这也是一种幸运。

❤ 警惕爱的补偿心理：被分手之后是不是觉得亏欠对方？

被分手后很容易产生一种负面情感：明明是自己被抛弃，却觉得自己对不起对方，有很强的亏欠感。

觉得曾经很多诺言都没来得及和对方实现，觉得当初很多地方委屈过对方，之前对方喜欢的东西还没来得及送，说好的一起去旅行还没来得及兑现，或者想起来热恋时对方对自己的好，又开始后悔自己当初对对方不够好，总之处处都觉得亏欠对方。

- ❤ 分手后到了一家好的餐厅，首先想起来的是当初应该带他来吃；
- ❤ 路过街边摊，看见他喜欢吃的东西，会想到当初应该多给他买一些；
- ❤ 逛街碰见他喜欢的球鞋，会后悔曾经一直想送却没送给他；
- ❤ 听首歌，也会反思自己没珍惜、做得不好的地方。

总之，明明是他离开的你，可被分手之后，你不但不恨他，反而看见什么好吃的、好玩的都第一时间想到他，然后不断觉得自己当初对他不够好，没有做得更好。

更可怕的是一旦有了亏欠感，你便会开始试图弥补，能联系上对方的不断和对方道歉、保证，拼命地对对方好，送礼物、送饭、写情书，把之前没有做的事情都做给对方。联系不上对方的就试图联系对方的朋友，托朋友帮忙给对方送东西。还有一些已经完全没法联系上的，就开始自己唱独角戏，在各平台上发一些心得和感悟；做那些两个人在一起没有做过或者是错过的事情，两个人在一起时还不会做饭的朋友开始学习做饭，之前不爱做家务的开始学习整理房间，以前在一起时没有舍得给对方买的礼物也要攒钱买下来，答应的旅行也要一个人去实现。

总之，我们开始走上不断弥补之前亏欠感的道路。

我完全理解大家分手之后的遗憾和不舍。但要当心，当心一个关于爱的陷阱——分手之后的"过度补偿（Over Compensate）"心理。

补偿心理本身是人类的一种自我防御机制，而在亲密关系里，遭遇情感危机被分手后，我们往往开始自我鞭挞和责备，容易产生过度的亏欠心理，之后便希望用行动去弥补之前的错误，不但要弥补，而且要加倍弥补，这就是"分手后的过度补偿心理"。

做了错事或者之前没有做好，想去补偿本不错，但如果脱离实际，过度的补偿心理和随之而来的补偿行动往往不但不会让事情变得更好，反而可能会适得其反地再次给对方带来困扰和伤害，还可能进一步降低对方对你残留的好感而将对方推得更远。

同时，过度的补偿心理会很容易摧毁你的心理防线，让你产生强烈的自我否定和自我攻击。因为补偿心理本身是一种心理防御机制，用来平衡自己的内疚和自责。但如果是过度的补偿心理，则起不到自我防御的作用，相反会因为补偿得不到回应而加深亏欠感。

所以，当分手之后，你产生了亏欠感和过度的想要补偿对方的想法时，我劝你这样想：

❤ 即使之前你做得确实不够好，从他决心残忍抛弃你的那一刻开始，你都不再对他有任何亏欠。

❤ 现在的他，已经不是曾经的他了。即使有亏欠，你亏欠的也只是那个曾经爱你、珍惜你的他，而不是现在这个背信弃义、抛弃你的他。

- ❤ 你还活在自认亏欠他的过去,可现在的他已经踏上新的生活之路了,才不管你有多么痛苦,你这样为了他自我折磨值得吗?
- ❤ 你确实有做得不好、亏欠他的地方,他就真的做得完美无缺吗?
- ❤ 如果你还想和对方重新在一起,你的亏欠感和过度补偿心态不但不会帮助你弥补之前的错误,甚至很可能会影响你的挽回行动。

所以,分手后别去作践自己,进行自我折磨和讨好对方,这样只会让你更难以走出来。同时,如果你还想挽回,也不要因为今天的过度补偿心理和错误的补偿行动而把他推得更远,让他进一步看低你,你的卑微也许会让他更不喜欢你。

最后,一定要记住我上面的一句话:哪怕在一起的时候,你确实有做得不好的地方,但是,当他狠心抛弃你离开你的时候,你绝对都不再亏欠他了。

❤ 挽回要跳出"情感溺水"状态

我在咨询中常常会听到一些想要挽回的求助者的担心和焦虑,比如:

"完蛋了,他是一个绝对不会回头的人,我肯定没机会了!"
"他真的是放下我了,他开始新生活了……"
"我要怎么办啊,我到底要怎么做才能复合?!"

诸如此类。你整个人被强大的绝望和负面情绪所包围，下一步很可能就要崩溃掉或者开始胡乱行动了，而这些行为的结果只会让对方距离你更远，让挽回变得更不可能。

失恋挽回中有一个很糟糕的状态，我称呼它为"情感溺水"状态。

什么是挽回中的"情感溺水"状态呢？

先看看什么是"溺水状态"。

相信大家都知道，在现实中溺水的人是什么样的状态和反应，都是凭借本能在水中胡乱地挣扎，强烈的求生欲让他们拼尽全力。

但这个时候，其实溺水的人已经完全失去了理性思考能力，根本不知道怎么做才能真的帮助自己摆脱困境。

哪怕在旁人看来，溺水的人只需要四肢放松、肚子挺起来、躺下就会自己浮起来，甚至水可能根本不深，他自己完全可以站起来。

但对于溺水的人来说是没有办法做到的，因为他们做不到冷静。在溺水状态下，对生的强烈渴望，让他们不敢不拼尽全力去挣扎，因为在人性的固有思维中会觉得这样似乎更可能成功。可结果呢？往往是沉得更快、更深。

我给出的挽回中的"情感溺水"状态的定义是：**当我们在挽回的过程中，被强烈的负面情绪包围而感到绝望又迫切想挽回时，会出现一种类似溺水的状态。**

在情感溺水状态下，我们会迫切想要行动，但在这个时候所做出的行动却是本能使然，而不是基于理性的，一般反而会让挽回的局面变得更加糟糕，就好像落水后的人胡乱挣扎只会沉得更快一样。

挽回中的溺水状态为什么可怕？

从我多年做情感咨询的经验来看，很多挽回失败，其实并不是因为做得少，反而是因为做了太多本不该做的错误的行动。

那些当你身处"挽回溺水"状态下，凭借求生本能，出于最后一搏的撞大运心理去胡乱行动才是导致你挽回失败的关键原因！

所以，我们在挽回中，一定要保持冷静和沉着，不要被情绪操控，要判断当下的自己是不是已经身处这种可怕的"挽回溺水"状态了。

因为一旦身处这种状态，你的每一次行动可能都不是在理性下完成的。当然，当时的你会觉得你的所有行动都是有理由的，但多数都是你自我合理化的结果。

下面看看"挽回溺水"状态下的几大特征，看看你是不是正处于这样的一个危险状态：

- ❤ 不间断的痛苦感，被强大的负面情绪困扰，非常痛苦。
- ❤ 极度的绝望感，极度悲观，觉得完全没有希望了。
- ❤ 持续的迷茫感，不知道该怎么做，不知道什么是对的，什么是错的。
- ❤ 迫切地想去行动、撞大运的尝试感，折腾折腾，找找对方，万一就和好了呢？

当你在挽回的过程中出现了以上几种心态时，你很可能已经处于这种可怕的"挽回溺水"状态了。

分手后，陷入"挽回溺水"状态该怎么办？

心理学有一个很有名的效应，叫作"酝酿效应"。很多时候，当一个人尽力去解决一个复杂和有难度的问题时，无论多么努力，还是不能获得有效的解决思路。在这种时候，暂时停止对问题的积极探索，可能会对问题的解决起到关键作用，这种暂停就是酝酿效应。

当你身处"挽回溺水"状态时，如果你身边没有你可以信赖的求助对象或者专业心理老师，你最明智的选择就是暂时什么也别做。

当然，说到这里，可能有读者会感到失望："深刻老师，原来你只是告诉我们什么也别做啊，就这么简单啊。"

是的，可这并不简单。有过挽回经历的人都应该知道，当你陷入这种情感溺水状态时，想要控制自己别乱行动有多难。

而暂时的暂停、不乱行动，不是意味着消极放弃，而恰恰是要避开自己最可能犯错的时候，先让情绪平静下来，调整好心态，这样，思路会更清晰，有利于挽回策略的制定。

所以，明白了吗？

如果你正在挽回，那么，先审视一下当前的自己，是不是深陷"挽回溺水"状态中了，如果答案是肯定的，抓紧调整，你要做的第一步就是先别让事情变得更糟糕，再慢慢争取转机。

♥ 要想挽回，请马上停止过度分析

分手后想挽回，你是不是有过类似行为：

- ♥ 拼命去思考和研究各种挽回方法；
- ♥ 天天花大量时间上网看各种挽回文章，然后自己反复纠结；

- ♥ 不断分析分手的原因，分析分手后对方的想法，后悔自己之前做错多少；
- ♥ 时刻关注对方的一举一动，监视对方的朋友圈等社交软件……
- ♥ 像祥林嫂一样和别人说或者和自己说自己感情的事情；
- ♥ 不断地思考可能发生的各种情况，严重焦虑。

如果分手之后，你时常沉浸于以上这样的状态，那么，我很遗憾地告诉你一个残酷的真相——你很难挽回成功了。

很多想挽回的朋友会很奇怪："深刻老师，你这是什么意思，我分手之后去分析和研究对方，怎么会挽回不了呢？我这样做都是为了挽回啊，不是分析得越好、越了解对方才越可能挽回吗？"

听起来似乎确实如此，我也并不是反对挽回要进行必要的复盘分析，我们当然要搞清楚哪里出了问题，然后才能对症解决。

但从我的挽回咨询经验来看，分手后大部分想挽回的人缺少的都不是分析和研究，而是掉入了过度分析的陷阱。

- ♥ **必要分析**：是找出问题，理性客观，为了有的放矢地去解决问题；
- ♥ **过度分析**：是逃避现实，是情绪趋势下的自我安慰，自我内耗式的伪努力。

这样就能明显看出来必要分析和过度分析的区别。过度分析只会浪费我们的时间，消耗我们的精力，损耗我们的意志和信心，让我们不断纠结、痛苦又不断自我安慰，结果就会导致行动力跟不上，很多本该有的机会也会在"空想"中错过。

从心理学角度看，过度分析是一种"思维反刍"

心理学曾给出思维反刍的解释："思维反刍指重复被动地思考，亦称为反刍思维。它的类型包括强迫思考和反省深思。进行反刍思维的人会在自己的头脑中反复地想某一件事情，试图找到正确的解决办法；不断地思考问题的来由、解决问题的方法以及权衡这些方法直接的利弊，当这种情况越来越失控，思考者就会像陷入泥潭一样，不可自拔，发展成临床上的抑郁症。某个人过分沉溺于消极的思想中反过来又会强化自己的负面情绪，自我聚焦的反刍会增加悲伤、焦虑和沮丧的感觉。"

所以看见了吗？

当分手后你想挽回，然后开始不断进行大量让自己痛苦和纠结的分析的时候，很可能你已经进入了一种可怕的思维反刍之中！

思维反刍不但不会有助于解决问题，往往还让我们的情绪变得更加糟糕，甚至发展成抑郁症。

所以，分手后不断分析的人，你会看见他们的状态，是不是都是纠结疲惫的？是不是都是痛苦绝望的？是不是都是状态越来越糟糕，心态也越来越差？

何况，这种过度的分析，通常完全没有任何有指导性的实际意义，就算你分析得再多，对现实的挽回行动和策略也不会有丝毫帮助。

你自己想想看，思维反刍下的状态越来越糟糕的你，真能挽回成功吗？

答案是否定的。思维反刍下过度的分析只会让你误入歧途，分析来分析去，你不但不会得到什么新的有价值的思路，相反，这种分析会成为你挽回路上的阻碍和枷锁。

过度的分析，是一种懒人自我感动式的伪努力！

我想大部分想要挽回的人都很清楚，挽回是需要努力的，是一项很难的任务。而现实中的努力，很多做起来并不容易，或者需要耗费很多时间，需要很多耐心，等等。

这个时候，**你的大脑就会让你去做一些让自己觉得已经在努力的事情，以此来降低自己内心的焦虑感**，这本身其实也是一种心理的防御机制，但确实也是自欺欺人。

比如，我们上学的时候，用心学习，然后研究每一道错题，可能是很有效果的努力方式。但这种方式却更耗费脑子，很辛苦。所以很多懒惰的学生，不愿意研究，但如果自己不去研究又会焦虑，就会用不断地做大量习题的方式来安慰自己，让大脑觉得自己其实已经很努力了，降低自己的焦虑感。而结果就是，我们发现，那些上学时候看起来很用功的学生，大部分成绩反而没有多好。

挽回其实也是一样的道理，很多时候，你的分析和不断窥视对方，不断地想过去，担心未来，可能就是一种自我安慰式的逃避现实的伪努力！

如果你真的决心挽回你们的感情，重建亲密关系，那么请战胜自己的软弱！真正地努力起来，而不是每天不断地进行毫无意义的纠结和分析。

💚 挽回要识别：自我合理化思维

挽回中有一个很容易让我们不断犯错的思维模式，就是"自我合理化"思维模式。

下面先看一个心理学的实验。

几名加拿大心理学家曾做过一项实验，结果在赌马者身上发现了一个有趣的现象，那就是赌马者一旦下了赌注，会立刻对自己所买的那匹马信心大增。其实这匹马获胜的概率一点也没有改变，马还是原来那匹马，赛道还是原来那条赛道，赛场还是原来那个赛场，但在这些赌马者的眼中，一旦下了赌注，这匹马获胜的希望就大大地提高了。

简单地说，这就是一种要使我们的决定和所作所为保持一致的愿望。

一旦我们做出了某个决定，或选择了某种立场，就会受到来自个人和外部的压力迫使我们的言行与它保持一致。 在这种压力之下，他们只能说服自己所做出的选择是正确的，这就是"自我合理化"的产生。

合理化其实不难理解，它是心理防御机制的一种。心理学上的解释是指当个体的动机未能实现或在实行动机的过程中有着矛盾心理的时候，尽量搜集一些合乎自己内心需要的理由，给自己的行为找一个合理的解释，以掩饰自己的过失，减免焦虑和痛苦，同时维护自尊免受伤害。这是人们在面对挫折和焦虑时启动的自我保护机制，它主要通过对现实的歪曲来维持心理平衡。

自我防御机制除了合理化外还包括：压抑、投射、否认、退行、固着、升华、置换、抵消、反向形成、认同等等。

可在挽回中，合理化的自我防御思维往往很可能会导致一个很严重的问题，就是当我们想挽回感情和一段关系时，会很容易用合理化的思维模式去合理化自己的一些错误的挽回行为。

用更加简单的语言解释，**在挽回中很多时候我们自己其实是知道自己的一些行动是不妥当甚至错误的，但还是会"自欺欺人"地去做，结果自然会导致挽回的失败。**

因为很多人在挽回的时候会沉浸在强烈的负面情绪之中，比如焦虑、绝望、痛苦、自责、抑郁、极度缺乏安全感等等。那么这个时候，由于这些负面情绪的困扰，挽回的人会失去理智的认知能力，换句话说，这个时候我们往往已经成了负面情绪的奴隶——被情绪牵着走。

一旦你成了情绪的奴隶，你所有的挽回行动，往往已经不再以是否能复合作为目标去触发了，而是被情绪控制，你的目的会彻底变成只为发泄你自己糟糕的情绪。

比如，在挽回类咨询中，很多求助者自己也知道不应该贸然地联系对方，但心里又有着强烈的不安全感和很高的需求感，加上焦虑和心急，往往会给自己找出联系对方的借口。比如，我如果不联系他他会把我忘了的；我联系他，只要不和他提感情就没问题；我如果不联系他，他喜欢别人了怎么办，等等。总之，他们会给自己的不合适行为找出很多看似合理的理由，但这些理由其实都经不起推敲。

再比如，挽回中在不该和对方发生关系的时候发生了关系，自己也知道在没有明确复合的情况下随便发生关系是不对的。但是，着急复合的心态，加上侥幸心理，都促使挽回者合理化自己的行为，告诉自己诸如："他想和自己发生关系"，"说明他就是想复合"，"发生关系就应该是默认复合了吧"，等等。结果对方并不承认复合。这类情况也很多。

所以，在挽回中，一定要注意识别自己的合理化思维模式。**多问**

自己这样几个问题，就会帮你更好地觉察合理化思维：

- ❤ 你的挽回行动真的是以目标为导向吗，还是被情绪所驱使？
- ❤ 你确实清楚你将要做的行动带来的风险吗？
- ❤ 你的分析真的是在理性客观的情况下做出的呢，还是掺入了自我合理化的思维？

辨别出合理化思维，不被情绪牵着走，以挽回成功为目标、为导向去行动，才会慢慢取得进展。

下面我将和大家分享找我做长期咨询的求助者的一段真实经历，希望给大家带来启发。

女孩来找我咨询想挽回一段关系，经过一段时间的指导，男生已经开始联系女孩，并且邀约女孩一起看电影。

我曾经说过，**每次对方主动联系你，都是一个绝佳的机会，一定要把握住**。因为是长期咨询，咨询过程中我给出了很细致的回复建议。女孩按照我的建议做了，效果还不错，

但可惜的是，由于求助者的胆怯，后面没有再按照我的建议去做，而是采取了在她看来更加"礼貌和友好"的方式去和男生接触，结果很快，事情进展就和她自己想的不一样了，男生的态度没有因此变得更积极反而慢慢冷了下去。

注意，**这就是因为求助者自己害怕男生放弃，而合理化了自己的行为模式，结果适得其反。**

不得不说，在你深陷负面情绪的时候，要想完全克制人性的弱点

的确很难。因为你会不自觉地合理化自己的行为，为自己的错误行为找出种种"合理的"借口。

所以我建议，如果是决心重建一段关系，可以考虑找一个你能完全信任的人，他可以冷静地看待你们的进展，并且时刻监督和提点你，避免你错过机会或者做错事情而推远对方。

♥ 挽回要避免自动化思维，打破思维墙

我在咨询中常常听到来访者说："深刻老师，我每次恋爱都是这样，虽然之后我也觉得不对，但当时我还是会那样去做。"

这种情况很普遍，就是当我们面对现实中一些问题的时候，会不自觉地按照习惯性的思考问题的方式去应对，即使这种思维方式是不正确的。

在心理学上这叫作自动化思维。自动化思维（automatic thoughts）是指无意识的、不带意图目的的、自然而然的并且不需要努力的思维。

在挽回中，这种自动化思维非常多见，并且因此导致的错误也比比皆是。

我们有一些固定的自动化思维，比如认为对对方好会让对方更爱自己，会让感情更加稳固；比如对方要离开，就会下意识地拼命抓住、留下对方；比如分手后觉得要多去和对方联系，对方才不会走远并且更可能和自己复合，等等。

你必须要意识到一件事：你认为的对的，你惯用的思路和做法，未必真的是对的。

这在亲密关系的经营以及挽回中非常重要。你必须尽可能少地受到自动化思维的负面影响，去真正理性思考，建立起新的正确的思维框架和认知，才能在面对问题的时候更好地解决。

我们的思维模式，就好像我们的肌肉一样。

我们总是有一部分肌肉因为常常用到而变得越来越发达，更加强壮有力，而这种得到锻炼的肌肉又确实会让我们在做一些动作和运动时更加轻松省力，所以我们就会在做一些动作和运动的时候不自觉地使用这些肌肉。

随后，就这样出现了一个循环，肌肉因为被多用而变得有力、发达，有力、发达的肌肉又被更多地用到。

如果我们使用肌肉的过程是正确、健康的，那没问题。但是，很多时候我们会错误地使用一些肌肉，错误地让一些不该发达的肌肉变得发达，而让一些原本应该发达的肌肉变得萎缩。比如，驼背、腿型不正等等，都是由于运动姿势不正确而错误地使用了一些肌肉，导致一些本不该发达的肌肉发达起来，同时这些发达的肌肉又被不断优先使用和强化，久而久之就造成了体型的缺陷。

我们的思维模式和肌肉的使用过程非常相似。

我们的思维模式不是一天两天建立起来的，当我们还是小孩子的时候就已经开始了，它的建立过程受到我们成长经历和环境的影响。一旦一种思维模式建立起来，当我们去分析和解决一些问题的时候，就好像去使用一块已经发达的肌肉一样，会因为省力原则去优先选取运用我们最熟悉的思维模式。

所以，如果你的思维模式是不正确的，或者说没有适应性的，在解决一些问题的时候，比如感情挽回时，固有的思维模式可能就会让你不断地踩坑和犯错。

比如，固有的习惯性思维模式，可能会让你在对方提出分手的时候就开始不断纠缠,会让你不自觉地想去感动对方,会让你把自己搞得很可怜和一团糟来博取对方的同情和怜悯,会让你对对方特别好来让对方看见你的真心和诚意……你的习惯性思维模式,觉得这些会起效。

但是,这些原本你固有的习惯性思维模式,可能很多对于挽回来说都不是正确的和有效的,我们必须清楚和牢记这一点。

所以,在你决心挽回的那一刻,我建议你对任何自己的决定和想要去实施的行动,持有一个怀疑态度,警惕习惯性思维模式——**你自己想的、认为的和要做的都未必是正确的,不要随便想当然地就去行动,而是要努力重建新的、正确的思维模式,打破固有的思维墙**,避免在惯性思维的指引下做出错误的挽回行为。

而打破习惯性的思维墙和重建新的思维模式,正是在我的咨询中,我一直努力帮助来访者达成的——授人以鱼不如授人以渔。

❤ 依靠感情去挽回行得通吗?

在情感类咨询中我发现,很多刚刚来找我的求助者的挽回思路其实都非常相似。其中最常见的一种就是想利用两个人过去的感情去挽回那个已经决心离开的人。主要想法是想借助曾经的感情激发对方对过去的回忆和对自己的不舍,从而改变对方分手的决定。

这个想法乍看起来好像很有道理,因为人毕竟是有感情的,而且对于长期关系来说,两个人过去的感情多半都是非常深厚的,两个人也有很多美好的回忆。这样一看,似乎靠过去的感情来挽回分手的前任这个想法是行得通的，但是很可惜，在现实的挽回中，用类似挽回思路的人多半都失败了。

在我经手的大量案例中，求助者在找我之前，确实很多都是按照这个思路去挽回的。比如被分手之后，痛苦难过，然后开始给对方道歉，和对方去沟通，试图解除误会；分析两个人过去的点滴，告诉对方两人在一起多么不容易，尝试唤起对方的珍惜；给对方写长信，信里把从开始到结束的所有经历都回忆个遍，想激发对方对过去的留恋和不舍；通过各种方式对对方好，每天问早安、晚安，常常找他，给他送他最喜欢的礼物，做恋爱纪念相册，想去感动他……

而事实是，如果你这样做了，你可能就要失望了。多数情况下，对方可能不会细看你发的长信，也基本听不进去你说的道理，至于你为他做的你自以为很感人的事情，其实根本感动不了他，反而可能会让他更加厌恶你，正应了那句话，"感动了自己，却恶心了别人"。

所以，你试图通过以上方式，**想靠过去的感情去挽回他的时候，多数情况下，他不但不会改变自己的决定，相反会因此更加坚决地想和你分手**。

这到底是为什么？求助者往往会一头雾水："明明我已经知道错了，也道歉了，也好好地和他沟通了，而且我那么爱他，我们有那么多美好的回忆，有那么深厚的感情，为什么他都不听我说？为什么他那么狠心、绝情？为什么不给我一个机会呢？"

而答案和残酷的真相是，多数被分手想靠感情去挽回的人都没有真正接受和认清一个现实：**你自己视若珍宝的你们之间过去的感情，对方此刻早已经不在乎了**。

是的，这句话非常伤人。你会告诉我，你们有很多回忆，一起开心过，一起流过泪，还有他之前多么多么地爱你……是的，这些我都知道，并且相信都是真的，但你也必须清楚，这些在他决心分手的那一刻开始，已经不值钱了。

他能下定决心分手（我指的是真性分手），都是他经过深思熟虑之后的结果，多数来说都不是一时冲动，绝不是临时起意。他有分手的念头可能已经有一段时间了，甚至已经很久了，只不过没有表现出来，或者说你没有察觉出来。

那么，当他真的决定分手的时候，就是他已经进行过很长一段时间的、可能也很纠结的思想斗争，是在他前前后后反复权衡分手与不分手的利弊之后做出的最终决定。

当然，他的这个权衡利弊的过程，本身就已经包含了对你们之间感情因素的考量，也就是说——当他决定和你分开的时候，感情已经起不到作用了，不然他也不会和你分手。

更形象的说法是，比如我们用分数评定一段感情，60 分以下为他决定分手的分界线，当你们的感情下滑到 70 分的时候，他可能就会有分手的念头，但仔细考虑加上衡量你们的感情之后他决定不分手，继续努力。

然后你们的感情继续下滑，他对你的认可和对关系的满意度变得更低，分手意愿更加强烈，分数下滑到 50 分了，他又产生了想要分手的念头。这个时候你们的感情开始作用了，他会回忆起来你们的点点滴滴，这会给你们的关系加分，比如 10 分甚至 15 分，之后他会感觉你们的感情又回到了 60 分或者是 65 分，他暂时又放弃了分手的念头。

然后又这样过了一段时间，可能你们又有了新的争吵，或者之前他介意的问题依然存在。这个时候他又失望了，感情又下降了，这次下降到了 40 分，他又有了要分开的想法和决定，但在他马上要决定和你提分手的时候，又想到了你们的感情，这一次的加分就要比上一次的少了，可能只能加上 10 分或者 5 分。那么这个时候，算上加上的情感分数，可能也仅有 45 分或者 50 分，分数依然很低，依然不足以动摇他分手的念头和想法，分手的决定就此落实了。

所以你看，第一，分手的决定不是他突然间做出的；第二，真的决定分手的时候，你要知道，他已经计算过感情了，你们的感情其实已经被衡量在内了，但最后仍不足以让他改变分手的决定。

所以，绝大部分人被分手之后，还想要利用感情来挽回，基本都失败了，因为感情早就计算在内了，可惜不顶用。

并且很多时候当你想依靠感情去挽回的时候，对方是会觉察到你的目的的。这样不但不会挽回对方，反而会给对方带来更大的压力，激发起对方的"情绪筑墙"，让对方更加排斥和厌恶你，甚至躲你更远。

所以，你应该记住一点，感情存在过，也很美好，这都没错。但是一旦对方真的决定和你分手，你再想靠打感情牌去感动他进而挽回是没什么机会的。

所有的挽回，记住，都应该基于吸引，注意是吸引，而不是用过去的感情去感动。

而吸引力的产生，其实是不需要什么所谓的感情基础的。想想看，很多情侣互相喜欢之前，真的都是已经认识很久、有很深感情基础的吗？再看看身边的例子，男人喜欢一个女人，真的需要和这个女人认识很久吗？似乎都不是的。在很多时候，两个人认识时间并不久，也没什么感情基础，但不妨碍他们产生喜欢的感觉。

所以，挽回应该是让对方重新喜欢上你这个人，你需要思考和努力的方向应该是——除了感情，你还能靠什么来让对方更喜欢你。

当然，在适当的时机，感情的确会对挽回起到一定的促进作用，但这绝对不是在真性分手的初期阶段，也不应该成为挽回的主要砝码。

❤ 挽回切忌"强行进阶关系"

下面是一个真实的求助案例,借此个案,我要告诉大家一个亲密关系中的基本原则,我称之为"关系进阶理论"。

"深刻老师,我和他分手之后复联了,我觉得他应该也后悔了,但他一直不提复合,所以我前几天和他表白了,提出了想和他复合,结果他却拒绝了我,并且之后也不联系我了,这是为什么?"

首先,来说一下什么叫"进阶关系"?

两个人从陌生到熟悉,这算是进阶关系,从暧昧到确定恋爱关系算进阶关系,从恋爱到结婚也算是进阶关系。

所以,我给"进阶关系"下了一个很简单的定义:一段关系从一个阶段进入下一个更亲密的、连接更强的新阶段。

进阶关系是每一段正常的感情都会经历的过程,一段关系从一开始的陌生到熟悉,从确定关系到感情稳定,都包括了一次次关系的进阶。

其次,什么叫强行进阶关系?

任何一段正常的关系都需要不断进阶来进入下一个阶段,但这里有个前提,就是关系进阶必须要满足一个条件:前一个关系阶段必须情感储备充足,才能进入下一个阶段。比如,两个人要感情足够稳定,才会考虑结婚；两个人对彼此的兴趣和喜欢足够，才会确定关系。

如果在一个阶段的情感储备还不够的情况下，强行进入下一个阶段，往往就会出现问题：比如，常见的表白问题，在对方对你兴趣和喜欢不足的情况下，强行靠表白来促使对方和你确定关系，往往就会遭到拒绝。比如，刚刚确定关系，感情还不够稳定，就要和对方结婚，往往也会给对方造成压力，吓跑对方。

挽回中的问题也符合我的"关系进阶理论"，不能强行进阶关系。

比如就像前面提到的求助案例，挽回中刚刚和对方恢复联系，关系也刚刚缓和，对方多半是在考察和观测你，但并没有达到已经想和你复合的程度。这个时候如果情感储备还不够，你就想着要马上复合并且通过表白强行进阶关系，就会给对方带来压力，进而吓跑对方。

挽回中一定要保持循序渐进，因为挽回过程是一个很考验个人心理素质和情商的过程。你如果因为焦虑、不安、缺乏耐心，就急着去进阶关系，结果只能是前功尽弃。

💚 挽回中"备胎"不得不面对的真相

我在咨询中发现很多朋友都是深陷"备胎"的角色但又没有勇气跳出来从中抽离。

你可能正试图去挽回一段破裂的亲密关系，或者在努力追求一个自己喜欢的人，但如果你们之间是如下情况，我建议你慎重地重新复盘，你该调整你的努力方向了。

- 他只是偶尔找你，说几句无关痛痒的话，而你总是及时给予回应。
- 他并没有实质性地约你，而你总觉得这仿佛就近在眼前。
- 他常常会和你抱怨或者倾诉，而你总是耐心地倾听甚至给予安慰。
- 当他找你，你给予积极回应后，他通常会消失一段时间。
- 他可能会和你暧昧，但却迟迟不推进关系，你尝试推进，他总是以各种理由拒绝。
- 你感觉得到他面对你时是很自信的。
- 你很怕他不开心，或者不喜欢你。

如果你和对方目前是以上这样的状态，那么很不幸，多半你正处于一个很低位、被动的状态——我称呼它为"备胎"。

在我的理论里，做出"备胎"的判断需要满足两个条件，如果你都满足了，那么基本上你就是"备胎"的角色了。

1. 他是高位，你是低位，关系的走向基本由他一个人来决定，比如是否在一起或者不在一起；

2. 他很清楚地知道你喜欢他并且想和他在一起，但他却迟迟不和你在一起。

我常常反复提醒大家，一定不要让自己成为感情关系里的"备胎"。因为"备胎"即使有机会转正，可一旦对方遇见"正胎"，你随时还是会变回"备胎"的。因为，"备胎"始终只是个"备胎"。

挽回中作为"备胎"的你，可能会常常以为复合就在眼前，觉得似乎只差最后那么一点点。但是其实，多数情况下，真正的复合对于身为"备胎"的你来说永远只是水中月和镜中花，看得见却摸不着。

因为他知道"备胎"的你一直在默默等着他，反正，你一直在那，他急什么呢？

就好像你去买一件衣服，老板告诉你这件衣服非你不卖，而现在天色还早，你干吗着急买？不如再逛逛，万一有更好的呢？

一段健康的亲密关系，是需要势均力敌、平等、互相吸引的，以失去自尊和让自己卑微到尘埃里为代价换来的暂时亲密都是不真实、不牢固的。

如果你此刻正为沉浸在一段看似进展顺利的情感关系中沾沾自喜，但又总觉得无力突破去确定关系，那么，我劝你要清醒和勇敢一些了，也许你只是"备胎"。而只有在你勇于对"备胎"的角色说再见的那一刻，你才能真正获得被爱和被珍惜的权利。

❤ 分手后保持联系做朋友，可能挽回吗？

"深刻老师，我和我男友分手了，然后找你之前有咨询过其他咨询师。那个咨询师让我隔几天就找对方聊一下，现在我一直在和对方保持联系，对方虽然也会回复，但却越来越冷淡了。那个咨询师说我前男友还在回复我所以我的挽回进展很好。我想知道这样真的能挽回吗？可为什么我都和前男友聊了一个多月了，还没复合呢？而且他近来确实越来越冷淡和敷衍了啊。"

这是我收到的一条真实的求助，类似这样的困惑，在我的咨询里常常会遇到。分手之后和前任还能聊天，对方也会回复，这种分手后保持联系、做朋友的方式，是不是真的更可能挽回你失去的爱情呢？

我的答案是否定的。分手后保持联系、聊天做朋友，表面上看起来好像挽回的机会更大，因为毕竟还有联系，但其实，**如果稍稍把握不好，分手之后的聊天和联系反而可能让挽回的可能性变得很小。**

而你要知道，挽回是一个不容犯错的任务。

这也是为什么我不草率地给别人建议的原因，因为我的一个没有思虑周全的建议，如果不正确，求助者听了照做，很可能会害了他。一个错误可能需要你几倍的努力和时间才能弥补过来，或者干脆就此搞砸。所以，大家一定要谨慎听取别人的建议，找真正懂的人去详细咨询，不然可能适得其反。

比如我在咨询中就多次遇见来访者之前找了不靠谱的咨询师咨询，咨询师一直让求助者联系前任和送东西给前任，求助者自己慢慢都发现不对头了，结果自然是越做越糟糕。

分手后的所谓正常聊天，对于挽回来说可能只是"水中月，镜中花"，看得见，摸不到，非常危险。

并且我从多年亲密关系修复和挽回的咨询经验中，发现了两个非常重要的规律：

1. 挽回中的复合，多数来说并不是之前一直频繁联系着，并且联系很久的；

2. 挽回中的复合，很多都是突然联系上，然后很快就推进关系进而复合的。

下面我将从两个大的方面详细论述分手后正常聊天做朋友，到底是不是有助于挽回，争取有理有据，让大家可以真的理解。

分手后，提出分手的他为什么愿意和你保持联系？

分手之后对方还愿意和你联系，甚至还能聊天，很多时候未必是挽回更容易或者有进展的征兆，还可能是你被困于"朋友区"变成了"备胎"。

对方联系你可能出于以下五种心理。

愧疚补偿心理

你很爱他，他是知道的，离开你，他也有很多的愧疚。分手之后和你保持联系，在一定程度上，他会觉得"你看，虽然我抛弃了你，但我还是会陪着你走出来的"，这样，他的愧疚感自然会慢慢得到舒缓，他觉得他已经补偿了你。

> ♥ 深刻的挽回提示 ♥
>
> 这种心理下，他很可能会答应你一些要求，可能给你送之前答应过你的礼物，也可能答应你见面和联系的请求等，但绝非在考虑复合。

需要借助你调整自己

他也是人，虽然是他提的分手，可分开后突然失去你，特别是在没有新目标的情况下，他也会有很大的不适应。所以他需要一定时间来调整自己以逐渐适应和开始新的生活。这个时候和你保持联系，会有利于他一点点地适应没有你的新生活,一点点地调整好自己,减少自己情感戒断的痛苦。

> ❤ **深刻的挽回提示** ❤
>
> 这种心理下,他会和你联系,起初可能他的态度还不错,但你会发现随着时间的推移,他面对你的积极度并没有越来越高,相反,他和你的联系越来越少并且回应也越来越冷淡和敷衍了。因为,他已经调整得越来越好,适应新生活了。

鸡肋心理

虽然他决定了和你分手,但对你确实还是有感情的,所以完全不和你联系,他往往也舍不得。所以,这个时候通常是一种典型的"鸡肋心理"—— 食之无味,弃之可惜。让他和你复合,他觉得不愿意,可让他完全失去你,他又舍不得。

> ❤ **深刻的挽回提示** ❤
>
> 这种心理下,他会比较长时间地和你联系,互动可能也还不错,但你会发现你们迟迟难以推进关系。只要你表现出想复合的姿态,他就会找理由拒绝,挽回往往就会困入僵局,你被困在所谓的朋友区或者"备胎"区,而一旦他有了新的目标,对你态度将会很快冷却。

养"备胎"心理,留后路

虽然是他提出的分手,但其实他自己也一样有犹豫,说白了也怕自己之后后悔。所以别看他提分手的时候坚决,但其实还是想给自己留条后路,他也怕自己之后找不到更好的。

所以他和你保持联系,一定程度上是在给自己留后路,以免让自己觉得不安甚至后悔。

♥ 深刻的挽回提示 ♥

这种情况下,你会发现你只要一段时间不理他,他就会冒出来和你说几句,你耐心、热情地回应后,他却又很快消失了。然后一段时间没联系,他又会冒出来找你聊聊。这不是他想复合了,他的目的也很简单,就是为了看看你这个"备胎"还在不在。

对你有重新考虑,所以尝试接触你

这几乎是所有分手后和前任联系的挽回者最希望出现的情况,对方和你保持联系是因为在考虑你,想和你重新在一起。

♥ 深刻的挽回提示 ♥

这种情况不能说完全没有,但确实比较少。并且即使是这种情况,如果你处理不当也很容易落入"备胎"的局面——他本来可能确实有考虑和你复合,但你却让自己成了"备胎",所以他也就不急了。

现在你明白了吗？不得不说，有的时候人性有丑陋的一面。一定要清晰地觉察前任和你分手之后联系你的心理和潜意识中的目的到底是什么，千万不要对方一联系你，你马上就喜出望外地以为对方是真的想和你复合了。

你做的不是朋友，而是"备胎"！

"深刻老师，按照你上面说的分手之后做朋友真的就不能挽回了吗？"

其实是可能的。**但必须有个重要的前提——你要做"真正的"朋友。**同时需要配合正确的挽回方式才有机会。只是很可惜，很多人在挽回中，做的并不是"真正的"朋友，而是"备胎式"的朋友。

那么，什么才是"真正的"朋友？什么又是"备胎式"朋友呢？

"真正的"朋友的关键点和表现需要满足：

1. **平等**：两个人的情感对位是平等的。回想你和你真正的闺蜜或者哥们儿之间，是不是平等的？

2. **互需**：互相需要的。想想你和你的好朋友之间，是不是互相需要的？

3. **无非分之想**：两个人都知道双方对彼此没有别的进一步想法，绝不是"我把你当朋友，你却想睡我"。

所以，你要仔细想想看，你在挽回的过程中做的所谓的朋友，真的是满足上述三个条件的"真正的"朋友吗？

我相信，对于绝大多数想通过做朋友来挽回的人来说，你所谓的"做朋友"都不是我上面所说的"真正的"朋友，而是"备胎式"朋友：

1. **你们的关系不平等**：情感对位严重失衡，基本每次都是你主动发消息，他很少找你，或者心情好的时候和你聊聊，但很快又消失。你们的关系完全处于他的掌控之中，你能明显地感觉到他在你们关系中的掌控权。

2. **互需不匹配**：你和他做朋友是为了复合，对他是极度渴求的。他呢，和你做朋友，很可能是暂时不适应失去你，或者当你是"备胎"，你对他是可有可无的。

3. **非分之想明显**：他明确地知道你还喜欢他，想挽回他，当然你也知道这些。

如果是这样，其实你基本上是很难挽回他的，因为这个时候所谓的朋友，并不是"真正的"朋友，而不过是两个人心照不宣的一拍即合。

双方心知肚明：

你：深爱着他，并想以所谓的朋友身份一点点地挽回对方，期待随着自己拉近关系让对方回心转意；

他：明知道你爱着自己，并且想挽回自己，但装糊涂，以朋友的身份和你接触，享受着被爱的满足感，把你当作"备胎"和寂寞时的消遣。

备胎失败挽回模型

在我咨询的情感个案中，有很多来访者都想通过做朋友的方式和对方复合，常见的比如向对方卑微乞求：

"那我们可以做朋友吗？偶尔联系一下，偶尔见见面，可以吗？"

"我答应你分手，但你也要答应我，不要不联系我。"

"你都答应我做朋友了，为什么不好好回我信息啊？"

诸如此类。当然，还有含蓄一些的，但也是常常找各种话题联系或者关心对方。大家看看，这样是真的朋友吗？很明显，你时刻在告诉对方"**你还爱他，想挽回他，但你现在没机会，所以你委曲求全乞求一个朋友的身份**"。

这样的做法，会换来两个结果：

对方厌烦你，虽然答应做朋友，但他看穿了你的目的，躲你更远，对你更加冷淡；

对方装糊涂，把你当"备胎"，享受你默默爱他带来的满足感。

无论以上哪一种，都可以肯定：这种所谓的朋友，基本没有复合的可能性。

所以，当你想通过所谓的和对方做朋友的方式挽回分开的挚爱时，你可能已经被他"备胎化"了，这样的朋友身份其实也不过是自欺欺人罢了，自然很难成功。

其结局大多数要么沦为"备胎"，陪着对方慢慢找到新欢，然后对方断掉和你的联系；要么随着自己的不安分，不断提出进一步的想法甚至复合，而让对方有压力和厌烦，从而把关系变得越来越糟糕。

为了方便大家理解，我做了一个"**备胎式朋友 - 失败挽回模型**"：

第四章 挽回的误区与禁忌

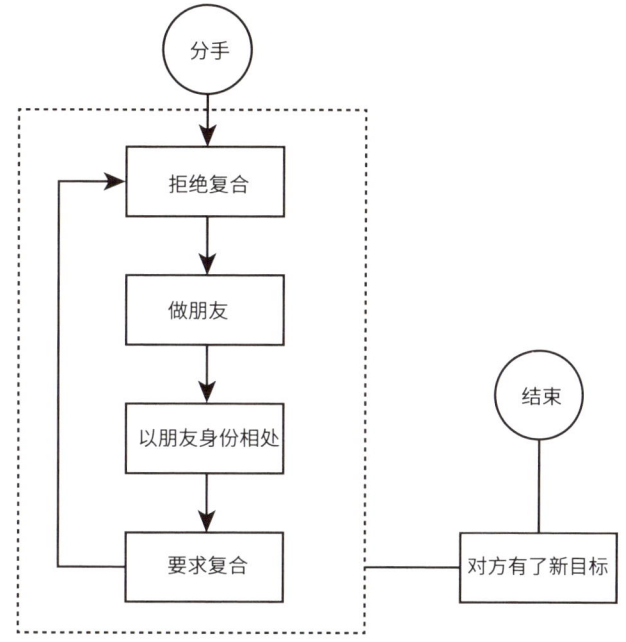

现在，你懂了吗？

最后是深刻的忠告：挽回中要做"真正的"朋友，需要的是平等、互需，还有别让他发现你真实的意图。只有把握好每一个细节，做好每一步，配上适合的心理技巧循序渐进才有机会挽回成功。记住，千万别成了他的"备胎"！

❤ 反木桶效应：挽回绝不是改掉缺点

在挽回类的咨询中，我发现很多来访者都存在着一个很严重的误解，觉得挽回要从改正缺点开始。

209

这样想其实有一定道理，我们在长期关系中肯定存在着这样或那样的不足，甚至之前做错过很多事情。比如，可能你之前很"作"，可能你脾气很坏，可能因为缺乏安全感而去猜疑他，等等。

这些是要改正的，当然没有问题，因为我们确实不能拒绝成长。

但是，如果你把挽回的筹码全部放在改正缺点上，那么很可能你的挽回之路并不会顺利，而且还可能会越来越糟糕。

有过挽回经历的朋友可以回想一下，当你尝试向对方保证你要改正缺点和不足之后，当你把所有精力花在克制自己的脾气而对他百依百顺之后，当你努力表现给他看你改了你之前的缺点之后，他真的和你复合或者给你机会了吗？

我猜应该没有。你会发现，似乎你的这些努力完全是杯水车薪，他还是无动于衷。

为什么我们知错了，努力改变却没换来挽回的成功？

首先，即使分手真的是你的缺点和问题导致的，而当分手之后，你为了挽回他，刻意开始尝试改变你的不足和缺点。这个时候，你做的一切都会让你看起来充满了目的性和企图心，他会看出你的目的，结果就是换来他的无视甚至反感。

其次，很多时候分手的原因并不一定是他告诉你的或者你自以为的那样，也许并不是你的问题，他的分手理由只是欲加之罪，何患无辞，你改了也没用。

最后，你的一些缺点和问题，并不是真的能在短时期内得改正，甚至是无法改变的。比如有的求助者身高不高，或者工作和家庭不能令对方满意。

挽回是加强和重建吸引点

记住，没有人是完美的，相信你要挽回的他也并不是。你要想想看，为什么你没有因为他的缺点而要和他分手呢？

答案是：因为他还有其他更吸引你的地方，让你感觉足以抵消他的缺点。

因为喜欢他，自然会更加包容和理解他的缺点。例如，很多男生不关心自己的女友，可女生们找到我求助时，都会一再告诉我"真的是因为他太忙了"，或者"他就是不懂得关心人的回避型人格"。

所以，我建议如果你想挽回，就应该重新考虑你的主要努力方向，不应该是怎么向他证明你已经改掉了他介意的缺点，而是应该加强和重建你的优点和闪光点。

这也是著名的"反木桶效应"的观点："我们在追求成功时，有时候并不是要让自己逐一改善缺点，成为一个没有缺点的完美存在。因为这不但困难而且没有缺点不代表就有足够多的优点，而是要变通思维，找出新的优势，这样才能另辟蹊径，曲线救国，取得成功。"

没错，你不应该把精力放在一直纠结怎么向他证明你已经改正了你的缺点，而是要让他看见，你除了那些他不满意的缺点外，还有很多吸引他的优点。

不可否认，你们在一起过，相爱过，你肯定有过吸引他的地方。你该想想，当时在一起的时候，你有什么让他比较满意呢？是不是可以让这些优点再次闪光起来呢？或者是不是可以重新发觉一些之前被自己忽视的新的长处和魅力点呢？

在我的咨询中我会利用SWOT分析表格来帮助求助者一起寻找和制定策略。

心理学有一个效应，叫作晕轮效应。在亲密关系里，完全可以理解为，我们会因为被对方的一些高品质优点所吸引，而对他的其他方面也变得更加喜欢，同时对他的缺点也会更加宽容。

所以，不要再一味地盯着自己那些不足和缺点了，你不是神仙，也不可能是完美的人，我们都只是普普通通的人。而且你看看，那些感情幸福的情侣们，双方就都没缺点了吗？我想应该不是吧。

记住，挽回中你需要想的是怎样利用你的优点，怎样让自己更具备吸引力。挽回绝对不是一个一味补短的过程，而是一个不断强化和建立新优点的旅程。

❤ 真性/假性复合：你以为复合了？可能是假的！

分手后，经历过痛苦和煎熬，对前任艰辛地挽回，之后终于成功复合。可我不得不告诉你—— 先别高兴得太早，因为你的复合可能是假的，是假性复合，很可能会很快再次被更彻底地分手！

在我的咨询中碰到过大量的案例，双方通过努力终于复合成功，但复合之后却好景不长，不但两个人的相处质量很低，对方对自己的态度也依然很差、很冷漠，而且多数很快又再次被分手了。

为什么我们辛辛苦苦地复合了，可复合之后却是更加辛苦？不但没有找回甜蜜的爱情体验，甚至两个人变得更加遥远？你每时每刻都要小心翼翼，而对方却对你冷冷淡淡，甚至可能很快又被分手？

在我多年的咨询经历中，我花了很多精力去研究各个案例，试图去解开上述谜题，庆幸的是，我终于找到了答案。

很多复合之后出现的问题，最主要的根源其实并不在于复合之后，而是在于复合的方式和质量本身就有很大的问题！

或者更准确地说是，你复合的质量太低，追求的仅仅是"形式上的复合"，而不是"内心的复合"，并没有让对方从内心真正地重新喜欢上你和想去珍惜你，导致了"假性复合"。

到底什么是假性复合？这里向大家介绍，深刻首创/独创理论："假性复合"。

很多人都听过和比较了解真性分手和假性分手，而我这里将提出一个新概念，称作：假性复合。

是的，复合的方式有很多种，比如，有的是利用对方的心软复合，有的是依靠自己的坚持和等待而复合，有的是因为对方的后悔复合。不同的复合方式，往往直接决定了复合之后的感情质量，甚至是不是会再次被分手。

我需要大家明白的是，其实很多时候，表面上的复合并不是"真的复合"，相反是"假的复合"。

我们来看看到底什么叫"真性复合"和"假性复合"：

- ❤ **真性复合**：往往以对方来主动求你复合为典型表现，对方和你复合是基于真正认识到你的可贵。
- ❤ **假性复合**：往往以你主动求对方的方式复合为典型表现，或者对方稍稍表现后悔你就轻易地答应复合，复合时对方并没有真正意识到你的珍贵，并且自我反思也不够。

在咨询个案中，很多来访者虽然听了我的一些建议成功复合了，但复合过程却太急，没有完全按照我的要求去做，复合之后一直感觉到很无力的状态，又来咨询我，问我应该怎么办。

比如，低质量复合后，很容易出现下列状态：
- 虽然表面上复合，可是两个人的相处状态还是很不好，自己在感情中还是觉得很被动、很辛苦；
- 复合之后前期感觉还不错，可没多久，对方又表现出犹豫不定和动摇；
- 复合了，可对方很快就再次提出分手。

举一个比较典型的个案。女孩在求助我一段时间后终于复合了，但当时的复合在我看来女孩做得并不太好，但女孩实在太着急复合了，所以没有采纳我在复合阶段给出的建议。后面女孩再次找到我，我了解到虽然两个人复合了，可求助者在复合之后并没有获得开心、幸福和满意的感情关系，相反不断遭受对方的冷漠和不在意，她也因此出现了严重的情绪问题。因为她觉得，复合之前她可以默默地忍受和坚持，可终于复合了就应该是柳暗花明和皆大欢喜，却没想到对方对她的糟糕态度并没有因为复合改变多少。巨大的心理落差和迷茫无措感让她不断纠结，甚至有抑郁倾向。

而且，这个个案到最后，对方再一次地提出了分手。

这就是因为复合并不是真性的，而是假性复合。而假性复合往往是舍本逐末，会很容易再次更彻底地被分手，再去挽回的难度也要大得多。

❤ 如何避免假性复合，高质量地挽回爱情？

为方便大家参考和判断，我总结了几点假性复合的主要表现和特点：

复合非基于逆袭

你被分手之后，挽回的过程主要采用讨好或者感动的低位方式，恰巧对方暂时也没有合适的新目标或者接触新目标受挫而处于空虚寂寞冷阶段，同时对方对你也有一些内疚和不舍，从而复合。

这种复合，不是基于逆袭。不是基于他真的重新爱上你或者发现你的好，也不是出于他幡然醒悟然后想要去珍惜你，更不是两个人之间的问题得到真正的解决。

所以，复合之后，你在你们的对位关系中必然继续处于严重的低位。这种低位往往会导致他更加看轻你，也不会觉得自己多么爱你，自然也不会觉得你是值得珍惜的。在这种情况下，你和他相处时会很累也很被动，很容易面临再次被分手。

复合没有经过对他的考验

接受一段感情，特别是情感关系中容易处于被动地位的女生，考验对方的真心和诚意是必要的，这在复合阶段更加关键和重要。

很多时候表面上你们确实复合了，但其实在对方心里只是暂时找个"备胎"，他根本不是真心实意地想和你好好地重新在一起。

如果你没有考验他的真心和诚意，就贸然地和他复合，这种复合的质量就是极低的。就好像谈恋爱，如果你找的是一个没有认真准备和你好好开始一段感情而是抱着玩一玩心态的渣男，后面你自然难以维系你们的感情。

一个好的开始，有的时候对维系感情事半功倍，而一个糟糕的开始，往往就是你给自己挖的坑，后面需要你花费更大的努力去填，并且可能完全是徒劳无用的。

复合没有经过对他的惩罚

有种复合，确实是基于你的吸引力，并且你确实成功地再次吸引到对方，对方也真的觉得后悔失去你，然后也是真心地想和你好好重新开始。

但是，这里有一个陷阱和容易犯的错误，就是当他开始后悔并且要和你复合的时候，你太容易地就答应他并且很轻易地就和他复合。

这种情况很普遍，也是很多挽回的朋友在复合阶段最容易犯的一个错。

当然初衷可以理解，因为当对方提出复合，你本来就是很喜欢他、迫切地想复合的，这个时候自然大喜过望，又会惶恐、紧张，就好像自己心心念念了好久的一个好工作的 offer 突然从天而降，自己哪里还敢犹豫和怠慢，生怕错过或者对方反悔，怎么还敢不快点答应呢？

但是，对于挽回来说，这样会导致一个严重的问题：对方没有经历和感受到足够的惩罚和痛苦就重新得到你，他的教训不够。甚至在还没有起码地反省自己问题的情况下，就随随便便地再次得到你，和你在一起了，那么，你们在一起之后，他也自然不会再去进行自我反思和体会失去你的痛苦了。

痛苦不够，反思不够，会导致他之后也不会觉得你有多珍贵，也不会太珍惜你和这段感情，并且也不会害怕再次分手。因为很简单，就好像小孩子犯错，他没得到任何惩罚，自然再次犯错的可能性就会很大，反正也没什么代价。

招之即来，挥之即去，试问，谁会珍惜和害怕失去这样的你呢？

复合以形式为目标，而不是以情感为目标

很多人在挽回的过程中，追求的其实并不是情感上的复合，而是形式上的复合。

这两者初衷不一致，所带来的行为差距和结果可能是截然相反的。

追求形式上复合的人，以对方口头上答应和承认复合为第一目标，一切向这个目标进发。这样，在追求目标的过程中，就可能牺牲尊严，牺牲自我，牺牲让对方反思和珍惜你的机会。潜台词是"只要对方可以答应复合，我怎么样都行""只要他同意和我复合，别的我都不在意"，这是以形式复合为目标的挽回者的普遍心声。

如果主要追求形式上的复合，就会忽略或牺牲对情感复合的追求，往往就会让我们在挽回中变得卑微，最后导致假性复合。

而对以追求情感上的复合为第一目标的人来说，他们在意的不是形式上的复合与否，而是对方是否从内心里真的有足够的意愿和自己重新在一起。他们往往不会为了形式上的复合而作践自己，或者卑微讨好，也不会因为对方草率地要复合而轻易地答应对方。

因为他们清楚，形式上的复合是靠不住的，今天答应复合，明天随时都可以再提分手，只有情感上的复合才能更稳定，也会更长久。

从我的经验看，只有以追求情感上的复合为第一目标的挽回者，才更可能获得真正的高质量的真性复合。

当然，不是说分手了再复合就一定不会幸福，也不一定就会重蹈覆辙。关键的还是你们复合的质量是不是够高，对方是不是有足够的反思，对方是不是真的愿意去和你一起解决问题，对方是不是真的发自内心地想要珍惜你和你们的关系。

如果两个人在分手之后皆有所反思，有所成长，并且都认识到了对方的可贵，都愿意为了对方而做出一定的包容和改变，他们复合之

后的感情往往会比分手之前更加美好。

如果你希望复合后可以获得更高质量的亲密关系，我给你的建议是：

1. 复合不能寄希望于感动、祈求、讨好等，因为不是基于你的吸引力的复合，之后的问题还会很多；

2. 复合需要检验对方的真心，避免被"备胎"和再次分手；

3. 复合前要让对方体会到强烈的失去你的痛苦，需要让对方有所反思，需要惩罚对方对你的离弃，这样复合之后他才会更珍惜你；

4. 复合应该建立在彼此充分的再次信任和接纳、主要矛盾得到解决、两个人平等的前提下，而不是以形式上的复合为第一目标；

5. 复合要有足够的勇敢且沉住气，时刻记得自己需要的是高质量的复合，低质量的假性复合宁可不要。

感情是复杂的，挽回更是不容出错的任务。具体情况还要具体分析，切忌生搬硬套，切忌草率行事。

最后，希望大家最后挽回的不仅仅是一时名义上的伴侣关系，而是一颗真正爱你、懂得珍惜你的真心！

第五章

挽回的思维与技巧

挽回和重建亲密关系,思维是最重要的,思维决定和指导着你会怎么样去行动。技巧则是一些必要的辅助,在一些关键节点帮助你更好地推进关系。如果没有建立一个正确的思维,只是追逐一些表面的套路和技巧,那就会像驾驶着一艘没有船舵的船,最后很难到达成功的彼岸。而只有当挽回的思维和必要的技巧同时作用,挽回的效率和可能性才会更高。

❤ SWOT 分析法:如何制定你的挽回策略

这个分析方法是我常常在咨询中应用的,特别是经常用在重建和挽回亲密关系的分析中。

该方法可以清楚地分析出你在挽回中的利弊,使你更加清楚地了解自己的优势、劣势,哪些资源可以利用,哪些风险需要规避,哪些机会应该抓住,等等。从而可以使你更好地看清整个关系的局势,并在后续的过程中有针对性地利用优势、改进劣势、规避风险、抓住机会，做到有的放矢，而不是胡搞一通。

SWOT 分析，是基于内部和外部的竞争环境的一个态势分析，是将与研究目标相关的各种因素逐一详细列举，按照矩阵模式排列出来，包括内部的优势、内部的劣势、外部的机会和潜在的威胁等。然后依据系统分析的思想，把各种因素综合考虑，从而得出一个最有效、最有利于目标达成的策略。

其中，SWOT 中的 S（strengths）代表优势，W（weaknesses）代表劣势，O（opportunities）代表机会，T（threats）代表威胁。

SWOT 矩阵分析基本架构如图所示。

内部 外部	优势 S（strengths）： 评估自己的长处	劣势 W（weaknesses）： 评估自己的短处
机会 O（opportunities）： 找出自己的情感机会	SO： 发挥优势　利用机会	WO： 克服劣势　利用机会
威胁 T（threats）： 找出自己的情感威胁	ST： 利用优势　回避威胁	WT： 减少劣势　回避威胁

你需要根据你面对的具体的情感问题，列出各项条目，按轻重缓急的重要程度来排列顺序。

比如，如果你的目标是挽回一段关系，你需要分析出你在挽回中的各项利弊条件，找出突破的机会，避免和降低可能存在的威胁。

在完成环境因素分析和 SWOT 矩阵的构造后，便可以在详细严谨的利弊分析中，制订出相应的挽回行动计划。

这个计划应该是严谨的，应该是经得起推敲的，像对待一场战役一样，去部署各项任务。制订计划的基本思路应该是：**发挥优势因素，克服弱点因素，利用机会因素，化解威胁因素；考虑过去，立足当前，着眼未来。**

比如你的优势是外表不错，他之前喜欢你和你的外表有很大关系，或者你的工作很好，他选择你也和这个有关系。那么，在制定策略的时候就要详细列出类似的优点，做到尽量详细具体，如外表是你的优点，具体是什么，腿长、皮肤好，甚至锁骨漂亮？都要一一列出来。之后，在挽回的时候，就要对此进行有针对性的强化和展示。

同样地，比如你的劣势是性格不好、脾气大，或者情商太低，不会沟通，不懂得提供情绪价值。这些也要详细罗列出来，之后要制定策略，如何在挽回中避免你的劣势影响你的挽回。

再比如，你的威胁是前任有了新欢，或者他现在很排斥你，那你也要好好列出来，之后有针对性地计划怎样应对这些威胁。

还有，如果你的机会是你对前任很了解，你知道他更喜欢什么样的伴侣，你知道他的生活轨迹，你们有共同的朋友，有可以联系的理由等，这些都是潜在的以后可以利用的机会。

挽回中的 SWOT 矩阵分析法，本质上是一个可以让我们对当前挽回局势全面了解的方法，知道自己掌握着什么资源，清楚哪里是威胁，然后我们就可以扬长避短地制定挽回策略，避免犯错和疏忽资源，因为在挽回的过程中，很多时候你的头脑其实是混乱的。

当然，对于刚接触本方法，特别是面对情感问题正手忙脚乱的你来说，可能会觉得比较烦琐，但也没关系，你可以耐心看完这本书。

❤ 有哪些会阻碍我们挽回的人性弱点？

挽回之所以困难，最主要的原因就是这件事真的很考验一个人的心理素质，是对人性弱点的挑战。

如果你不够成熟、不够睿智、不够勇敢和坚强，就很可能接二连三地犯错，从而导致挽回的彻底失败。

所以我常常说的是，挽回之所以失败，很多时候不是因为你做得少，而是有太多错误的行动，然后一点点把对方推远。

不成熟和心理素质差的人，都有着一些共性，比如：以自我为中心、急于求成、偏执、悲观、消极、看重眼前得失、付出即要回报、非黑即白……

这些正是人性的弱点，也是导致失败的要因，是我们在情感挽回和关系重建的过程中需要克服的。

以自我为中心

很多被分手的人常常会以自我为中心。比如拒绝接受分手的现实，以为自己那么爱对方，对方肯定也和自己一样非常看重这份感情，不相信对方不爱自己了，也不相信对方是真的要分手，会采取讨好的错误策略试图去感动对方，结果往往会让对方更加反感自己。

偏执

偏执会让你不断和自己较劲，一条路走到黑而不知变通。

很多被分手的人会偏执地觉得只要对方和自己分手就是"渣男／

渣女"，觉得对方离开自己就是对方的不对，却不会去想对方为什么不爱你了。于是会走向一个极端，变得仇恨和冲动，比如大骂和诋毁对方。这种行为，只会让对方觉得和你分手是对的。

当然，也可能出现另外一个极端，被分手之后，你偏执地认为所有的错都是自己的，这种情况也很多见，觉得是自己对不起对方，觉得是自己把关系搞砸的。这种负罪心理会让你变得无比卑微和懊悔，然后会开始一系列的错误的补偿行为，比如去讨好对方，或者不断和对方道歉。这样不但对挽回有弊无利，更会严重地影响你的心理健康，甚至导致抑郁症的发生。

偏执会让对方觉得你是一个恐怖的人，也会让对方觉得和你在一起很辛苦，所以如果你让对方觉得你是一个偏执的人，那么对方大概率很难重新和你在一起。

悲观

挽回中的挫折会很容易让我们变得悲观起来，很多人会觉得一切都完蛋了，没机会了，或者开始担心对方有了新欢怎么办，搞得自己心力交瘁。然后日复一日，每天想放弃又放不下，想挽回又觉得没希望，不断地拉扯和纠结，痛苦不堪。

当然，你整个人的状态会随着你糟糕的心态变得越来越差。想想看，这样的你，你的前任怎么会愿意重新选择和你在一起呢？

付出即要回报

或许在挽回期间，你确实尝试着做了一些努力，比如可能是忍耐了一段时间没去纠缠对方，可能是努力改正了自己的一些毛病，也可能是发了几天的朋友圈展示……

然后很快就觉得对方应该有反应了，甚至该和自己复合了。你会表现出刚付出就马上要期待回报的幼稚心理状态。春天播种，秋天才能收获，这是人尽皆知的，但在情感挽回中，你偏偏忘记了。

这种付出就要回报的"及时满足"的心理，往往会让你产生很大的挫败感。

因为你对自己的每一次付出期望都很高，而一旦没有达到你的预期，你就会失望甚至绝望。然后你会变得更加心急和焦虑，最后开始怀疑自己的付出而变得灰心丧气，很可能因此半途而废或者破罐子破摔。

过于看重眼前的得失

拥有这种思维的人，往往在努力挽回的过程中，稍微有一些意外和差池，就会如临大敌，表现得极度紧张和焦虑，开始怨天尤人甚至想要放弃。

在我的咨询中这类情况很常见，在咨询的初期，我最常听见的话就是："深刻老师，他都这样了，我应该没希望了吧？""唉，他是真死心了！""我要不要放弃？"

这种思维模式是典型的缺乏长远眼光，过分看重眼前一时的得失。所以你才会患得患失，才会因为一点点挫折和不顺利就失去信心。

其实如果从长远角度去想，一时的不顺利和阻碍，完全是正常的，有几个人的挽回之路是一帆风顺的呢？别说挽回，其实生活中其他事情也一样，人生不如意十之八九。

所以，挽回的过程中遇见一些不顺，其实没多严重。你应该坚定目标和信念，认真客观地分析局势，沉下心，不要过分在意眼前一城一池的得失。记住，后面的机会还有很多，一时的困境也不会影响大局。

急功近利

这个心态和思维，在挽回中也非常常见。典型的表现就是挽回中没有耐心，沉不住气，稍微有了一点进展，就恨不得一步到位马上复合。然后就会开始着急地推进关系，给对方带来过大的压力，这样很可能会把对方吓跑。

挽回中取得进展，是很难得的事情，但如果急于求成，往往会把小的进展抹杀掉。比如，前男友好不容易联系你了，但你马上就贴上去表现出想要复合的态度，很容易给对方带来压力和使其降低对你的兴趣。

非黑即白

挽回中，对方稍微对自己态度好了一点，就觉得对方是想和自己复合，态度冷淡一些就又觉得一切都完蛋了，这就是不成熟的非黑即白的两点论思维。

非黑即白的思维模式**认为事情只分黑和白、好与坏，缺乏看见事情还存在多种中间状态的思维能力。**

这种观点一般都会让我们的想法走向极端和偏执，在挽回中往往会让一个人的心态像坐过山车一样起落不定，一会儿欣喜若狂觉得他是想复合，一会儿又失落无比觉得没机会了。这种错误的思维模式，往往会让你没法客观地看待事情的本质和进展，不但导致你的心态糟糕，还会让你做出错误的判断和行动。

比如，对方目前态度不错，看起来确实有复合的念头，但应该还没决定，一个思维成熟的人是能看出这种中间状态的。可如果是一个拥有非黑即白思维模式的人很可能就会觉得对方肯定是想复合了，从而主动逼迫对方，这就很容易遭到对方的拒绝，而他还会因此怪罪对方玩弄感情。

不能坚持

挽回中最难做到的其实就是坚持。很可能你遇见的难题，是你已经努力了很久但看起来依然没有丝毫的进展，这个时候很考验一个人的坚持和毅力。

就好像跑马拉松一样，跑了很久，还是看不见尽头，就会有人想要放弃。这也是心理学上常常说到的"半途效应"。大量事实表明，人的目标行为的终止多发生在半途附近，在人的目标行为过程的中点附近是一个极其敏感和极其脆弱的活跃区域。

所以，人性的一个弱点就是难以坚持，特别是在目标看似遥远的情况下。我们为什么能沉迷于网络游戏，因为所有的游戏设定都是符合人性的，你的付出会很快得到报酬和奖赏，从而给你提供继续付出的动力。可挽回不一样，他很可能长时间没有正面回馈，所以很多时候情感挽回真的是在一片无尽的黑夜中寻找光明，确实很辛苦，也确实是反人性的，因此也需要更强大的内心和毅力，绝对是勇敢者的游戏。

现在，我们认识到了人性的弱点是如何影响和阻碍挽回的。那么，如果想要挽回，就要时刻觉察这些弱点，别被人性的弱点所左右，克服人性的弱点才更有可能获得成功。

如何利用人性的弱点去挽回？

在我们挽回爱情和重建关系的时候，会面临一个艰难的抉择：挽回的过程中我们到底要不要表现出很爱对方？

当然，具体情况还得具体分析，这和两个人的分手原因、之前的感情状态、双方的性格等都有关系。有的时候你确实需要表现出诚意和真心爱对方才能挽回对方的心，可有的时候过早、过度地表现出爱对方却会适得其反。

这里我必须要说一个关于人性的弱点：**人们会更喜欢难以得到和失去的事物。** 而在挽回爱情时，我们有的时候就是要利用人性的这个弱点去进行挽回策略的制定。

"得不到的永远在骚动，被偏爱的总是有恃无恐。"下面，我将从心理学的角度，说一下为什么我们会更喜欢得不到和已失去的人。

凡勃伦效应：越贵越买

心理学里有一个著名的效应叫作"凡勃伦效应"，是指消费者对一种商品需求的程度因其标价较高反而增加，也即商品价格定得越高，反而越能得到消费者的青睐，所以才说"同样款式的衣服，打折的时候没人买，涨价的时候都纷纷来抢"。

这个效应在现实中的例子很多，比如有一个珠宝商，他的生意一直不好，卖的珠宝价格比同行要低，可顾客还是很少。可有一天，他突然生意大好，这个时候他才发现，是营业员不小心将价格标错，小数点的位置往后标了一位，价格比原本的售价高了10倍，可价格高出这么多，不但没有影响销售，买的人反而更多。

亲密关系也一样，很多姑娘条件很好也很优秀，可随着对男友越来越好，男友反倒越来越不爱自己甚至出轨。

还有男生追求女生的时候，女生不怎么搭理男生，男生追得很努力。可两人在一起之后，女生对男生不断投入，男生反倒是大不如前，等等，都和这个效应有关系。

越得不到的人，越觉得好；越得不到的爱，越觉得是真爱。

所以请思考一下：在挽回中，你要怎么利用这个人性的弱点呢？**是要把自己放得很低让自己看起来很廉价，还是要有自我尊严，让自己看起来是贵重的宝贝呢？**

思维定式：难以得到的等于更好的

这也是人的一个思维定式，会把物品的价值和得到的难易程度在潜意识里联系在一起。越容易得到的往往会觉得价值越低，而越是自己难以得到的往往会觉得价值更高。

在爱情关系中，也是同样的道理。

越容易得到的人，在潜意识里越会觉得他不够好。同样，越难以得到的，就越会觉得对方更加有吸引力，更加完美。

所以，才有了那句话：生活总是在别处。

还有一句俗语也很有意思："孩子都是自己的好，而老婆都是别人的好。"为什么老婆是别人的好呢？因为自己得不到。

这就有了答案，大家思考一下：**在挽回中，你是要让对方觉得随时都可以轻易得到你，还是要让自己看起来并不是招之即来，挥之即去的呢？**

人性的贪婪：欲壑难填

这就又不得不提到人性的另一个弱点了——欲壑难填。

一个东西哪怕得到之前觉得再好，在你得到后也很容易产生厌倦和不珍惜的态度，然后想去继续追求那些得不到的东西。

欲望的一个特点就是，总是追求和努力去满足自己那些没有被满足的需求。

越得不到，越能激发我们想得到和占有的欲望，刺激我们的征服欲。而一旦得到，征服欲即刻得到满足，在短暂的满足感之后，人往往就会产生新的欲望，然后再去追求。

相关思考：挽回中，你该不该让对方轻易征服你或者让他觉得你非他不可呢？

沉没成本：越投资越喜欢

在追求得不到的人时，我们会投资和付出更多。想想看，在你暗恋一个人的时候、在你追求一个"女神"或者"男神"的时候，那种患得患失、惴惴不安的感觉，是不是都是自己在不断地进行着精神上的投资呢？

沉没成本是指那些已经发生的并且不可收回的支出，如时间、金钱、精力等。经过实验发现，人们对于失去的痛感要远远大于得到的快感，所以人们会对付出成本较多的事物更用心、更不舍、更珍惜。

同样，在一段亲密关系中，当对方越喜欢你，付出得越多，往往就意味着你付出的沉没成本越少，你就可能会越轻视对方，越不把对方当回事。因为你从来不会为失去而焦虑和担忧，毕竟你原本也没有付出过什么。

那么，在挽回中，你的重点到底是要一直对对方好和付出、不断进行投资呢，还是努力引导对方为了你而投资呢？

最小兴趣原则：兴趣较低的一方掌握着更多的主动权和主导权

心理学上还有个"最小兴趣原则"，指的是人际交往中兴趣较低的一方掌握着更多的主动权和主导权。

这是个很有意思的心理学效应，可以理解为在情感中，兴趣越小的一方，越容易被对方喜欢，越容易占据高位。所以，当对方对我们表现出不够喜欢时，我们反而可能会对对方更有兴趣，甚至去主动讨好或者进行更多妥协。

这个原则，也常常在恋爱技巧中被应用，比如欲擒故纵就是基于这个心理学效应。

挽回中的思考：到底是要让自己看起来非对方不可呢，还是要降低自己的兴趣表露呢？

边际效用递减效应：对对方越好，越不被珍惜

所谓边际效用递减效应，可以简单理解为，给一个口渴的人一杯水，他会超级感激你，这是雪中送炭。但是他喝过以后对水的渴望在逐渐降低，到了他完全不渴的时候，你再继续给他水喝，他会感到不适和难受。

如果在一段亲密关系中，你就是那个送水的人，你对他的好如果超过了限度，就成了讨好，就会造成他的无感和厌倦。

而那些从来没有得到过好的人，自然没有这个困惑，别人对自己的一点点好，都会被珍惜和放大。

就好像马东说的："心里很苦的人，只要一点点甜就可以填满。"

感情也是一样，越不容易得到的来自他的好，你才会越觉得珍贵。

挽回中呢，你要想想看：靠一直对对方好，不断放低自己，对方真的会珍惜你吗？这样的关系即使复合了，是你要的健康关系吗？

差异性效应：越不同越喜欢

人们会对与众不同的事物和人更感兴趣，比如一群活泼的男生中，有一个安静的、酷酷的人，反而会更吸引女生注意。

这就是差异性效应，人们容易被与众不同的人所吸引。

这点在一些条件比较好的男女生身上体现得更加明显，很多优秀的男女其实一直不缺乏追求者，对自己好的、献殷勤的人太多了。

而这个时候，出现了一个与众不同的人就更容易引起他们的兴趣。

所以，在追求异性和挽回的过程中，要尽量利用这个效应，让自己尽量与众不同一些。比如，大家都主动去追求"男神""女神"，你就可以考虑让他们觉得你不一样，对他们没兴趣。

所以，挽回中，是不是可以尝试让自己看起来和过去有一些不一样？也包括对待他的态度方面，这样才会有利于他对你再次产生兴趣。

逆反心理：越得不到，我就越想得到

逆反效应，也叫罗密欧与朱丽叶效应：指受众由于受某种原有立场、思维定式的影响，而产生与传播者的传播意图相反的心理倾向。

比如对于一些事物，越得不到、越被拒绝，我就越想得到。

这就是激发了逆反心理，越挫越勇，越被拒绝越觉得对方才是自己的真命天子，才是自己最爱的人。

很多凄美的爱情故事也源于此，比如罗密欧与朱丽叶，两个人正是遭受到巨大的反对，产生了巨大的逆反心理，反而更觉得爱对方。

挽回中的提示和思考：

- 你难以忘记他，拼命想挽回，是不是有一部分也是源于突然被分手的逆反心理？
- 在挽回中是不是也要考虑避免因为你的纠缠而激发对方的逆反心理呢？
- 要如何利用对方的逆反心理让他重新想得到你呢？

人性本贱：你对他越好，他越不珍惜

人性在一定程度上是喜欢"犯贱"的。

这是事实，我的咨询个案中就有很多类似的情况。比如女生和男友在一起的时候觉得不够喜欢自己的男朋友，这里不满意，那里不喜欢，可当男生提出分手之后，女生又觉得男生对自己很好，觉得离不开男生。

当然，这和性别无关，反之也一样。在爱情挽回中，很多人都有类似体验，当你想挽回他的时候，苦苦哀求，可能反而得到的是鄙视和不屑，当有一天你放下了，可能对方反而会来联系你。

人性如此，越得不到的，越激发人性本贱心理，越想去得到。

那么，在挽回中，你就要思考怎么样避免自己去犯贱，还有怎么样才能触发对方的犯贱心理。

损失厌恶：失去才知道珍惜

损失厌恶心理是人人都有的，所有人都恐惧失去，同样程度的损失带来的痛苦程度要远大于收获带来的喜悦。所以才会出现拥有的时候不珍惜，等到失去才追悔莫及的情况。

那么，挽回中你要想想，你现在觉得那么爱对方、离不开对方，需求感爆棚，是不是也夹杂了因为失去对方而带来的损失厌恶，在心里不自觉地美化了对方呢？

你也要思考：在挽回中，是不是也要利用这种心理去激发对方对你更多的喜欢？

其实说到底，爱情的挽回和亲密关系的重建，很多时候就是与人性的对决，要利用人性的弱点去挽回，并克服自己身上的人性的弱点。

💚 分手后男性的心路历程：会想念前女友吗？

根据我的一些关于分手和挽回的咨询经验和研究来看，男性在主动分手后，如果是真性分手，并且两个人确实是真心相爱过的，他的心理大部分都会经历以下几个阶段。

分别为：不适应，自由，受挫，空虚，怀念。

首先我们要清楚一点，既然是男生主动提出的分手，说明男生很早就对你们的关系不够满意了，因为真性分手绝对不是临时起意，而是酝酿已久。

就是说，他其实早早地就权衡过利弊了，所以，当男生真心决定分手的时候，其实他已经想好了，也考虑过你会挽留他。所以一切都在他预先的设想中，那么这个时候你去挽留他，多半是没有效果的，他一般不会改变主意。

一般来说，当男性成功地和你分手之后，他是什么感受呢？

在短时期内他一定是松了一口气的感觉："终于分掉了。"

当然他也一样会有难过，甚至在分手的时候也会落泪，但重新获得自由和解脱的喜悦会远远大于和你分开的悲伤和痛苦。

第一阶段："突然分开的不适应"

你要知道，他也是人，突然分开肯定也一样会有不适应，这个时候的他一样会有难过和不舍，但这不意味着他要复合，而是他需要一点时间来适应突然改变的生活状态。

> ❤ 深刻老师的挽回提示 ❤
>
> 这个时候，你在挽回中，要特别当心不要成为他的"备胎"，否则，你将陪着他走出来和更好地适应没有你的新生活。

第二阶段："自由的喜悦"

如上所述，当男性成功离开之前那一段让自己不满意的感情之后，特别是经历过反复地纠结和自我拉扯之后，终于下定决心提出分手而重新获得了自由，并且也获得了更多的和其他女性发展的机会。

这个时候对于他来说,是大好的明天等着自己,前面一大片森林等着自己去开采,他多半会像一只反复挣扎终于冲破困住自己很久的牢笼而重获自由的小鸟一样,感到特别地开心和轻松。

当然,他还是会有不舍和一些愧疚,也许他也会因为和你分手而流眼泪。但多数情况下,这个时候的悲伤和眼泪多半只是对过去的告慰和悼念,丝毫不能表示他有回心转意的意思,所以,姑娘们,别当真。

> ❤ 深刻老师的挽回提示 ❤
>
> 如果你这个阶段尝试去挽留他或者不断纠缠他,你就会成为阻碍他通往新生活幸福大门的绊脚石和拦路虎。他不会因为你的痴情而感动,相反,他会讨厌你和憎恶你,甚至可能会躲远你。

第三阶段:"重新寻找新欢"

获得自由后,作为年轻男性的他,其实是很难不想女人的,这和生理、心理都有关系,后面在第四阶段我将具体从马斯洛的需求金字塔模型讲起。所以,请别相信男人分手时候告诉你的"我就想一个人,不会再恋爱了",因为这绝对是不可能的,那只是他为了顺利分手和减轻自己负罪感的临时托词而已。

但是,我研究的大量案例表明,分手后的男性往往短时期内很难物色到真正满意的新女友。当然,随便玩玩、短期关系之类的不算,我说的是真正喜欢的建立关系的女友,这期间,有的男性可能会比较随便,也可能会约会一些女生。

这源于两点原因：

1. 和你没分手的时候，这山望着那山高的心理

有句俗话，虽然有点俗气但不无道理，叫作"老婆总是别人家的好"，人天性就有嫉妒心和贪心，总是会觉得生活永远在别处。这样的心理和人的天性，使得男性在恋爱中，总是会产生别人的女友更好和自己的女友不够好的心理。或者，总会觉得除了自己的女友，外面的女生哪个都不错，也都似乎更适合自己。

就是说，他在没和你分手的时候，往往会觉得外面的女生都比你好，都更适合他。但客观事实未必是这样，而等他真的分手了，再以更加苛刻的眼光去重新看待之前自己觉得不错的女生的时候，多半也会发现这些女生身上的问题和缺点，也会不满意。

2. 男性过高地估计自己的魅力

大部分男性在有稳定感情的情况下会产生过高地估计自己魅力的心态。

有一个很喜欢自己的女人会增强男人的自信心，同时稳定的感情易于让男生产生过度的安全感。这使得男人觉得，离开自己现在的女友后，自己可能很容易就可以找到一个更好的并且喜欢自己的女友。甚至会觉得和现任女友在一起的时候，所有他遇见的女生都喜欢他，谁都暗恋他，他自己很有市场和魅力。

但事实却是，很多时候这是男生过于自恋了，他真的未必有他自己想的那么受欢迎。

我们可以得到两个结论，也是绝大多数男生在分手之后，当他们真正开始寻找新的合适自己的长期伴侣时，会发现的两个事实：

1. 能让自己喜欢并且真正满意的女生并不多，之前自己觉得还不错的，现在重新认真审视，以长期关系或者结婚为目标再重新考量，好像这些人的问题也不少。

2. 追求暗恋或者暧昧的女神时发现并不顺利，自己并没有想的那么有魅力。同时，之前觉得可能喜欢自己的女生，后面可能发现原来她也没有多喜欢自己。

所以，看到这里，要挽回的姑娘，你大可安心一些，不需要那么紧张和慌张。因为你眼中的香饽饽，未必有你想的那么有魅力、有市场，他和你分手后，可能很难一帆风顺地找到新欢。

那有没有一种可能是男生和你分手后，真的就在短时期内找到了自己很喜欢的新女友了呢？当然可能，但别怕，这绝对是很小概率的事件，而且就算他暂时喜欢，稍微处久一些，他们也很可能会发生各种各样的问题。

第四阶段："空虚寂寞"

在解释阶段一的时候，我提到了需求金字塔，这里具体解释一下。根据著名人本主义心理学家马斯洛的需求金字塔模型，人的需求可以分为几个层次：生理需求、安全需求、爱和归属的需求，以及更高级的尊重和自我实现的需求。这些需求是人的天性，当低层级的需求得到满足后，我们就会更渴望更高级的需求。

第五章 挽回的思维与技巧

通过上图我们知道，除了很底层的生理和安全需求以外，还有一个重要的需求——"归属与爱的需求"，我们每个人都需要爱和被爱，需要亲密关系和陪伴。

基于需求层级理论，当第三阶段中男性尝试重获新的恋情受挫时，他就会因为"归属与爱的需求"加上"生理需求"的双重缺失（哪怕分手之后他有各种途径去解决生理需求，但依然无法满足归属与爱的需求），变得不安和焦虑，产生孤独感和空虚感。

第五阶段："怀念前任"

在经历了前两个阶段的寻找新欢受挫和产生的空虚寂寞焦虑之后，对于此刻的他来说，其实想解除掉自己的负面情绪，最简单和有利的方式就是重新考虑前任，甚至和她复合。

当然，在意识层面他可能没有马上产生复合的想法，但潜意识会驱使他开始关注前任、回忆过去，甚至怀念前任的好，来弥补自己的空虚和寂寞感，关于意识和潜意识的讨论源于心理学精神分析流派的观点，在这里不细述了。

所以，这个阶段，他很可能会开始怀念过去，想念前任，甚至开始后悔。但是，具体想念的程度有多少，这个就因人而异了，和他本身性格有关系，和你这个前任在分手之前和分手之后的做法和表现也有关系。

如果你一切都做得比较好，他很可能会来主动找你，没错，他甚至会来求你复合，但这个时候其实他多半也只是试探你。

这个时候很关键，它决定了是不是真的可以成功复合，你应该怎么具体应对呢？

这需要你谨慎地走每一步，其实没有万能公式，要具体结合对方的性格，两个人的感情基础，以及分手的原因等综合考虑，具体情况具体分析。

> **深刻老师的挽回提示**
>
> 很可惜的是，很多姑娘在进入对方想和自己复合这个阶段之前，就已经把事情搞砸了。因为在咨询中我发现，很多姑娘基本上是到快把这段关系彻底搞砸的时候，才肯来找我，所以错过了很多机会。这样，就需要你在之后的很长一段时间内更加谨慎和努力了，挽回的难度也要大得多，只能争取抓住剩下的机会了。

至此，你应该已经比较清楚地知道，分手后男生会不会想念女生，什么时候会想念，以及男生分手之后的普遍心理状态和心路历程，也应该知道了一些在挽回前男友的过程中需要注意的关键点了。最后记得，感情是复杂的，人也是复杂的，每一段感情都不一样，切忌完全地生搬硬套。

❤ 详解断联：挽回中的断联及心态建设

这绝对是个老生常谈的话题，提到挽回基本就不得不提及"断联"两个字，但绝大多数人对断联的认识也仅仅局限于简单地不联系对方而已，或者更加错误地称之为"冷冻"。

原因很简单，你在网上看见的很多文章其实都是互相抄袭来的，人云亦云，作者都未必是真正的原创者，观点自然也不是建立在作者真正的独立思考和实践检验的基础上的。

而在本节，我将从"什么是断联""为什么要断联""什么情况下需要断联"以及"如何断联"等多个角度来详解挽回中的断联。

什么才是真正的断联？

首先，必须要阐明的是：**断联绝对不等同于所谓的冷冻，也绝对不是简单粗暴地不联系对方。**

不然，你可以试想一下，绝大部分分手的人其实都是慢慢地不和前任联系了，其中有几个真的能复合呢？不能说完全没有，但绝对是少之又少，大部分都是各自开始新生活和新感情，没错吧？

所谓的断联，在我的理论里，其实真正要切断的并不是简单的物理上的联系，而是双方内心的联系。

比如，在我看来，你一周甚至一个月不联系你的前任，都未必真的算作断联。

在咨询中就常有求助者和我说："深刻老师，我已经断联了一个月了，可去找他为什么还是没效果呢？"

因为很简单,你根本不懂得什么才叫真正的断联,你没有明白断联的意义到底是什么,你所处的也不是什么断联状态。

真正的断联需要在一系列基本的心锚设定后让对方产生强烈的丧失感,进而切断你们心理上的联系,才有意义和价值。

什么意思?简单地解释,就是你要让前任觉得他开始真正地失去你了——只有体会过失去,他才有可能想起你的好,才会达到断联的真正目的。

而比如,很多想挽回的姑娘,断联前就告诉前男友"我会等你的",或者"请你好好考虑考虑,我会改变的",这些在我看来就不是真正的断联,而是准备做一个不去打扰前任的"备胎"。因为在他心里,他知道你随时都还在那,即使物理上你没去联系他,但你根本没有切断和他的情感上的连接。

为什么挽回中需要适度断联?

提到断联的作用和意义,不得不提及是什么导致分手决定的产生。

绝大部分分手决定的产生,都离不开长期积累的负面情绪和印象。这部分请参考前面章节我讲的"神经链条理论"。

而断联的意义之一,正是尽力减轻负面消极神经链条的强度,加强正面积极神经链条的强度。

多数情况下,分手初期往往是对方对你印象最糟糕和最差的阶段,道理很简单,如果不是印象差到一定程度,他也不会如此坚定地要分开。

而如果你在这个阶段继续纠缠对方,往往会更加强化对方对你的坏印象。而且根据心理学的多看效应,当我们对一个人持有否定的印象时,对方出现得越多,往往我们会越排斥和讨厌这个人。

暂时的断联，一方面会让对方淡化对你的负面印象，从而减弱负面消极神经链条的强度；同时一定的断联也会让对方对你产生好奇心，重新产生新鲜感，对方也可能会出于损失厌恶心理重新想起你的好来，等等，这些都可以在一定程度上加强正面积极神经链条的强度。

而像我之前提到的，根据我的神经链条理论，当正面积极神经链条的强度大于负面消极神经链条的强度的时候，对方就会想继续关系而考虑和你重新在一起。

关于断联，对于很多想挽回的朋友来说，都是心存芥蒂甚至恐惧的，比如常见的，总有求助者问我："深刻老师，如果我不联系他，他忘了我怎么办？"

这类问题比较典型地反映了大家对于断联的忌惮心理。对于此类问题和顾虑，我一般给出的回答是："你联系他，他就算不忘记你，可会因此喜欢你吗？"

没错吧？记得你和喜欢你、想和你在一起是两回事，需要你明白两点：

1. 你更多地联系他，他确实更不会忘记你，但记得的可能都是更糟糕的你，这对于挽回反而有弊无利。

2. 挽回不是靠不忘记，如果靠不忘记，你们还是情侣的时候，他应该记得你更多，可阻止分手的发生了吗？

对于断联有顾虑的朋友，多数来说还是没有真正地理解和认清我前面讲到的神经链条理论。

因为从神经链条理论来说，很多时候，你去频繁地联系前任对于他来说可能就是打扰，也只会加重他的负面消极神经链条的强度，对挽回反而更有害。

断联不是意味着完全地不联系

我在咨询中发现一个严重的误区,很多想要挽回感情和重建关系的朋友,对断联都没有真正地理解,觉得断联一定就是完全地不能联系。

这里我要说,断联绝对不等于完全地不联系,记住我说的,我们要的是心理上的断联,而不是物理上的。

所以,很多时候,为了心理上有更好的断联效果,我们反而可能会去主动联系对方,但目的绝非和对方套近乎,也绝非不让对方忘记自己,而是不断地进行心理上联结感的切断。

所有情况都需要断联吗?

关于挽回中到底要不要断联一直是争论的焦点,有完全支持的,也有完全反对的。比如我就看到过类似"挽回不应该断联,让你断联的都是骗子"的观点,或者"挽回就要断联"的观点,这两种绝对化的观点在我看来都是不正确和片面、极端的。感情是复杂的,人性也是复杂的,每一个人和每段感情都是不一样的,所以要不要断联没有统一的公式,而是一定要具体情况具体看。

在我看来,对于一些挽回,适度的断联还是有必要的。但这绝不意味着所有的情况都需要断联,并且需要断联时,具体要断联多久,何时断联,以什么形式去断联,断联之后怎么去复联,也都要具体情况具体分析。

比如,对于一些假性分手或者介于假性和真性分手之间的情况来说,我一般不建议盲目断联。

记得咨询中有一个个案,来访者是男生,这个男生确实很直男,又大男子主义,脾气也很糟糕。他和女友在一起挺多年,后期对女友变得越来越敷衍。咨询中我发现,他不是真的不爱自己的女友了,而是确实性格比较直男,情商又比较低,所以觉得既然在一起了就是过日子了,老夫老妻一样,对女友少了很多必要的关心和情绪价值的提供,争吵中也很少让着女友。女友慢慢开始觉得男生不爱自己了,在又一次争吵后,提出了分手。

咨询中我通过对两个人感情和相处情况的了解,判断出女友其实也还是爱着这个男生的,两个人感情也很深厚。所以我给出了不应该断联的建议,并且建议他应该拿出更积极的态度,更有耐心地去付出,改进沟通方式,给女友提供更多的情绪价值,最后男生在坚持挽回女生两个月后,女生破涕为笑,两个人重归于好。

这个个案,其实就是介于假性分手和真性分手之间的一个情况。分手的原因不是因为爱情真的出了问题,而是两个人不会相处和沟通。如果这个时候贸然地断联,可能反而会让女生心灰意冷,落实男生确实不在乎自己的念头,坚定分手的决定。

断联其实是挽回中的一门重要艺术,正确把握好才能有助于挽回。如果判断错误,比如该断联的时候没有断联,不该断的时候又断联;或者时机不对,过早或过晚,都会导致效果不好,甚至结果完全相反。

断联时的心理建设和心态调整

相信有过断联经历的朋友都知道,断联期最难熬的绝对是忍受住强烈地想更多去联系对方的欲望。

断联不是说完全不联系,但绝不能草率联系,因为一次草率和错误的联系可能就会导致挽回的前功尽弃。

这不是危言耸听,有过经历的朋友都会懂得我说的这些。

所以,如果你能在断联期间做好心理建设和调整好心态,让自己以一个好的状态进行断联，就至关重要了。

这里我给大家的一个方法是，当你断联期忍不住想联系对方时记住一句话："晚一点联系，是憋大招！"

我的大量案例研究证明，**那些失恋后能忍得住不去随便联系前任的人，比忍不住草率频繁联系前任的人更容易复合。**

这里就要提到心理学中一个"延迟满足"心理——断联期需要建立的高情商思维。

我在咨询中总是会发现关于断联的一些问题，最常见的就是不听我的建议，自己忍不住随便去联系对方，结果可想而知，基本上都是发现完全不是自己想的那样又来求助我。

首先，和大家分享一个心理学的著名实验——棉花糖实验。

棉花糖实验是斯坦福大学的米歇尔教授给幼儿园的小朋友们进行的一项有关自制力的心理学实验。在这个实验中，小朋友可以立即选择一样自己喜欢的小食，可能是棉花糖，或者其他的奖励。小朋友也可以选择等待更长的一段时间，直到实验人员返回房间，这个时候，愿意等待的小朋友就可以得到双倍的奖励。

在后来的研究中，研究者发现能为了得到更多的奖励而坚持和忍耐更长时间的小朋友通常在之后的人生中具有更好的表现，如更好的考试成绩、更好的教育程度、更好的工作成绩等等。

研究者认为，这些为了得到更大的奖励而等待更长时间的小朋友展现出了一种叫作"延迟满足"的高情商思维特点。

而那些没法忍受等待，宁可少获得一些奖励也要立即就吃到棉花糖的孩子则体现了一种追求及时满足的低情商思维——"我想要吃，就要马上吃"。

而在我的咨询中面对需要断联的情况时，同样遇到了类似棉花糖实验中的两种"孩子"。

一种是认为"我断联一段时间了，应该有点效果了，所以我要马上去得到断联带给我的奖励，比如对方好的反馈和挽回的进展"。

一种是明白"断联的时间可能还不够，虽然可能有点作用了，但如果自己能忍住不随便去联系可能将会获得更大的回报，比如对方更好的回馈，甚至是复合"。

我的咨询经验证明：那些能忍住尽快联系对方的欲望，能更好地控制自己的需求感，拥有更高的意志力和良好心态的，可以断联时间更久并且更加专注于自己的挽回者，普遍具备更高的情商和心理素质，复合概率也明显要高得多。

而忍不住要急于行动去草率联系前任的挽回者，则表现出缺乏耐心、沉不住气、追求及时满足、急功近利的低情商心理状态，往往挽回概率则要低得多。

那么，如果现在的你已经断联了一段时间，究竟是选择马上就急着去看看效果草率复联，还是要继续积累奖励等到更加成熟的时机再去谨慎复联呢？你应该有了答案。

而至于具体的复联，就更加关键。这涉及了时机的判断、复联的形式、需要注意的事项，以及针对对方不同反应你该如何去应对。

什么时候需要断联？

首先要判断分手是真性的还是假性的，因为有的时候对方可能真的只是需要你哄哄就好，就像在前文我说的那样，绝大多数非典型的真性分手其实并不需要断联。而典型的真性分手也要具体看情况，要结合对方的性格特点、依恋类型、你们的感情基础、分手原因，以及分手之后你具体做了什么，再去判定具体应该不应该断联，以及什么时候去断联。

如何断联？

如我一直强调的那样，绝非简单地不联系了就叫"断联"，不然你们断着断着可能就真的断了。

现实中，绝大部分分手到最后都是慢慢不联系了，而复合的却很少。所以断联一定要讲究方式和方法。要注意的是在断联前你必须做好充分的心锚设定，为断联和复联埋下伏笔，从而才更可能引起对方的情绪起伏和新的兴趣。

而有的时候，你已经犯了很多错误，不断纠缠导致情况更糟，断联其实已经被迫发生了。这个时候，断联的效果就要大打折扣了，你要结合其他的方式和方法进行挽回了。

关于如何设置心锚，每一个人、每段感情都不一样，需要根据求助者和对方的具体情况进行策略的制定，具体问题具体分析。

断联之后的注意

在应该断联的情况下，如果你正确运用断联，多数情况下，你们的关系会得到改善，对方也很可能会主动联系你，所以，你需要做好如何回应的准备。

我曾经说过，你联系十次都不如对方主动联系你一次带来的机会大，对方每次主动联系你都是一个难得的可以利用的机会，所以一定要把握好，分寸一定要拿捏准确，否则多一分少一分都可能导致前功尽弃。这部分内容，我将会写在我的文章《小白兔测试》篇章里进行详细解答，预计将收录在我的下一本新书中。

♥ 要挽回，必须先拆掉他的"情绪筑墙"

被分手，特别是被自己还深深爱着的人分手，是一件非常痛苦的事情。被分手的一方会感觉失去了对感情甚至生活的掌控权，可能会很快产生大量的负面情绪，比如不甘心、懊悔、被否定感、被抛弃感等等。这些奔涌而来的负面情绪，可能会在很短的一段时间内迅速地击垮一个人的心理防线，导致他的情绪完全地失控。

同时，作为被分手的一方，往往会因为未完结感和损失厌恶的心理，产生更加觉得不能失去对方和更爱对方的心理状态。

这种感觉就好像你正吃一个汉堡吃得美味的时候，它掉在了地上，那种懊悔和马上想继续吃到的心情可想而知。

那么，接下来被分手的一方往往会怎么做呢？

被分手的一方最常见的一个反应和行为就是，拼命地找对方，向对方道歉、保证、关心、讨好对方等，心急如焚地想尽一切办法找沟通渠道、见面机会，试图让对方回心转意。

但是这样的一系列操作之后，随之而来的结果往往事与愿违，对方要么回应冷淡，要么干脆避而不见，甚至恶语相向，有的还会完全地删除、拉黑你。

从我的大量的咨询经验来看，试图采用这种方式去挽回的人大部分都失败了。

这到底是为什么？为什么我们在被分手后明明自己醒悟了，想去尽力修复两个人的关系，结果事情不但没有好转，反而却变得越来越糟糕呢？

这里告诉大家一个我本人原创的理论和概念——"**情绪筑墙**"。

原因很简单，因为对方已经对你的挽回行为产生了"情绪筑墙"，情绪筑墙一旦搭建起来，对方会条件反射性地对跟你的接触，还有你所有的挽回行为产生本能的排斥和抵触，从而自动屏蔽掉你向他传递的那些积极的情感讯号。

情绪筑墙一旦建起，我们即使做再多的挽回行为也都是徒劳的——你做什么，他都会觉得你是为了挽回他而做的，不但没用，而且他会反感。

最常见的一种情况是：你做了很多感人的事情，可你只能感动你自己，却恶心了别人。

这一点在我们的亲密关系重建和挽回中，必须要搞清楚，因为很多想挽回的人，都对此不够理解，甚至有很深的误解。而一旦理解不对，可能就会导致你的努力方向是完全错误甚至相反的。

那么，**试想一下，如果真经在西天，就算你再努力地一路向东，可能取得真经吗？**

答案很明显，不但不会，而且这是南辕北辙的做法。所以在进行任何的挽回操作之前，你必须要先打破对方的"情绪筑墙"，这样才能有挽回的机会，这也是挽回的第一步。

到底什么是"情绪筑墙"呢？

其实不单单在感情关系里，你自己在生活中也会有产生"情绪筑墙"的时候，举个简单的例子方便大家理解。

假如你有一个朋友，只要一联系你就跟你借钱，三番五次之后，哪怕他某一次联系你，真的不是为了跟你借钱，但是你一看到是他，就会觉得很烦，很有压力，心里带着防备地想"他是不是又要跟我借钱了，我该怎么避免他开口，怎么回绝他"。这就会导致你觉得他说的每一句话，都是为了之后跟你借钱在做铺垫，哪怕之后他一句借钱的话都没提，你仍会因为之前的既定判断而先入为主地对所有他说的话和做的事情带着戒备心和曲解。

我们在做挽回时，对方的"情绪筑墙"也带着类似这样的防备心理。

"她又来找我了，肯定还是那些事情，还是要挽回我的套路，会不停地跟我唠叨过去的事情，传递她痛苦、难过的负面情绪，或者是要感动我，她做的一切都是为了挽回我，纠缠不休，真的很烦！她还是和过去一样，就是她想怎么样必须怎么样。真不想理她，和她分手真是分对了。"

因为害怕受到纠缠和负面情绪的冲击，对方在你想要沟通和行动之前，心里就早早筑起了一道坚固的城墙来防御你了——这就是情绪筑墙。

而对于挽回来说，一旦对方产生了情绪筑墙，你的任何挽回行动都将被挡在这道墙外。你说，还怎么可能产生效果，怎么可能挽回成功呢？

什么行为会让对方产生情绪筑墙？

为了方便大家理解，我列出一些常见的可能在挽回中引起对方情绪筑墙的行为。

> 频繁地联系、挽留对方

频繁地联系和挽留对方是被分手之后很多人大概率会犯的一个错

误,不停地发消息、打电话,而沟通的内容其实翻来覆去都是相似的意思,比如:

问候系列:
"早啊。"
"晚安。"

关心系列:
"记得吃饭。"
"天冷了,记得多穿点。"

汇报行踪系列:
"我今天买了一件漂亮的衣服,我今天××××××……"
"路过我们之前去的那家店。"

抱怨系列:
"我们在一起这么久,有那么多珍贵的回忆,你一点都不怀念了吗?"
"你是不是有其他喜欢的人了?她真的就比我好吗?"

苦情系列:
"你真的对我一点都不喜欢了吗?一点点都没有了吗?"
"再给我一次机会好不好?我一定会改的,我们从头来过,这一次我们一定会比之前更好。"

一开始,对方可能还会有耐心跟你聊聊,但是次数多了,你的夺命聊天就像反复播出的一集肥皂剧,天天就是这点内容,换谁谁不烦呢?看到你的信息或者电话来了,对方就会条件反射地头痛,情绪筑墙也会越来越坚固。

威胁、极端行为

这一种挽回方式其实是最不明智的,也是给两个人的感情伤害最大的。比如人身威胁,威胁对方不复合就自残,或者威胁对方不复合就伤害他。甚至去对方的家里、公司楼下进行堵截和搞破坏。

这种非常不理智的方式往往都是在极端的情绪状态中激发出来的,一旦你这样做了,只会让对方觉得你确实是一个异常恐怖的人,他也只会庆幸和你分手是非常正确的决定。

而且这种情况下搭建起来的"情绪筑墙",想要去打破特别困难。他会害怕你,更会害怕万一复合了,觉得不合适再想分手,你又这样要死要活逼迫他,该怎么办。

道德绑架

道德绑架也是比较常见的错误挽回方式,很多女生在分手后心中十分不甘,于是便不停地向对方控诉:

"我为你付出了多少多少,我为你做过什么,你跟我分手,你负责任吗?有良心吗?"

感情是两相情愿的事情,你付出了,对方肯定也有付出,在分手之后讨论谁付出多谁付出少没有任何意义,只会让自己看起来不成熟。

单方面的道德绑架,是大部分男人很厌恶的行为。他会觉得在你说出这些话之后,他曾经为你付出的感情都白白浪费了,两个人的距离感也会一下子增加,情绪筑墙也在一瞬间拔地而起。

所以,这种语言上的沟通与其说是挽回,倒不如说你在把对方推得更远,他会觉得:"嗯,果然,她就是一个只知道从自己角度考虑问题的人,自己永远都是对的,从不理解我也不考虑我的感受,分手是对的。"

持续输出负面情绪

负面情绪的持续传递,同样也是常见的让对方产生情绪筑墙的重要原因之一。

分手后的眼泪攻势,不停地用语言或者非语言的方式告诉对方你有多痛苦,没有他之后你的生活多么灰暗,每天夜不能寐,食不下咽。

一般用这种方式挽回的人,大部分是想利用对方的同情和愧疚来挽回感情。但是这些对方也看得出来,他会很清晰地察觉你做的这些都是想让他心软,是的,他看得出你的目的。

从心理学角度来讲,这样的方法也许一开始会有点作用,会有一部分人真的因此加深愧疚感,去做一些补偿你的行为。但是,你必须明白,爱情不是靠怜悯换来的,靠扮可怜,即使暂时复合,多数也会很快再次被分手的。

而且一旦这样的方式用多了,人为了保护自我的情绪,会条件反射性地抵触这种外界向他传递的"你有错、你对不起我"的负面信息,他会建立起心理防御机制,开启情绪筑墙。

所以,你扮可怜、博同情的招数,多数非但不会增加他的愧疚感,相反,他可能会对你更厌恶,因为他会觉得这些都是你想挽回他的套路,也会更看不起你。

从一开始的认同,到最后的厌恶、排斥,也许你的眼泪对他来说就是毒药，他只想要避而远之。而且试问，谁会喜欢一个负面能量满满，分手了就一蹶不振、要死要活的人呢？

信任感丧失

信任感丧失则很容易理解，也许你们两个人在相处的过程中，对方不止一次地对你的缺点和错误有所不满，指出过很多次你的问题，你也有过改正的承诺，但是错误依旧反复出现，因此，对方不再信任你，也无法继续忍耐，于是选择分手。

很多咨询我的朋友会说："深刻老师，我都保证了，为什么他不信？"

在他对你的信任感已经极低的情况下，你还去跟他像从前那样保证"我一定会改，我不会再犯了"，你觉得他会相信吗？

像这种情况的情绪筑墙，其实在分手之前就已经出现了。在打破这堵墙之前，你做的每一次保证，都会让这堵墙更高一些，因为他会再一次想起来自己已经给过你很多次机会，但完全没用。

这种情况下，你需要的不是反复地保证和让他先给你机会，而是你要先行动起来。

你又会问，可我的改变他看不见啊？放心，他肯定会看见的，别给自己的懒惰还有急功近利找借口。

挽回不是靠一个技巧、两个套路完成的，而是循序渐进的步步为营，是思维和行动的整合，是对耐心和毅力的考验。如果此刻你决心挽回，你需要先安下心来去努力打破他的"情绪筑墙"！

❤ 高质量的挽回，要重塑对位关系

爱情其实是一场角逐，双方各自衡量自己，试探对方，最终达到一个平衡，谁占据高位谁就占据了关系的掌控权和主动权。

什么是情感中的对位关系？

在我的理论中，爱情亲密关系有三种对位：一种是低对位，你需要对方更多，更怕失去对方，关系里持有较低的自尊，处于被支配地位；一种是高对位，你的原则性强，高自尊，主导关系；一种是平衡对位，势均力敌。

具体的"对位关系"的解释是：两个人在一段关系中各自占据的情感地位，双方的对位关系往往此消彼长。情感地位高的拥有更多的话语权、主动权以及掌控权，而情感地位低的，则意味着需要屈从对方，处于关系中的被动和劣势，往往处于被高位的一方掌控的局面。

任何一段亲密关系中的双方都有着在这段关系中的情感对位，或高或低。而一段健康、长久且稳定的关系，彼此的情感对位关系一定是基本平衡的，即使有差距也不会过大，双方是整体上的势均力敌，齐头并进。

一段关系一旦进入了破裂和分手阶段，关系中的情感对位往往就会出现很严重的失衡。

分手前，情感对位失衡，催化或导致了分手

很多分手的发生，表面上的原因可能多种多样，但深层次的原因一定和对方觉得"你不够好"脱不开关系。

而情感对位的失衡，往往就会导致对方对你的评价降低。

比如，我在咨询中常常遇到的，女生很爱自己的男友，每天给男友洗衣做饭，百依百顺，不敢和男生发脾气，甚至和男生相处时处处都要小心翼翼。但很多类似的情况下，女生非但没有等来男生的更加珍惜，相反，等到的是男生分手的决定。

这就是因为女生在关系中的极低情感对位，降低了自己的价值感，反而让男生觉得自己很有魅力，所以女生才会这么离不开自己。同时，高位的男生也会更加觉得女生不够有魅力，容易变得有恃无恐和不知珍惜，这部分也可以参见前面分手原因章节讲到的"你的过度付出是毁掉亲密关系的元凶"。

被分手后，恐慌下，不断降低自己的情感对位

还爱着对方，突然被对方分手，这时候，被分手的一方往往是极度恐慌和不安的。因为还爱着对方，因为不想分手，因为迫切地渴望挽回关系，所以往往会激发被分手的一方卑微的讨好心理。

哪怕之前自己是在关系中占据高位、强势的一方，一旦对方提出分手，他也会开始挽留和乞求对方不要离开，进而不断地道歉认错，或者不停地向对方表达真心和爱意。

同时，如果是内归因的人还可能把分手的罪责自己一肩扛起，认为分手都是自己的错误，自己仿佛成了一个罪人，觉得亏欠和对不起对方，等等。

而这些，都会不断地降低你的情感对位关系，让你们的情感对位关系变得严重失衡，一个高高在上，一个卑微到尘埃里。

而可悲的是，**你卑微的讨好和认错，往往不但不会让对方回心转意，相反，往往会导致他更加坚信离开你的决定是正确的，因为他会觉得你确实不是具备高价值的人。**

而且，退一步说，一旦你们的情感对位是严重失衡的，即使你靠放低自己而侥幸地挽回了他，你觉得复合之后，你在这段关系中还有任何的话语权吗？他还会真的好好珍惜你吗？

所以，如果想高质量地挽回，并且在复合后拥有一段健康的亲密关系，你必须要重塑和对方的对位关系，最好是要高位于他的，至少应该是势均力敌的，而不是你不断放低自己。

当然，也有例外，有的时候我们的确会使用一些策略，比如"扮猪吃老虎"，暂时地让我们看起来处于低位，但目的最终也一定是要让对位关系恢复平衡。

你要记住，人们只想得到好的、高价值的东西，而没人会喜欢和珍惜便宜货！

❤ 挽回要构建胜利者思维：我才是胜利者

我们每个人在社会中都扮演着不同的角色，有着不同的形象和标签，比如工人、白领，能干的、勤奋的、懒惰的，强者和弱者，成功的人和失败的人，等等。

形象是别人对我们的印象，也是我们自己塑造自己的方向。

你想成为一个怎样的人呢？你希望别人怎么看待你呢？平时我们可能或多或少地想过这样的问题，而这个问题在挽回中尤为重要。

你是失败者

多数情况下，一个人面临被分手的遭遇，多数会出现自我否定的倾向，特别是那些有着内归因思维模式的人，会更加否定自己。这个时候如果去挽回对方，他肯定是很卑微的，就好像是一个做错事情惹父母不高兴的孩子一样。

可惜的是，小的时候，我们做错了事情，真诚地和父母道歉，父母会理解并且原谅我们。我们的成长经历，包括在学校受到的教育也一样，知错能改就善莫大焉，所以我们会想当然地觉得"哦……是我的错误导致的分手，所以我要和对方道歉，我要去求对方原谅。只要我像小时候和父母道歉一样，只要我像上学的时候和老师承认错误一样，我卑微地把自己放得很低，对方就会原谅我的"。

结果却往往事与愿违。你一次次努力放弃自己的尊严，一次次放低自己，一次次地和对方道歉、保证、表白，可一次次换来的是更加绝情的拒绝。于是，你在想，怎么会这样！一定是我承认错误的态度还不够深刻，所以对方不肯相信我。然后，你会进入一个找寻"怎么样才能让他相信我"问题答案的怪圈中。

在我的咨询中，很多想挽回的求助者都会问我这个问题："深刻老师，我要怎么做才能让他相信我呢？"

你在挽回的过程中，如果如我前面所说，已经开始越来越放低自己，一次次地和对方道歉、保证、乞求，并且还在找寻让对方原谅你、相信你的办法，那么我必须得提醒你了，你的方向很可能走偏了，走错了。

我前面提到过一个概念，叫"形象"，这个时候，你回头看看你在挽回中的形象吧。是不是很卑微，很低位，是很糟糕的失败者、弱者形象呢？我想答案应该是肯定的。

那想想看，他和你分手到底是因为什么？你可能会告诉我，是因为你做得不好，或者因为一些其他原因，但其实我觉得最根本的原因，还是因为他对你的喜欢不够了。

那么，想想看，分手后，你把自己弄得更加卑微，真的会增加他对你的喜欢吗？我想不会，而且会相反，因为想想看，你卑微的样子真的看起来很有吸引力吗？

我特意去和一些有被女生挽回经历的男生聊过这个问题，我问过他们："你的前女友一直卑微地和你道歉，求你原谅，想和你再在一起，你是什么感觉？"他们几乎一致评论道："她卑微地想要讨好我挽回我的样子，真的让我觉得有点恶心。"

所以，当卑微的你把自己弄得很可怜、很糟糕的时候，可能反而会失去他对你的最后一丝喜欢。

价值感

当你看起来很卑微的时候，你的价值感在对方眼里就会变得更低。

价值是固定的，而价值感是对方主观上对你价值的判断。

人有一个思维定式：便宜的会更容易被认为不够好，容易得到的也会更容易被认为不够好。

那么，当你苦苦挽留他时，你看起来怎么样呢？是更便宜了。没错，你的卑微和低位会让他对你的价值产生更低的判断——因为，好的东西都是不容易得到的。

也许你会说，我不是想让他喜欢，我是想唤起他对我的不舍和过去的感情，这部分我建议参考前面章节的内容，已经讨论过的利用感情去挽回是不是行得通。

当然，这里不是说我们完全不该道歉，不该示弱，千万别曲解我的意思。必要的时候示弱和挽留是需要的，而这里强调的是不要让自己持续地、没有休止地一味示弱和卑微。

对方能和你分手，说明他已经在心里觉得你不够好了，甚至很可能觉得分手都是你的问题造成的，比如是因为你太"作"了，因为你太强势了，因为你喜欢和异性暧昧等各种理由，所以他才离开你的。

即使真相不是这样，但他为了减少自己的焦虑也很可能让自己去相信。这个时候，如果你一直卑微地道歉和挽留，他很可能会更加坚定自己的想法："嗯！就是你之前没做好，我才离开的，你自己也这样认为，看来我没想错！"

是的，人性如此，**你的道歉可能非但不会得到他的原谅，反而会更加坚定他"之所以分手都是你的问题"的想法。**

所以，在情感挽回和关系修复中，如果你的形象是一个一直道歉、乞求的卑微失败者，你给对方的价值感就是极低的，那么就很难换来对方的后悔和重新喜欢了。

我是胜利者

我们现在知道了挽回中做卑微的失败者，会不断降低我们的价值感，影响复合。那么，我们应该怎么办呢？

我的答案是：**应该构建"胜利者"的形象。**

是的，"失去我是你的损失，你会后悔的"，应该是这样的一个心态和形象。

就好像你卖东西一样，如果你是店主，你都觉得自己的东西不好，一直和顾客说我的东西不好，求求你买吧，你是顾客你会是什么感受？我想你肯定觉得这个东西是真的不好，不然干吗非要卖给我，店主可能是骗子，要不然就是这东西卖不出去。

如果你理解我上面说的，你就应该知道怎么做了，没错，你应该像一个胜利者一样去挽回。

比如，和他分手之后，不去低位地讨好他，而是让自己看起来更好，找回自己的自信和尊严，让他觉得失去你是他的损失。而只有当你这样做的时候，他才可能会有所反思：

- "是不是之前自己做得也不对？"
- "分手是不是我太草率了，我不会后悔吧？"
- "分手之后的她看起来好像也挺不错的，去找找她？"

所以，如果想去挽回，请尽早告别过去的失败者形象，告别每天哭哭啼啼，告别持续的负面能量，告别一味地讨好和道歉，你应该站起来了，你已经跪了很久了。

你要让他意识到，你才是赢家，你是礼物，是奖赏，是值得被珍惜的宝贝，失去你才是他的损失。

♥【原创绝招】挽回中的向死而生：反撇理论

大家有没有这样的一个体悟：原本自己的一件很久不用的东西，比如发卡、衣服、一本书、一支笔或者一个包，甚至很多时候你想过把它丢掉，可突然有一天你找不到它了，或者发现它突然坏掉了，你有没有在一刹那间觉得挺可惜的，甚至觉得它还很有用、自己还是挺需要它的？

心理学上有个心理现象叫作"损失厌恶"。

心理学家曾经进行过一个实验，给大学中的某班一半的学生一个普通的咖啡杯，然后要求他们将自己的杯子卖给多一半没有得到杯子的学生。在买卖发生前，研究人员询问所有学生"愿意以什么价格买入和卖出这个杯子"。

按照常理来说，杯子的价值是恒定的，买卖双方给出的价格应该接近。但是结果发现，杯子的拥有者可以接受的卖出价格是想买学生愿意给出的价格的两倍。

关于赌博的研究也发现，当预计可以赢到的钱是输掉的两倍左右甚至更多时，人们才愿意参与进来。似乎赢得两倍以及更多的钱所带来的喜悦感才能抵消失去钱财的伤痛感。

从这些实验中我们可以清楚地发现，人对物品的价值其实并没有一个固定的认识，当人们不得不放弃它的时候，其难过程度要高于他们获得该物品的喜悦程度。

看到这里，你有什么启发吗？

接下来要说的挽回策略，正是基于这样的心理现象，结合我多年的咨询经验得出的理论，我称呼它为——"反撒理论"。

什么是反撒？

所谓反撒，我给它的定义为：当对方提出分手后，前期阶段采取讨好策略（是的你没看错），然后突然后撤表示放弃，从而激发起对方的损失厌恶心理，从而变被动为主动，变低位为高位。

更简单的理解可以是，**刚分手的时候表现出不舍、道歉、哀求和痴情，然后一段时间后突然后撤，让他觉得你死心了，放弃了。**

为了大家更好地理解，我通过下图展示其基本步骤：

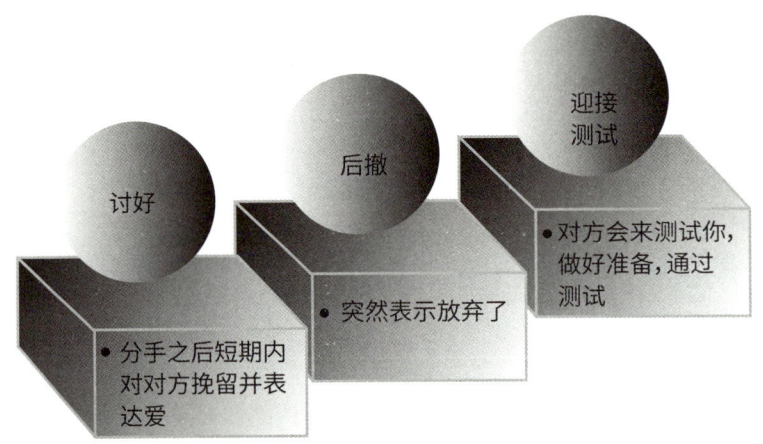

是的，这和网上广为流传的挽回方法完全不同，很多咨询师都坚持分手之后要做朋友，靠不断地联系去挽回，或者完全不联系搞"冷冻"。

而这里我要教给大家的方法却是前期要去"纠缠"，向对方表达你的悔意和珍惜对方的态度，甚至向对方表达你的痴情和真心。当然，这在很多要挽回的求助者，甚至一些咨询师看起来可能是完全不能理解的，甚至是反对的。

在很多情况下，在我们的挽回过程中，当我们开始醒悟的时候，其实我们已经讨好和纠缠对方很久了。那么，这个策略正适合现在的你，我经过对大量案例的研究证明，这个策略确实是有效的，是绝处逢生可能让你翻盘的绝招。

反撤的作用

下面将具体阐述挽回中"反撤策略"的作用和起效的原因到底是什么。

激发"损失厌恶"心理

哪怕你是他真的已经不再爱的人了，但突然让他觉得自己失去了一个原本很爱自己的人，他也会感到沮丧和痛苦，从而激发起他的损失感和失落感，他会因此产生一定的不安和焦虑感，可能会产生想要夺回失去的爱意的心理倾向。而这些正是我们在挽回中可以加以利用的。

他因为失去你的爱，他越不好、越焦虑、越不安、越难过，就自然会对你越好奇、越关注你和越想念你，我们就越有机会，对我们的挽回也就越有利。

降低对方的负面印象

分手后，你可能已经纠缠对方一段时间了，对方已经明显表现出对你的厌烦了，加上分手本身也和对方对你的印象变差有关系，这个时候，对方对你势必持有很深的否定评价和负面印象。而利用反撤策略，可以迅速止损，减少或停止对方对你的负面情感和印象，降低对方对你的排斥心理。

赢得自尊，拉回你丧失的情感对位

我一再强调，只有当情感中对位相当、势均力敌时才会产生有效的吸引。

事实上，平等的关系也是一切健康人际关系的前提。而靠卑微和讨好是换不来喜欢和起码的尊重的，而只有你让他觉得你是高价值的、是珍贵的，他才会想和你在一起。

而反撤可以让你停止低位和走出卑微，重塑和对方的情感对位关系，从而更可能重新赢得对方对你的尊重和有利于吸引力的建立。

降低对方的压力、逆反心理和戒备心

当你一直苦苦纠缠的时候，对方会产生逆反心理，你越纠缠要复合，他往往就会越不想复合甚至更加排斥你。

同时，他也会因为你每次的挽回而产生压力和负担感，他会觉得你每次来找他，都是为了挽回他，马上产生戒备心理。

试想，每次你尝试接触对方，他都像防备敌人一样防备着你，他怎么可能对你打开心扉真正地重新喜欢上你呢？而突然的回撤，会有效减去这些负面的阻碍。

反撤的注意事项

反撤中也有一些需要大家特别注意的要点，这些往往会决定本策略执行的成败。

坚持

反撤一旦执行，一定要贯穿到底，你要沉住气，不能后撤没几天，看对方没反应就马上焦虑起来随便去联系，这样就宣告策略失败了。

保持一致性

挽回的反撤策略要求我们必须保持一致性，反撤的重点是让对方觉得你确确实实已经放下了、放弃了。如果你一边表现放弃了，一边又时不时地点赞对方，或者去对方的空间逛，或者和其他朋友泄露了你还喜欢他，等等，不管你是有意还是无意，只要让他察觉到你还是在意他、喜欢他的，那就宣告策略失败。

果断

当时机成熟，准备后撤的时候，一定不能拖泥带水，不能犹犹豫豫或者没事聊聊暧昧一下，第二天又找理由关心对方。

够狠

记住一点，你对他不狠，他就会对你狠。所以，执行策略的时候切忌心软，一定要勇敢和决断。

调整好心态，准备迎接对方的测试

一般来说，当你采取反撤策略后，如果一切做得得当没有问题，对方很可能会来测试你，试探你是不是真的放下了。比如，他可能会表现出还喜欢你，可能会给你释放一定的可得性，这个时候一定要做好迎接测试的准备。

> 强化

成功准确地执行好反撤策略之后，一般来说他会更加地关注你，你一定要在其他方面表现出你确确实实已经放下，并且过得很好的状态，进一步强化你已经走出来的印象，从而加强对他的刺激。

记住，你若安好，他便是晴天霹雳！

反撤后需要跟进的后续操作

这部分是一个重点。如果你已经完成以上反撤的操作，那么接下来才是最关键的部分，也是决定到底是会把对方撤走了，还是拽回来的关键。

这部分涉及的内容就非常多了，涉及对方的性格，以及对方对你反撤行为的不同反应，要根据具体情况用不同的方式去操作和应对，这部分非常复杂，必须具体情况具体看。

最后要说的是，反撤是把双刃剑，一定要具体问题具体分析，什么时候需要用，什么时机用，力度如何把握，反撤之后需要跟进的那些进一步的操作是否及时跟上了，都非常非常关键，每一步都会影响最终的结局。

很多时候挽回就像厨师烧菜，分寸、火候才是关键，稍微差一点点，味道可能就完全不同。

总之，还是那句话，人性是复杂的，感情是复杂的，没有万能公式，一定要灵活把握，切忌生搬硬套，谨慎每一步，避免犯错搞砸！

❤ 挽回的关键：不同依恋类型的信任感重建

如果有人问"挽回和重建一段亲密关系最大的难处是什么"，我的答案绝对是：分手后丧失和难以重建的信任感。

因为从我的咨询经验来看，分手后让对方有复合的想法并不是多困难的事情。如果你的正确的挽回行动做得好，对方很可能会有重新和你在一起的想法。但这个时候，你们很容易陷入一个瓶颈和僵局，双方可能都会对对方心存芥蒂——难以重新信任对方。

被分手的一方，会担心对方再次离开自己，会非常没有安全感，会害怕自己做得不好，从而变得战战兢兢。

提分手的一方，往往会非常在意之前两个人的问题，和对方身上自己接受不了的某些点（比如常见的女生的情绪化、男生的花心，等等）是不是真的能改变。

但多数情况下，提分手的一方是不相信被分手的一方真的会改变的，也不相信两个人之间的问题可以得到解决，甚至认为反正已经走到这一步了，就算自己回头也回不到过去，所以干脆断了复合的念头。

这种不信任不但会影响到两个人的复合，更会影响复合之后关系的质量。很多情侣复合之后都会觉得有隔阂，会觉得一切都和之前不一样了，会有无法走进对方内心的感觉，这都是因为——彼此的信任感没有重新建立起来。

接下来我准备从心理学成人依恋风格的角度，来谈谈如何与不同依恋类型的伴侣重建信任感。

首先，什么是信任感？

在林崇德等人主编的《心理学大辞典》中，信任感的定义是"个体对周围的人、事、物感到安全、可靠、值得信赖的情感体验"。

其次，信任感如何产生？

同样是《心理学大辞典》，"信任感在个体感到某人、某事或某物具有一贯性、可预期性和可靠性时产生"。

最后，信任感如何消失？

根据上述内容，不难推测，当个体感到某人、某事或某物失去一贯性、可预期性和可靠性时，信任感自然而然就消失了。

根据"信任感"的定义，结合埃里克森人格发展阶段和依恋类型理论，对于不同依恋类型的信任感重建，我认为可以按照以下思路来进行：

1. 先知道如何判断对方的依恋类型；
2. 根据对方的依恋类型来判断对方自身的"基本信任能力"；
3. 根据对方的依恋类型和信任能力来确定如何重新建立信任。

如何判断对方的依恋类型？

"安全型"及"不安全型"依恋的判断

安全型依恋是所有依恋类型当中最好判断的。

一个特别直观的感受是，与安全型依恋的人相处是最舒服的，这类人群具有良好的内在安全感。

在与他们相处的过程中，你能明显地感觉到对方总是能以较为合适的方式回应你，但要进行区分的是，这和"情商高"是不一样的。

安全型依恋的人不一定会用多么聪明、多么恰当的方式去回应你，但是你总能感觉到"被回应"。

为什么安全型依恋的人会给你这样的感受呢？

因为他们在童年经历中就是被很好地"回应"的，所以他们也能很好地回应自己亲密关系当中的另一半。

而不安全型依恋中分为："焦虑型依恋""回避型依恋"以及"矛盾型依恋"，在亲密关系中，具体的表现形式多种多样。

但不安全型依恋的人有一个共同的地方，那就是你总是会感觉到这样或那样的压力，比如黏人、高频率的被指责、不被关心、冷淡、冷暴力、被动攻击、情绪的变化无常等等。

当你能频繁地感受到上述但不局限于上述的不舒服体验时，那你的另一半很有可能是"不安全型依恋"。

"回避型依恋"的判断

"对方怎么总是这么冷淡？"

"他怎么什么话都憋着？"

"他是不是没那么喜欢我？"

"他好像从来都不对我表达他的情感。"

如果你对你的另一半经常有类似上述内容的情感体验的话，那么你的他就非常可能是回避型依恋。

我们来试着理解一下回避型依恋吧。同样要回到童年经历，当个体在童年早期的互动中高频率地产生"被忽略""不被照顾"的感受时，个体开始发展出了将向外投注的注意力，即对照顾者的诉求收回的策略。

这类人群的内在感受是这样的：**"我的感受是不重要的，我的表达是没有办法得到回应的。"**这就是当个体被长时间忽略后所形成的自我感受。

而当他们抱有这样的感受时，也就无法再向外去寻求满足和回应了，他们觉得自己对伴侣的请求是不会有用的，这就是他们有时看起来似乎很冷淡的原因。

很多时候，**不是回避型依恋真对什么都不在乎，而是他不相信自己做出的任何举动会真的有效**。所以他也不敢再向你投注过多的注意力，因为这无异于是对他自己痛苦的早期童年记忆的重新挑战，所以，他戴上了"冷酷无情"的面具。这就是回避型依恋。

还有一点需要特别注意，以上所有的前提是，你需要确定他是回避型依恋，而不是不够爱你，因为所有不够爱你的人，看起来都像极了回避型依恋。

"焦虑型依恋"的判断

焦虑型依恋似乎是感情里最容易出现问题的依恋类型了。因为在我的情感咨询经验中，有很大一部分情感出现问题来做咨询的来访者都属于焦虑型依恋。

焦虑型依恋的人往往很黏人，总是需要不停地和自己的伴侣保持高度联系，也总是会对自己的伴侣进行无微不至的询问和照顾。

但为什么这类看起来很贴心、热情的人群却被冠以了"不安全"这样一个不太好听的词语呢？

那么，我们来说一下什么是焦虑型依恋。

仍然是早期的童年经历（0 至 1 岁的母婴互动），当个体在童年早期的互动中高频率地产生"被忽略""不被照顾"感受时，个体发展出了持续地向外投注能量的策略。

例如，不断地哭喊，较难安抚的情绪和不适感，以试图获得照顾者对自己进行回应的策略。

与回避型依恋的人恰好相反的是,他们有着这样的内在感受——"**我只有不停地难过,我的感受才能得到回应,我才能被照顾。**"

带着这样的内在感受,个体在成年后的亲密关系当中会不断地在对方那里寻求确定感、可靠感、安全感,以试图让自己能够信任对方。

所以,这会导致在成年人的亲密互动中,作为焦虑型依恋者的伴侣,你的自我空间将会被侵占,你的精力不得不投注到你的另一半身上,你要回应给对方的无微不至的照顾甚至更多,这使你逐渐筋疲力尽,就像他的妈妈小时候照顾他的感受一样。

"矛盾型依恋"的判断

每一个碰到矛盾型依恋者的人,总是会在这段关系当中一再地纠缠与折磨。

矛盾型依恋就像是一个漩涡,不仅将自己卷入黑暗的深处,也将每一个靠近的人同样卷入痛苦的折磨之中。

矛盾型依恋是夹杂了"焦虑因素"及"回避因素"的混合体,在不同的人对于依恋理论的阐述中,也有不同的称呼。例如,混乱型、分裂型,听名字就能感觉出这样的依恋类型有多难搞了。

那我们到底该如何判断呢?矛盾型依恋者的标志性表现就是,没有规律可言。他们的典型表现是时而极度冷淡,时而又极度热情。上一秒你还感觉到激情似火,下一秒你就可能会体验到如坠冰窟。

而矛盾型依恋者之所以如此,同样要归因于他们的童年早期没有受到有规律的照顾,母亲(泛指主要照顾者)时而能很好地满足婴儿的哭闹,时而又对婴儿的各类反应视而不见。

知道为什么矛盾型依恋者的伴侣会感受到冰火两重天了吗?因为

他们就是被这样对待的，而且矛盾型依恋者很容易被看作"渣男"或"渣女"。

根据对方的依恋类型来判断对方自身的"基本信任能力"

判断对方的信任感可以理解为判断对方"基本信任能力"的发展状态，基本信任能力发展得越好，他们的信任感也就会越高，反之则会越低。

安全型依恋的"基本信任"能力

如之前内容所表达的那样，安全型依恋的人具有良好的内在安全感，因为在他们的童年早期经历中得到了很好的回应和照顾，所以他们形成了良好的"对环境的认知"——"这个世界是值得信任的、可靠的，我是能够得到爱以及很好的照顾的。"

所以，如果你的另一半是这样的依恋类型，那真的是上天眷顾你。

因为在你们的关系中，有着非同寻常的"容错率"，你可以稍稍放肆地做一些不太出格的事情，因为他总是能"信任"你。

回避型依恋的"基本信任"能力

回避型依恋的人在童年早期经历中并未得到很好的照顾和回应。

所以，在亲密关系的互动中，对方的一切冷淡表现都是源于自己内在深深的"不信任"，就像上面提到的"我的感受是不重要的，我的表达是没有办法得到回应的"。

由此可见，回避型依恋人群的内在安全感是极低的，所以他们选择了另一个极端的方式——将自己所有的感受封存起来，以保护自己。

焦虑型依恋的"基本信任"能力

对很多人来说，焦虑型依恋的恋人是让人又爱又恨的。

与回避型依恋的人相同的是，他们也没有很好的"信任能力"，因为他们的童年早期同样是被忽略和无视的。

但与回避型依恋的人不同的是，他们相信当自己尝试向外加大力度投注能量时，是可以获得回应的。

因此，焦虑型依恋人群的内在安全感以及"基本信任能力"要高于回避型依恋人群。

矛盾型依恋的"基本信任"能力

和他们的行为模式一样，他们的内在安全感及信任感也是飘忽不定的。而且，从行为模式分析，矛盾型依恋的人，内在是混乱不堪、极难梳理的，极度严重矛盾型依恋甚至会发展成边缘型人格障碍或碎片状人格。

你甚至无法判断对方对你所谓的"失去信任"到底是因为你的过错，还是他自身的原因。

所以，飘忽不定就是这类人群信任感的表现形式。

根据对方的依恋类型来确定如何重新获取信任

我们的思路是依恋类型的形成往往和自己婴幼儿时期的成长经历分不开，所以根据对方应对"未得到照顾"的反应，就可以制定自身重新获取对方信任的策略。

> 针对安全型依恋的"信任感"重建

我们已经知道了安全型依恋的人具有较为良好的内在安全感以及"信任能力",那么当对方对你失去信任时,我们该如何利用对方的依恋类型呢?

首先,明确对方"失去信任"的原因。

第一类情况,影响较大的偶然过失。

一般来讲,这类情况会涉及对方的敏感点,即使对方具有良好的信任感,但仍然有雷区。

那么,向对方解释说明,并付出一定的时间和精力,就可以起到较好的效果,这得益于对方原本就良好的内在安全感及信任感。

第二类情况,负面体验持续积累。

这句话应该不难理解,所指的内容大抵逃不过长期的对关系具有破坏性的行为的积累。例如,言而无信、常常吵架、对关系的投注较少、个人的不良行为等。

这种情况则需要你付出较大的努力去反思自己并进行实际行为的改变。

换句话说,你需要做出承诺并进行切实的改变。同样得益于对方良好的内在安全感及信任感,这样的机会并不难获得。

> 针对回避型依恋的"信任感"重建

让一个内在安全感本就极低的人对你失去了信任,大概是最糟糕的情况了吧。

而针对回避型依恋人群，重点则应该放在对方的"痛点"上 —— 回避型依恋的人内在并非毫无期待。

如我多次提到的，回避型依恋人群说"我的感受是不重要的，我的表达是没有办法得到回应的"，在这句话当中你看到了什么？

我看到了失望后的不抱期待，被忽略后的无奈。

那么，若你能满足对方自己都没有发现的某一个小小的期待呢？这里，插一句题外话，一般来讲，高冷的姑娘很多都是被这类套路俘获的。

也就是说，你要做到，对关系从头到尾进行审视，并不断思考对方的行为模式，以分析出对方身上极其难以觉察到的丝丝"期待"，然后去满足对方。

但注意不要用力过猛，因为 ——"习惯了寒冷的人，会对温暖有所恐惧。" 大数据也显示，回避型依恋的人较难回应情感。

所以，当你做出这样的举动后，不要期待对方很直接地回应，而是要去观察对方不经意的举动，例如，对方愿意跟你说话了，而后你一定要循序渐进，慢慢来。

同时，你一定要掌握好你行为的分寸，因为如果你的意图过于明显，回避型依恋的人很可能因为感受到压力而逃开。

最后再次强调，切忌急功近利，刚刚做出改变就马上要求对方对你信任或者和你复合。挽回和重建与回避型恋人的信任感，像极了猎人打兔子，如果你稍微表现出着急的意思，兔子觉察到一点点的危险就可能会躲得更远。

针对焦虑型依恋的"信任感"重建

焦虑型依恋人群的信任感是最容易获得的，也是最难获得的。之所以最容易，是因为对方总是会抱有很多很多的期待，他们希望得到关注。之所以最难，是因为对方总是很难很难被安抚，这是焦虑型依恋人群的一贯行为模式。

焦虑型依恋的人之所以会对你失去信任，无非因为两大类情况：

1. 你没回应；
2. 你回应得不对。

而针对焦虑型依恋的"信任能力"以及行为模式，**我们能做到的，就是重新将精力大量地投注到对方身上，去"回应"对方，并做出保证和承诺。**

也就是说，你要先做，后说。

通过实际的行动，来逐渐获得对方对你的再次信任。

同时，焦虑型依恋的人又是很怕被抛弃的，所以你必须做好持久战的准备，而不是三天打鱼两天晒网。

而且焦虑型依恋的人往往因为害怕再次被抛弃而出现口是心非的情况，明明是需要你的爱的，却会做出推远你和拒绝你的表现。

所以，持之以恒的耐心和细致洞察对方真实的需要是一个也不能少的。

另外，要特别注意的是，你必须要能较为准确地"回应"对方，你的方式必须是"合适"的，要不然也会徒增对方的"焦虑感"，最终的结果只会是南辕北辙。

针对矛盾型依恋的"信任感"重建

首先我要强调，对于矛盾型依恋的人，其实不存在完全的"重建信任感"，因为只要你和他在亲密关系中，你就需要不停地让对方"重新信任"你。

其次，矛盾型依恋者的信任感是飘忽不定的，所以你要真的很爱这个人，并做好大量付出的准备，才有可能。

具体要怎么做？建议只有一个，就是稳稳地做好你自己。

让对方感觉到不论他做出什么样的行为，你都会很稳定地"在这里"，才是让矛盾型依恋的人建立内在安全感及信任感的前提。

在这里，同样不得不提醒你，在一些心理个案研究的论文以及大数据的调查中显示，矛盾型依恋的人在被不断地"抱持"中，才能够具备向焦虑型依恋转化的可能性。

此后再对对方进行较为精准的回应，才能够逐渐让对方向安全型依恋转化，最后获得比较高的基本信任能力，当然这是一个极度漫长的"工作"。

最后，信任，是亲密关系当中不可或缺的重要因素，最好的建议就是不要弄丢对方对你的信任，而如果想挽回你的爱情、重建你们的亲密关系，信任感也是重中之重，是需要你考虑进去的因素。

如果你想了解自己的依恋类型，我有专业的心理测试题，如果自己找不到可以问我要一份，都可以电邮我和我讨论：skrc_psy@163.com，或者关注我的公众号：深刻如此说（ID：skrc_talk）。

❤ 利用对方不同的性格特点来挽回

亲密关系的重建和挽回中，我常说我们要利用好两个点，这两个点就是：第一，人性的弱点；第二，性格的特点。

第一点中的克服并利用人性的弱点来挽回我已经在之前章节讲过，比如战胜人性的急功近利、胆怯、懒惰、贪心等弱点；比如利用人性的损失厌恶、占有欲、征服欲等弱点。

这里必须注意一点，挽回中要分析和利用的优先级一定是："**人性弱点**"优先于"**性格特点**"。就是说我们在考虑挽回策略制定和行动的时候，要首先从人性角度出发。

我在咨询中常见这类情况，比如对方确实属于很需要关心的这种性格特点的人，但是从人性角度来说，分手之后，对方对你是比较排斥的，那么这个时候，就不应该单纯地只是从人格特点出发去关心对方，否则换来的将会是对方对你更加地厌恶。

很多咨询我的朋友都犯了这个错误，结果把事情搞砸。所以记住，人性是第一位的，性格是次要的。

而这一节我们主要讨论的是在挽回爱情和亲密关系重建过程中，如何利用对方的性格特点。

关于人格的分类在心理学专业领域有很多种，而我们选择讨论的是基于艾森克的"双因素人格理论"，艾森克认为"内外向"和"神经质"为人格的两个因素，并以此两个维度把人划分为四种人格类型。

黏液质：黏液质的人的感受性低而耐受性高，反应速度慢，情绪的兴奋性低，但很平稳；举止平和，行为内向；头脑清醒，做事有条不紊、踏踏实实，但容易循规蹈矩；注意力容易集中，稳定性强；不善言谈，交际适度。

多血质：多血质的人的感受性低，而耐受性高；活泼好动，言语、行动敏捷，反应速度、注意转移的速度都比较快；行为外向，容易适应外界环境的变化，善交际，不怯生，容易接受新事物；注意力容易分散，兴趣多变，情绪不稳定。

胆汁质：胆汁质的人的感受性低而耐受性高，能忍受强的刺激，能坚持长时间的工作而不知疲劳；精力旺盛，行为外向，直爽热情；情绪的兴奋性高，但变化剧烈，脾气暴躁，难以自我克制。

抑郁质：抑郁质的人的感受性高而耐受性低；多疑多虑，内心体验极为深刻，极端内向；敏感、机智，别人没有注意到的事情，他能注意得到；胆小，孤僻，情绪的兴奋性弱，难以为什么事动情、被什么事打动，寡欢，爱独处，不爱交往；做事认真、仔细，动作迟缓，防御反应明显。[1]

现实中，非常典型的某一特质的人比较少，大家的性格往往是偏向一种特质但又夹杂其他特质的混合型。

基于此，为了更方便大家理解，上面的四种特质又可对应四种人格类型：

活泼型：对应偏向多血质
力量型：对应偏向胆汁质
完美型：对应偏向抑郁质
和平型：对应偏向黏液质

接下来，如何针对不同的性格进行挽回和关系的重建呢？你需要做两件事：

1. 判断自己的性格是哪种，避免在挽回中因为自己的性格问题做

---

[1] 中国心理卫生协会，中国就业培训技术指导中心组织编写：《心理咨询师（基础知识）》。

错事。

2.判断对方的性格是哪一种，利用对方的性格特点进行有策略的制定。

为了便于大家更形象地理解，下面用《西游记》里的四个主人公为例子进行性格类型的对应。

力量型：——孙悟空

性格特点是：主动，强势，果断，意志力强，精力充沛，充满自信，独立；同时性格善变，不善于交流，很难听取别人的建议，有比较强的攻击性。

认识自身性格存在的问题："我没有错"，力量型往往很强势，有很高的自尊，从来不认为自己有错，错都在他人，或者说即使自己有错也很难低头去承认；对自己要求很高，容易给自己比较多的压力，同时会因为过于强势而在亲密关系中伤害对方；情绪控制力差，容易情绪化和急躁。

找到性格改进的方向：学会道歉，学会认错，学会让步，学会放松与减压，学会尊重他人。加强情绪控制力和提高情商，学习更多沟通技巧，努力从对方的角度去考虑问题，避免过度强势。同时，此类型往往都有很强的事业心和进取心，要学会把握工作与生活的平衡。

第五章 挽回的思维与技巧

❤ 深刻的挽回提示 ❤

如果你是力量型的人,你的感情出现问题,很可能和你糟糕的脾气、强势的性格、压力下的负面情绪,以及工作和生活不能平衡有很大关系。事业做得不错但感情容易不顺利的人多数为力量型。

亲密关系重建中必须要注意自己情绪的控制。从改善与人相处、带给对方舒适开始,学会提升情商,学习换位思考和加强共情能力。避免再次和对方争吵和进一步暴露自己糟糕的脾气,也需要注意不要给自己过大压力,因为你很容易急躁,压力过大往往会导致你更加冲动。在挽回中,一旦你开始急躁就很容易做错事情,给对方带来巨大压力,推远对方。

如果你要挽回的前任是力量型的人,你要特别注意,不要激怒他,不要和他硬碰硬,尝试适度地示弱,对方很可能是吃软不吃硬的那类人。

尽量不要和对方进行纯理性的辩论和讲道理,因为力量型的人是希望掌握绝对的话语权的,你的辩论和道理,对于他来说可能是攻击和挑战,即使你说得再有道理,在他眼里也是让人讨厌的辩解。第一步需要先让他把负面情绪缓释掉,力量型往往也是冲动型,他很可能很快就会后悔自己当时的极端行为。但由于力量型又是很要面子的类型,所以对于挽回力量型的人来说,你要做好适度给对方提供可得性和台阶的准备。

活泼型——猪八戒

性格特点是: 外向、健谈、乐观、现实、孩子气、有幽默感、热情奔放开朗、爱好表现、善于交际;同时也懦弱胆小,功利、自私、缺乏责任感。

> **和平型——沙悟净**

性格特点是：忍耐力和适应性强，善于隐藏情绪，冷静、内向，易于相处，无攻击性，性格温和，善良，低调、不爱表现。同时也比较被动，缺乏主见。

> **完美型——唐僧**

性格特点是：原则性强，往往做事苛责、严肃认真，责任心强，做事有目标并且追求完美。同时，往往神经敏感，易于焦虑，过度在意他人感受。

知己知彼，百战不殆。先去了解认识自己，扬长避短，再去判断对方，见缝插针，加上稳扎稳打，我相信你们会有一个更理想的结果。

这节只列举了第一种类型力量型的详细分析和挽回建议，其他的类型不一一赘述，如果有兴趣可以找我讨论。

❤ 限制性时间截点

大家有没有过这样一种感受：
我们在生活中如果看到类似的标语"最后三天""过了这个村就没

这个店""绝版""限量版"等等，似乎标定了你可能拥有的最后期限（无论是时间、空间，还是数量上），就能给你紧迫感，激发你的购买欲望。

我想很多人都有过这种感受，这也是很多商家为了销售产品所做的营销策略。

这也正是一个心理学效应的体现：短缺原理。

心理学上的短缺原理认为，从某种意义上说，失去已经获得的自由是我们深恶痛绝的。**每当人们的自由选择受到限制或威胁时，维护这种自由的愿望就会使我们对这种自由产生更加强烈的要求。**

要注意的是，短缺原理运用的关键就是：**对象不是一直短缺，而是由充足变成短缺。而这种短缺往往会带来竞争，这也愈发加深了想得到的欲望。**

这里要教给大家的情感挽回技巧也正是基于这种短缺原理而来的——**限制性时间截点**。

什么是限制性时间截点

爱情关系里，何尝没有短缺原理的存在？

当意识到原本属于自己的爱人，即将不能再拥有的时候，人们便会产生焦虑，强烈地想要维护现状，维护拥有关系的自由。

而对方的离去也就意味着不能再拥有对方和对方可能会属于他人，脑海中想象他与一个不是自己的人耳鬓厮磨，实在太煎熬了。于是，我们反而会更加意识到对方的存在，会更加加深我们想继续拥有对方的心理。

而限制性时间截点正是利用这样的人性弱点，人为制造出短缺的现象。

比如在挽回过程中，我们可以让对方感觉到，拥有我们的爱是有时间限制的,或者说他也可能失去对我们的选择权,从而激发起对方想要维持关系和拥有选择自由的渴望。

限制性时间截点的作用

制造出短缺现象

你不是一直属于他的,而是有了时间限制,迫使他做出抉择。

比如,如果告诉你商场的打折活动还有 10 分钟结束,你多半会抓紧买下你正在犹豫的打折商品。但是,如果这个商品一直打折,没有时间限制,可能你逛一整天也不会买,因为,急什么呢?

避免被"备胎化"

很多人分手之后,会继续和前任保持联系,觉得只要保持联系就更容易复合,其实因为没有了时间限制,你就更像是没有期限的打折商品,购买者也不会着急购买,你很容易成为我们常说的"备胎"。

赢得自尊

我不会没骨气、没底线地一直这样默默地等着你,我是有自尊的,我虽然会尽力挽回,但如果一定时间内,你还是没有给我答复,那么我也不是非你不可,我也会向前走的。

赢得尊严,也是重新产生吸引力和挽回成功的关键。

❤ 发现丈夫出轨，想挽回婚姻该怎么做？

在我的婚姻咨询的个案中，老公出轨的婚姻修复案例很多。

发现老公出轨，是一件极度痛苦却又不得不面对的事，也是一件特别明了却又微妙到让人不得不去仔细盘算的事，因为很多时候我们出于各方面的综合考虑还是希望可以挽回婚姻的。

我将主要围绕如何处理婚内发现老公出轨以及挽回婚姻来展开讨论。

注意，讨论的前提是，你还是想要挽回婚姻、重建关系的，而不是打算离婚；如果决定离婚，建议直接咨询婚姻律师。

出轨的种类有哪些呢？

对于出轨可以有一个大的分类，精神出轨和肉体出轨。精神出轨，主要指的是与婚姻外的异性产生了双向的感情，或是对于婚姻外的异性产生了单向的爱慕之情。因此，精神出轨也可以继续分为两类：

- ❤ **双向精神出轨**：与婚姻外的异性产生了稳固的情感连接；
- ❤ **单向精神出轨**：对婚姻外的异性产生了爱慕之情。

肉体出轨，字面上的意思很好理解，指的是与婚姻外的异性发生了亲密关系甚至性关系。肉体出轨的情况也分两种，即包含精神出轨的及未包含精神出轨的。

包含精神出轨的肉体出轨

此类情况指的是与婚姻外的异性发展出了稳定的情感连接及性伴侣关系（这大概是最难接受的情况了）。通常情况下，这类行为的另一方主体为单一的稳定对象。

未包含精神出轨的肉体出轨

此类情况指的是受生理需求驱动与婚姻外的异性发生了亲密关系。此类出轨情况通常具有偶然性，也受到环境因素影响，例如，婚内性生活不和谐，或者存在某种有利于与其他女性有更多接触的外在环境，如有一定的社会地位、工作上接触女性更多、异地婚姻，等等。

这类行为内的另一方主体并不固定，出轨方并非与稳定的人发生性关系，如一夜情或者嫖娼。

注意，与某一婚姻外其他异性稳定发生关系，不列为仅仅肉体出轨的范畴。因为稳定的性关系具有极大可能性会使得双方发展出一定的情感连接，因此，将此类情况列入包含精神出轨的肉体出轨的范畴中。

针对不同情况，我们该如何处理呢？

这里要注意，我们是针对你的需求在挽回婚姻，而非报复丈夫和"小三"或者离婚。

单向精神出轨：对婚姻外的异性产生了爱慕之情

对非稳定、单一对象的爱慕之情

若时间短，出轨对象并非单一稳定的话，此类情况在我个人来看属于最轻的出轨行为，当然这么说可能会让一些女性感觉到不适。

古人云，"万恶淫为首，论迹不论心，论心终古无完人"，所指的就是针对各类男女之事，若是单纯严格地从内心所想去界定的话，那么可能就很难有完全没问题的人了。

所以，我的一个观点就是在婚姻中，对其他异性产生一定的好感其实是一个比较常见的事情。当然这从道德角度看并不是正确的，但确实又是情有可原的。其实所有人都一样，在漫长的一生中，在长期的亲密关系中，一个人对婚姻外的其他异性动心、产生好感，绝非小概率的事情。

1. 进化心理学角度：人类天性不是单偶制的动物，古人类就不是单偶制的。所以，从进化心理学来说，如果排除道德标准等约束，人是很容易变心和喜欢上其他人的（这里不是给一些人的变心找借口，只是论述）。

2. 社会角度：不论是婚姻状态下，还是情侣关系里，其实人们如今面对的诱惑都更多，一方对除了自己伴侣以外的其他异性产生好感，是比较容易发生的事情。只不过多数人发乎情而止乎礼。

3. 人性角度：人性都是趋利避害、自我利益最大化的。情侣关系，本质上也是一种交换关系。这就是说，当更好的替代选择出现，人很容易产生动摇，人性如此。

当然，讨论这个不是为了替婚姻里对其他人有爱慕之情的行为开脱，而是提醒我们要客观去对待。

这个时候，你需要认识到，在漫长的平淡婚姻中，他有了一些小小的别的心思，并不是什么大问题，你也不需要草木皆兵。

如果在你觉察到对方此类行为时，妄加揣测，那么你对对方的揣测反而更可能会成真——投射性认同——这也是心理学当中提到的一类互动模式，也是防御机制的一种。

你一味地揣测对方可能会具有出轨一类的行为（投射，你对对方的投射），对方迫于压力且对双方的关系开始产生大量的负面感受时，对方反而开始真的有进一步的实际出轨行为（认同，对方对你的投射的认同，泛指消极对抗或无意识层面的"反击"）。

我在咨询中遇到的这类案例很多，本来不是大问题，但是因为妻子过度紧张，采取了草率的行动，反而让不好的事情发生。

对于这种出轨，我们需要做的是，不要过度地表现极端和紧张情绪，而是选择一个合适的时机，提醒对方注意和其他女性的交往边界。

比如你发现他和别的女性联系得有点多，你可以先想办法哄他开心，让两个人气氛轻松，然后你提出："老公，我完全信任你，知道你和其他一些女人联系也没什么，但是我因为很在乎你，还是会有一些不舒服。以后你可以为了我，尽量减少一些不必要的联系吗？"

考虑对方需求，在自己可接受的范围内满足对方，并对此类情况抱有适当的包容心。

同时，也提醒你，你可能需要拿出来更多精力放在经营自己身上，把他的目光从其他女性身上吸引回来。

对稳定且单一对象的爱慕之情

如果对方长时间对某一稳定对象产生了爱慕之情，这种情况表示你们的关系已经亮起了红灯。

通常情况下，这是由于夫妻两个人的感情本身出现了比较大的问题，就像我一直说的那样，"出轨和劈腿的发生，往往不是两个人感情变坏的原因，而是结果"。

这里的原因有很多，比如在一起太久而产生七年之痒的厌倦感，也可能是长期的家庭争吵和矛盾，还有家庭过渡阶段没有完成好，等等，更多的可以参见我在前面关于"出轨的底层原因"章节里面所讲到的。

拿其中一种比较常见的原因举例，很多时候婚姻出现问题，是因为妻子在婚后把家庭的序列搞混乱（正确的序列：自己＞伴侣＞子女）。婚后，妻子把孩子放在第一位，把自己放在了最后，疏于对丈夫的关心，也疏于对自己的经营。而同时，丈夫也没有做好角色的转变，承担起父亲和丈夫的义务和责任，并将需求转向外界，对某一稳定对象产生了爱慕之情。他只是单相思，并没有和对方产生真正的情感连接，就是一种单向的出轨。这种情况，我建议你不要急于挑明。

因为其实他和他喜欢的人并没有真正地建立起来连接，很可能还只是他的一厢情愿而已。如果这个时候你着急挑明、摊牌，一方面你没有太多证据，他可能不会承认；另一方面，他也很可能会因为羞愧而暴跳如雷。

更重要的是，他喜欢上别人的根本原因，和你自己也有关系。所以，即使你能管得住他的人，也管不住他的心，他的心不够爱你了而喜欢上别的女人，你就算和他吵架也没意义。

这时你需要引入新刺激。你可以考虑改变一下自己的生活状态，比如从之前每天围着灶台转，变成拥有自己的兴趣和爱好。如果之前是全职主妇，你可以考虑找一个新工作，去重新找回那个更加自信和新鲜的你。随着你的改变，他转移的目光才会慢慢回到你的身上，毕竟，他喜欢的人未必真的对他也有意思。

未包含精神出轨的肉体出轨

或许你经常听到这样一句话,"没办法,我是个男人,我只是犯了男人都会犯的错误"。有很多男性在单纯的肉体出轨过后都会有类似的言语表达——强调自己作为男性的生物性是如何的不可抗拒。

讽刺的是,在一个人强调自己的自然属性时,就忽略了自己的社会属性——作为人的自控能力、道德感、家庭责任感、忠诚等等。

而对于想要挽回婚姻的你,在这里我的建议是:

1. 及时摊牌

如果你能确定你们的感情是稳定的,而且对方仅仅是肉体出轨,那么你及时摊牌的目的在于使得对方不再抱有侥幸心理,避免此类情况的再次发生。

但在摊牌过程中要注意,你需要把重点放在自我情绪的表达上,而非指责,我建议二者的比例为7:3。而情绪的表达方式同样需要注意,很多人会混淆情绪的表达和指责。

在这里举两个例句对比一下:

"你就这么控制不住自己的下半身?你对得起我和孩子吗?"

"你这么做真的让我感觉很难过,我一直那么信任你,觉得我们会好好的,从没想过你会这样对我,我真的觉得很委屈。"

听起来是不是不一样?

2. 多举办家庭式的聚会和亲子活动

此举的目的在于提升丈夫的家庭责任感及作为人的社会属性,从而激发他的道德感及自控力等。男性的生物性中携带着与多名女性发生性关系的基因，而作为一个已经成年且在社会中承担自己的社会责任的男人，家庭聚会和亲子类活动则会在极大程度上唤起男性的家庭责任感及个体的社会属性，以此协调个体的生物性。

3. 增加性吸引力，丰富性生活

婚内男性肉体出轨，往往和婚内的性生活不满足有关系。所以作为妻子的你需要也做一些反思，比如把更多精力放在自己外表和身材上，看看自己是不是有所疏漏。

你需要提升你的性吸引力了。

同时，你要反思和老公相处的方式，不要因为是夫妻就过于没有隐私甚至表现得粗陋，从而增加他的厌倦感和降低自己的吸引力。

4. 增加对方出轨的代价

平时可以多表现出自己的底线，多警示他，并且可以协商好一旦有哪一方婚内出轨会付出怎么样的代价。不让他有侥幸心理，因为很多单纯生理出轨的男人都是抱有侥幸心理，觉得自己不会被发现，或者被发现了也没事。

> **双向精神出轨：与婚姻外的女性产生了双向情感连接**

此类情况属于典型的精神出轨。但是，双向精神出轨的最终结果往往是肉体出轨。

这大概是最糟糕也最让人难以接受的情况了，可能没有什么会比这对一个女人产生的打击更大了,称之为毁灭性的也不为过,双方情感降到冰点,婚姻面临着破碎……但对于婚姻的挽回来说也并非不可为,重点在于我们该如何处理。

1. 保持冷静,给自己时间

不在强烈情绪下做任何决定和行动,几乎是公认的常识了,这也是情绪容器理论所强调的。

这对于很多人来讲可能会有些难度,不过我仍然建议你尝试,因为在情绪最剧烈的时候,往往是我们最需要冷静的时候,记住,糟糕的情绪会影响你的认知从而使你做出错误的行为。

2. 回顾双方的情感关系

目的有三个:

一是客观地判断两个人关系的情况,老公对自己的爱到底还有多少,他是不是已经准备离婚了。

二是找到双方情感关系当中积累下来的问题,找出来他出轨的根本原因。

三是确定对方是何时开始出轨的,以此对双方的关系进行更加准确的评估。这对于能够让自己冷静下来的女性来说并不难,女性的第六感(直觉功能)往往相当发达,在试图回忆的过程中就能够直觉性地想到很多事情。

3. 寻找其他途径照顾自我感受

不论怎样，照顾自我感受，避免陷入强烈的自我怀疑是最重要的，因为遭遇背叛的人最容易陷入自我的怀疑和否定之中。

适当地转移注意力、发泄情绪、努力工作等都是不错的选择。这一刻，请你先照顾好自己，因为照顾好自己才能不让事情变得更糟糕，也才更可能有转机。

4. 决定是否摊牌，寻找时机摊牌

第一种情况，要摊牌：他依然是爱你的，不想离开家庭，他们的感情不稳定。

经过前面的分析，如果你判断，你们的感情仍然有很深的基础，老公对于家庭也有很深的感情，他依然是很爱你的，并且他确实也是一个很有责任心的男性，这个时候他们的感情并未建立起来和稳定下来。

那么接下来你需要选择合适的时机进行摊牌。再次提醒，我要求你在做任何行动之前，必须保持冷静，这很重要。

第二种情况，间接摊牌：如果你们的关系不稳定，并且他们的情感连接也不稳定。

这种情况多见于双方刚刚暧昧起来，还没有很深的感情连接。

那么，摊牌的时机选择在什么时候呢？

若你足够幸运，刚好能赶上结婚纪念日就最好不过了，选择此时摊牌目的在于勾起双方的感情回忆，并唤起男人的家庭责任感及道德感压力。如果没有那么幸运也没关系，我们可以制造时机，比如一个

没有那么忙的夜晚，一个双方心情不错、气氛很好的时机。重点在于私密且只有两个人的放松环境，并且确保至少此刻他对你的爱意是足够的。

那么，摊牌方式呢？

这个时候，他们只是刚刚建立起来暧昧关系，并未进一步，所以不建议进行直接沟通和正式摊牌，最好采用敲山震虎等稍微间接的方式，给他留一些余地，让他知道你似乎发现了什么，现在给他一些警告和提醒，让他知道你是在给他机会。

这里建议，不要过早地正式摊牌，因为这个时候，你们的情感连接也并不稳定，这很可能让他更加无法回头。

第三种情况，明确摊牌：你们的情感是相对稳定的，他们的情感也比较稳定。

到了这个时候，说明你之前的隐忍是无效的，你就需要明确摊牌了。

建议你将这件事情拿到明面上去和对方开诚布公地谈，明确表达自己所知道的，并表达自己的诉求及意愿，双方共同决定事态的发展，以避免他和"小三"感情进一步发展。

正如我们之前的假设，如果他这个时候还是对你有比较稳定的情感，并不想离开这个家庭，那么让他知道你已经知道这个事情了，并且需要他付出代价，则会有比较大的概率让他收敛甚至离开"小三"。

第四种情况，不要草率摊牌：不爱你了，不重视这个家，甚至他已经有了要离婚的苗头。

如果你判断你们感情已经出现了比较大的问题，甚至他已经有了要离婚的打算，这个时候如果他又有了出轨的心思甚至发展出稳定的双向出轨关系，你就要做好最坏的离婚准备了。

当然，这里不是说你们一定会离婚，不过你确实要有一定的准备了。

如果是这种情况，我建议你先注意自我权益的维护，避免对方进行财产转移等情况的发生，同时保留好证据。

另一方面，对于挽回婚姻来说，这个时候我不建议你草率地摊牌，你摊牌其实可能正是他想要的，从而进一步给他提供离婚的动力和理由。

所以，你还是需要将重点放在你们的关系上，你们的关系肯定出现了很大的问题才会这样。

而从挽回婚姻的角度来说，你需要抓紧去做两件事：

一方面，你要尽量地找出两个人的问题并解决，比如是两个人之前沟通过的问题，还是自己性格的问题，或者是自己疏忽对自己的经营而导致吸引力严重下降，等等。

另一方面，你要尽量拖延离婚，因为"小三"比你急，拖着不离婚也会增加他们的矛盾。

但是这里注意，拖延一定要和一定程度的示弱结合，同时一定要利用他作为出轨一方对你和家庭的愧疚感。并且努力制造他和小三的矛盾，当然要讲究方式和方法，你一定不能成为他们共同的敌人。这部分的做法具体说起来还有很多，篇幅有限，这里不赘述，但无疑这种情况往往是最难的。

另外注意，如果对方主动向你摊牌，甚至很坚决地要离婚，必要的时候你也要考虑拿出敢和他离婚的态度，而不是一味地害怕和妥协。因为在很多咨询个案里，当女性不再惧怕离婚，也有很多男人反而不再表现出强烈的离婚愿望，甚至也有态度回暖的。

而且即使离婚，只要你还想和他在一起，如果做得对也一样还有复婚的可能性，所以也无须过于惧怕离婚和感到绝望。

婚内遭遇伴侣的出轨是最伤人的，也是最让人生恨的，但不管情况如何，请你多看看自己心中的爱，也请你多理解理解自己心中的恨。爱与恨本就是一体，就像是硬币的两面一样。

♥【案例自述】挽回一个人，要先找到丢失的自己

分手挽回案例自述（为了方便大家理解，本人进行了部分整理修改）：

我想讲讲我的故事，希望能给那些正在恋爱中，或者分手了但正在经历痛苦的女孩一些启发。我用我的亲身经历来告诉女孩们，没有一个人值得你"否定"和"摧毁"你自己，我们真正要挽回的并不是那个已经不爱我们的前任，而是那个丢失了的自己。

研二那年，和学校有合作的教育机构到我们学校做宣讲，我很感兴趣，便决定到那里实习。我在公司认识了隔壁部门的前任，虽然我们不在一个部门，但两个部门是有合作关系的，而且他的工位和我离得挺近的，他比我大三岁，算是位前辈了。是他主动在公司的聊天软件上找的我，对我很热情也很照顾。并且在后面的交谈中，我发现他居然是我同校的师哥，虽然我们的专业不是同一个。

当时在一个陌生的城市实习、生活，我一个女孩子遇到了太多太多的困难，好在有他帮我打点。因此，我很快便喜欢上了他，之后便有意无意地制造与他的偶遇。给他买水，一起吃饭，约他看电影。我发现他侃侃而谈的样子好有魅力，他发现我居然是一个爱看"复联"的女生，我们从"复联"聊到美剧，又聊到平时的习惯，我们发现彼此有太多的

第五章 挽回的思维与技巧

爱好重合点,甚至觉得在面对对方时,像是在照镜子。从那时起,我们多了很多话题,没日没夜地聊天,在公司也开始暗地里"暧昧"。

现在想想,一个刚工作的小女生遇到个比自己成熟并且能力比自己强的男生,肯定会有仰慕之情,而且我的恋爱经历很少,也不太懂得什么套路啊、技巧的,所以相信当时自己对他的喜欢和好感都是昭然若揭的,他也不傻,当然也明白我的心意。但是,前任对公司的其他小姑娘也挺好的,当时我觉得他属于"暖男"型的男生吧,暖我的时候也在暖别人。

和他暧昧了有一段时间,自己其实并不喜欢这种不清不楚、打情骂俏的感觉,一直很希望他能有所表示,可他却一直也没有。那个时候的自己又觉得可能是自己表达得还不够明显,就加大了主动的力度。然后到后面实在熬不住了,我就主动提出喜欢他、想和他在一起,他也没拒绝。

可能,那会儿就注定了我们爱情的天平,我是低的一方了。

之后,我每天给他带早餐、带水果,晚上也会去他家里帮他做做饭菜,周末会去帮他收拾下家里、洗洗衣服,我其实挺享受照顾他的这种感觉的。我是家里的独女,在家里,其实父母都不让我做什么家务的,可能这就是爱情的魔力了,我总感觉照顾他会让我觉得自己是他的另一半,可以参与他更多的生活,现在想想只是自己的一厢情愿。

他说公司不让有办公室恋情,我当时觉得有一点点的不舒服,但也没觉得那么有所谓,想的是我们能好好在一起就好,所以我们也就没公开关系。

因为是地下恋,所有人都不知道他是我男朋友,他也似乎在有意无意地避讳这个身份,当我们一起下班时,他会让我先走,他在后面故意和我拉开距离。但他还是和之前一样,毫不避讳地在我面前和其他的女同事有说有笑,我当时真的觉得在他面前,我连其他的普通女同事都不如。后来，有个同事看出了一些端倪，问他我们是不是在谈恋爱，他却否认了。

同事有时候会拿他单身这个事情调侃，他甚至也完全不否认，有的时候还会调侃要同事帮他介绍女朋友。

我因此和他闹过很多次别扭，我觉得可以不在公司光明正大的，但公司外的私人空间起码应该是亲密的，但他给我的感觉是，就算不在公司也会很刻意地和我保持距离，真的有点像做贼一样。我向他提出了我的不满，但是他却发起了脾气，觉得我不理解他，觉得我矫情。

然后他开始安抚我，开始对我说很多洗脑的话，让我觉得都不是他的问题，而是自己真的太狭隘小气了。最后可能因为还是爱他吧，我又沦陷了。现在想想那不过是在为后面的分手做铺垫。

这些都让我越来越患得患失，变得紧张兮兮的，相信有过相似经历的姑娘都能明白我当时的状态。我每天都不由自主甚至是无法控制地去想他到底是不是真的爱我，会去监视和不断分析他和其他的女同事到底是什么关系。上班本来想好好完成工作，但在自己不断的纠结中把所有的精力都耗尽了，很多工作都成了敷衍了事，领导也表达了对我工作的不满。

现在想想，那时的我就像个得了失心疯的人，特别容易情绪化和崩溃，真的很没有安全感，很怕失去他，又不能忍受他跟别人暧昧，同时也怨恨他不承认我们的关系，自己很想解决这一切，却又真的不知道该从何下手。我经常大白天突然就掉眼泪，什么也不想做，很难过，还不能表现出来。

有一天中午吃饭，我看到他跟别的部门的一个挺漂亮的女同事坐在一起吃饭，要知道他为了所谓的避嫌，中午都不肯和我一起吃饭的，他们有说有笑的，看得出，他真的挺开心的。

我当时突然觉得委屈和难过透了，就在冲动下发微信给他："我们还是分手吧，我不想谈恋爱好像偷情一样。"他回复我却意外地快，说："你还是改不了，太幼稚了，我也累了，那就算了，我尊重你。"我当时真没想到他会这么轻易地就答应分手，哪怕和我吵几句都没有，自己的心真的凉了大半截。之后就感觉到特别地害怕和后悔，因为我其实并不想分手，说的也不过是气话，就是想让他多考虑考虑我，和别的姑娘保持好距离。

第二天我还是像之前一样，上班还给他带了我做的早餐和水果，也是偷偷地放在一个地方，可我中午去看，发现他根本没拿走，并且看起来他好像没有受到一点点影响，还是和之前一样和别人谈笑风生。我很伤心，又继续给他发了不少消息，去和他解释，向他道歉。他有时候回两句，有时候又完全不回复。

分手后的很长一段时间，我觉得自己好像生了病，去医院查是中度抑郁，什么都做不下去，就是想着他怎么这么冷漠，是不是我之前哪里做得不够好，经常自己责骂自己，弄得自己很痛苦。

后面我主动提前结束了实习，其实原本是很想在这家公司好好施展拳脚的，学以致用，但真的受不了每天面对他的爱理不理，真的没法忍受看见他和别的女同事打情骂俏。

现在回想，那个时候的自己还是太年轻了，不知道自己的珍贵，也没修炼出一颗足够强大的内心。

离开公司前的最后一天，我给他发消息想约他见面聊聊，他过了很久才回复我说他最近很忙，以后再说吧。我知道他是不想和我见面的，所以我又不死心地做了最后的挣扎，发了很长、很大段的消息给他，拼命地解释和挽留。可他还是之前那副爱答不理、惜字如金的态度，总之还是坚持要分手，并且分手原因是我太"幼稚"和太"作"，还让我别再打扰他。

可是仔细想想，我真的像他说的那样"幼稚"和"作"吗？真的那么的不堪吗？当时我真的以为确实是我的问题，但现在觉得我一直在意的不过是他和别的女同事没有边界感，从来不肯承认我们的恋爱关系，让我感觉不到他对我的在乎。说到底，我介意的不过是他不够爱我这件事，而他因为不够爱我才不用考虑我的感受，才可以不怕我因此离开他。他也确实是那种挺自私的男人，一面享受着作为我男朋友的一切待遇和我对他的好，一面又不想承担任何作为男朋友的责任，不想失去和其他女生可能的发展机会。

结束实习后，我给自己放了一个假，也想用一段时间来好好做一个总结和复盘，毕竟这是自己第一次严格意义上的恋爱，结果却以这样狼狈的方式告终，值得我去好好反思。

也是在这期间，我从网上认识了深刻老师，向深刻老师咨询了一段时间之后，自己终于看清楚也想清楚了许多问题。如果重新来过，或者放到现在，我是绝对不会允许自己变得那么卑微又可怜的，我那么好，爱自己都来不及呢，干吗折磨自己，还让别人来伤害我。

那段时间，我因为失恋后很抑郁，所以暴瘦，解决掉了我多年的减肥难题，却也因祸得福，身材变瘦也变好了，人看起来也精神了很多。

我之前一直就有健身的想法，正好想借此机会做一些之前一直想做的事情，所以在深刻老师的鼓励下，报了健身和瑜伽班，还找了几个网上喜欢的主播学习了化妆和穿搭，这才发现自己也可以这样美，也可以是这样自信的。

之后，我知道我应该更加努力了，不为别人，为了父母也为了苦学这么多年的自己，实习的时候浪费了宝贵的机会和时间在渣男身上，现在我要为自己争口气，好好地努力一把。

所以，我准备了一段时间，顺利地进入了一家自己之前非常喜欢的公司。我觉得，现在对于我来说什么都不如钱来得实在，不是我不相信爱情了，而是我明白了爱情也是需要资本的，我不想再一次在爱情里成为别人的可有可无。而且，工作是能带给我很多安全感还有成就感的。还有就像深刻老师说的那样，工作事业优秀了，也会增加我的择偶价值。真的，只有你自己的价值高了，你的爱情才会更顺利。

然后凭着自己的一股子韧劲，那个时候好像也有点赌气的意思，我对工作真的是全情投入，随着自己努力地工作和生活，上一段感情的阴影也逐渐淡化了，领导也把我所有的努力看在了眼里，虽然我是刚毕业的新人，领导还是破例找我谈了次话并且让我当了一个项目的小组长。

到这里，我真的感觉终于是否极泰来、柳暗花明了。因为我的性格其实挺好的，没什么攻击性，所以同事们也都很喜欢我，我很快就和几个年纪相仿且志趣相投的同事成了好朋友，这也是我的一个很大的收获。我们平时会一起约着吃饭、登山、野外烧烤、看电影等等，生活变得越来越美好。

而在这个过程中，我也真的是完成了一次蜕变，不论是从内在的思维，还是外在的样貌，还有自己的生活状态，变化可以算是翻天覆地了。这一次失恋带给我的成长可能是我之前 20 多年都没有过的。我不再消沉了，不再自卑，也不再随便否定自己，整个人的状态真的好了起来，我变得开朗、自信，也找回了本该属于我这个年纪的活力。很多之前的同学看见我，都说我比上学的时候漂亮太多了，看起来更加青春了，几个男生还打趣之前怎么没有发现我是这样子的。

没有人知道我经历过的这段"秘密"的地下恋爱，可我自己是清楚的，我之所以能成为今天这个更好的自己都是那段糟糕的失败的经历造成的，它让我明白，与其将未来寄托于爱、寄托于别人，不如自己打造属于自己的未来。**人也只有学会爱自己，善待自己，让自己不断变得更好，有底气去接受幸福，才能守得住幸福，也才能在感情里**

真正地被爱、被重视、被珍惜。

说来很巧的是，在一次徒步活动中我又遇见了前任，他还带着一个女生，看起来像是个 00 后，看得出，女生是挺喜欢他的。他也很快注意到我了，并且露出了惊讶的神情。休息的间隙，他还总是有意无意地在我附近转悠，并且不时地用眼睛偷瞄我，看得出，他故意摆出一副很深情的表情。而这些，我都当作没看见，留他一个人演戏好了。更加让我恶心的是，他故伎重演，在我面前故意和那个他带来的女孩拉开了距离。再次证明，我原本想的没错，并不是我当初作和幼稚，而是他真的就是那种"吃着碗里的，瞧着锅里的"渣男。

更让我意外和不屑的是，他竟然真的鬼鬼祟祟地找了一个没人注意的机会跑到我旁边和我搭讪，还美其名曰是老友重逢，还跟我解释那个女孩就是他的一个普通朋友。我当时觉得非常可笑，因为他把当初对我的伎俩，原封不动地用在了那个女孩子身上。但是我又觉得庆幸，还好后来我从失恋中成功地走了出来，没有因为这个渣男一蹶不振。

之后，他又找各种理由找了我几次，我都没怎么理他，后来我有了新的对象，在朋友圈晒出了男朋友送我的花。当天晚上他疯狂地给我打电话，和我道歉，说自己现在后悔了，问我能不能回到他身边。我其实都懒得再去接他的电话，但不想之后被他骚扰，就直接告诉他我已经有了男朋友，和他是不可能的。

男朋友很爱我，对我很好，我才明白真正的恋爱原来是这样子的，我真的再也不需要那种廉价、施舍的爱了。

可前任并没有就此死心，后面不知道怎么知道了我公司的地址，跑来找我，正好赶上我男朋友接我下班，前任也正好看到了这一幕，他站在挺远的地方，用哀怨的眼神看着我，像曾经哀怨的我一样，哈，眼神里都是期待和悲伤。

隔天他又到公司找我，我告诉他："不要再来纠缠我了，我曾经爱过你，但那也是过去了，谢谢你让我成为今天更好的自己。但我现在不爱你了，我有了自己真正的幸福，希望你以后能真的懂得怎样去认真对待一个爱你的女生。"然后我拉黑了他所有的联系方式。我当初一定想不到，有一天我可以这么决绝地对他，一点也不留恋，相信他也没想到会有这样的一天吧。

果然，只有你度过了那段时光，才会觉得其实也没有那么困难。

有过那么一段时间，我想过要报复他的，但我和深刻老师讨论过后并没有去做。随着自己的成长，我发现完全没必要在不值得的人身上浪费更多精力，而且，我变得越来越好，他如今狼狈地后悔，不也正是一种更大快人心的对他的惩罚吗？

最后，我觉得挽回一个人，是一个非常艰苦的过程，你需要不断安慰自己、鼓励自己，就像是西天取经、升级打怪的过程，要经过九九八十一难的自我折磨，要经过无数次的痛苦，要经过一次次的撕扯和阵痛，才能换来最后的顿悟和化茧成蝶的美好。

结果就是，你终于学会了去心疼自己，去重视自己的感受，去将注意力从别人的身上重新放回自己的身上。你变得无坚不摧，你有了更多的技能，你成为更加优秀和更有魅力的自己，没有了恨，也不再有痛，你对这一切释然了，你也能收获更加适合自己的幸福。

我终于明白，一个人的成长就是，你放下了你该放下的，拥有了你该拥有的。

所以，挽回一个人之前，莫不如先找到那个丢失的自己，只有你真的找到了自己，失去的他才可能会找到你。那时候你想继续前行，还是从头来过，最后的决定权都在你自己的手里。

女孩子们要记住，与其跪求别人来爱你、来承认你，不如努力让自己变得更优秀、更美好，当你丰盈了自己的物质，充盈了自己的精神，周围人也都会被你积极的能量所感染，一切你期待的东西，便都会如期而至。甚至不只爱情，你还会收获更多。

最后，还是那句话，"你若盛开，清风自来"。不管最后来的是前任，还是新的缘分，你总归做到了有尊严、有自我、不卑不亢地得到健康的爱情。

后记　分手是为了更好地遇见

　　此书得以完成和与读者朋友们见面，完全是一群人共同努力的结果。在此，再次感谢华夏出版社及相关领导和编辑老师的大力支持和相助，是他们在本书成稿过程中不厌其烦地帮助我纠正一个个问题，给了我许多宝贵又有效的建议，这无疑让我本来拙劣的文笔和表达增色不少。当然也要感谢信任我的来访者和朋友们，是你们给了我莫大的认可和鼓励，才让我有信心去完成这本书。正是所有人的共同努力，才有机会让它可以与各位读者见面。

　　最开始是在我的读者和求助者的反复要求和建议下，也是在和华夏出版社编辑老师反复沟通后，我们觉得现在确实需要有一本这样的书。书里面的内容也许不是字字金句，也许不是每一句话都能让你茅塞顿开，但确实可以在你迷茫和绝望时，给你一点点温暖和光亮；可以在你深陷情感的泥沼时，拉你一把。这正是我们的初衷和热切的期望。

　　我真的希望，在你读完这本书之后，它给你带来的更多的是一种温暖而有力的陪伴，让你能对爱情亲密关系有个更加清晰的认识，对于重建我们的亲密关系有个更加明确的方向。

　　也真的希望，你在读完此书之后，可以减少一些因为失恋而产生的绝望感，能明白一个道理和产生一个新的观点——分手，是为了更好地再遇见。

　　两性亲密关系中，会遇见各种各样的难题。亲密关系的解体，比如分手和离婚，算是最让人痛苦而又无奈的一种。但好在，像我在本书里说的那样，失恋也有其正面、积极的意义，我们也真的可以借此挫折得以成长为更好的自己。同时，也如我在书中反复提到的那样——也许失恋并不意味着亲密关系的彻底结束，而是给了两个人重新各自成长的机会，最后我们可以以更成熟和优秀的自己去遇见对方，进而收获更加高质量和稳定的亲密关系。当然，我们也完全可能在成长之后，遇见新的更值得我们投入的缘分。

所以，如果你此刻正在经历着情感问题的折磨，那么请放下你的纠结和绝望吧，请多一份积极的态度！从现在开始，调整好自己的情绪和心态，更好地去认识和学习亲密关系的经营和重建吧，一切还没有结束，我们还有机会也有权利重新获得更幸福的亲密关系。

也许，追求幸福"再遇见"的过程不会一帆风顺，也可能充满荆棘，让你感到辛苦，但我相信你，请你也要相信自己，一切都会随着你的成长而慢慢发生更加积极的改变。

由于本书篇幅有限，很多细节不能一一展开详述，更多的内容将在我下一本书中具体讲解，包括男性提出分手后不同时期的策略制定、如何应对前任的"小白兔测试"、针对不同性格的挽回方案制定、如何正确巧妙地拆除前任的"情绪筑墙"、婚姻中的出轨问题及如何处理外遇关系，等等。

阅读完本书，如果有任何需要我的地方，可以随时给我发电子邮件：skrc_psy@163.com。也欢迎大家关注我的公众号：深刻如此说（ID：skrc_talk）。我们正在努力筹划下一本新书，会在公众号征集大家的想法，并发布具体相关的进展，我在那里等你们。

深刻如此

参考文献

[1] 罗伯特·J.斯滕伯格，凯琳·斯滕伯格.《爱情心理学》[M].北京：世界图书出版公司，2010.

[2] 罗兰·米勒，丹尼尔·珀尔曼.《亲密关系》[M].北京：人民邮电出版社，2011.

[3] Elaine Hatfield, G.William Walster.*A New Look at Love*[M].美国：University Press of Emarica, Inc., 1985.

[4] 海伦·费舍尔.《情种起源》[M].湖南：湖南科技出版社，2014.

[5] 戴维·巴斯.《进化心理学》[M].北京：商务印书馆，2015.

[6] 中国心理卫生协会，中国就业培训技术指导中心.《心理咨询师（三级）》[M].北京：民族出版社，2015.

[7] 中国心理卫生协会，中国就业培训技术指导中心.《心理咨询师（二级）》[M].北京：民族出版社，2015.

[8] 中国心理卫生协会，中国就业培训技术指导中心.《心理咨询师（基础知识）》[M].北京：民族出版社，2015.

[9] 弗洛伦斯·妮蒂.《性格解析》[M].北京：团结出版社，2012.

图书在版编目（CIP）数据

认识爱，重建亲密关系/深刻如此著. --北京：华夏出版社有限公司，2022.7
ISBN 978-7-5222-0132-0

Ⅰ.①认… Ⅱ.①深… Ⅲ.①爱情–通俗读物 Ⅳ.①C913.1-49

中国版本图书馆CIP数据核字（2021）第116670号

认识爱，重建亲密关系

著　　者	深刻如此
责任编辑	赵　楠
出版发行	华夏出版社有限公司
经　　销	新华书店
印　　装	北京汇林印务有限公司
版　　次	2022年7月北京第1版　2022年7月北京第1次印刷
开　　本	710×1000　1/16开
印　　张	20
字　　数	250千字
定　　价	59.00元

华夏出版社有限公司　网址：www.hxph.com.cn 地址：北京市东直门外香河园北里4号 邮编：100028
若发现本版图书有印装质量问题，请与我社营销中心联系调换。电话：（010）64663331（转）